U0453341

日本阿依努语及
阿尔泰诸语比较研究

朝克 ■ 著

A Comparative Study of Japanese Ainu and
Altai Languages

中国社会科学出版社

图书在版编目（CIP）数据

日本阿依努语及阿尔泰诸语比较研究／朝克著 . —北京：中国社会科学出版社，2020.12
ISBN 978-7-5203-7667-9

Ⅰ.①日… Ⅱ.①朝… Ⅲ.①阿伊努语—对比语言学—阿尔泰语系 Ⅳ.①H647②H5

中国版本图书馆 CIP 数据核字（2020）第 255885 号

出 版 人	赵剑英
责任编辑	马　明　李金涛
责任校对	王佳萌
责任印制	王　超

出　　版	中国社会科学出版社
社　　址	北京鼓楼西大街甲 158 号
邮　　编	100720
网　　址	http://www.csspw.cn
发 行 部	010-84083685
门 市 部	010-84029450
经　　销	新华书店及其他书店
印　　刷	北京明恒达印务有限公司
装　　订	廊坊市广阳区广增装订厂
版　　次	2020 年 12 月第 1 版
印　　次	2020 年 12 月第 1 次印刷
开　　本	710×1000　1/16
印　　张	20.5
字　　数	324 千字
定　　价	109.00 元

凡购买中国社会科学出版社图书，如有质量问题请与本社营销中心联系调换
电话：010-84083683
版权所有　侵权必究

前　言

　　日本北海道地区的阿依努人是北海道的原住民，阿依努人传承至今的传统文明与文化中，同东北亚及阿尔泰语系诸民族，特别是与我国东北阿尔泰语系满通古斯语族通古斯语支诸民族间存在的共有关系、共有现象、共有特征及共同点十分丰富。而且，关系到他们的木船制作、木屋搭建、生活习俗、生存理念、审美价值、伦理道德、音乐舞蹈，包括自然崇拜、山神崇拜及熊崇拜等物质文明与文化、精神文明与文化诸多方面。更加令人深思的是，尘封千百年的这些共有现象，直接关系到阿依努人和阿尔泰诸民族，特别是通古斯诸民族悠久的历史及其远古文明与文化。何况，早期的北海道及我国东北沿海地区、俄罗斯西伯利亚及远东沿海地区等，都属于通古斯诸民族进行沿海易货或商贸交易的理想场所，当时这些民族的先民将日本海和白令海及鄂霍次克海作为海上商贸通道，相互之间开展广泛意义的自由贸易活动。那么，毫无疑问，在早期东北亚沿海地区的这些海上自由易货交易和商贸活动中，就有通古斯诸民族和日本阿依努语人的先民，在海上进行的不同形式、不同内容、不同层面的交易。其中，作为日本北海道的原住民，通古斯诸民族成员之一的乌依勒塔人发挥过极其重要的作用。乌依勒塔人使用的乌依勒塔语属于阿尔泰语系满通古斯语族通古斯语支语言，他们的祖先早期一直生活在日本北海道网走地区的沿海地带，是早期从事渔业生产的沿海民族。他们与北海道的阿依努人有历史性的、地域性的、生产生活性的广泛而深入的交流，他们同样属于中日俄东北亚沿海易货交易的主要成员之一，他们使用的乌依勒塔语也是阿依努人和通古斯诸民族进行易货交易或商贸往来的主要沟通工具。起初，他们之间只是进行不同海产品的广泛交易，后来发展为中国的丝绸、纺织品、陶瓷产品同日本的金属类渔猎工具、造船工具、生活用具等之间的易货交易或商贸交往。虽然，在那时没有形成一定规模，但给彼此的沿海地区生活的人们，以及对于他们的生产生活注入过一定的活力和生命力。由此，我们不得不承认，阿依努语与通古斯诸语间产生的多层面、多角度、多方面的历史性交流关系。

不容置疑，在那漫长的历史性交往、交流、交际、交易过程中，作为交流工具的语言发挥过何等重要作用。特别是，在人类语言交流不频繁、不发达和不开放的历史岁月，他们之间的语言交流显得多么重要和弥足珍贵，给他们的心灵、思想、生活及生产，还有他们早期的海上易货贸易注入过怎样的活力和生命力。那么，所有这些，我们可以从他们在历史上留下的语言资料，或者现在正在使用的活的语言，进行不断探索、了解和科学阐释。阿依努语似乎自从17世纪中叶以后，伴随内地岛屿的日本人陆续迁徙到北海道地区开始，该语言就不同程度地受到日语的影响。到了19世纪60年代，日本政府启动了有计划地开发北海道的方略，才使日本人开始大批量地从内地岛屿迁入该地区。尤其是19世纪80年代中后期以后，日本政府从本州岛大规模向北海道移民，同时对北海道原住民实施同化政策。这就是为什么不到半个世纪的时间，日本北海道原住民阿依努人和乌依勒塔人完全被同化的根本原因。

尽管如此，现有的阿依努语口语资料及其相关词汇集、辞书及研究资料里，记录并留下不少阿依努语和乌依勒塔语极其珍贵的语言资料，这也是今天我们能够开展此项研究的前提条件和基础因素。在这里，还需要说明的是，包括日本的阿依努语族和我国的通古斯诸民族在内，都没有创制过本民族的文字。他们的语言文化历史资料是用汉文、日文、俄文、蒙古文或英文、德文、意大利文所记录或撰写。有所不同的是，俄罗斯的通古斯诸民族在20世纪30年代创制过斯拉夫字母的文字，但只在创字以后的口承民间文学的记录及中小学的母语教学时使用，并没有在更广泛的领域推广和使用。因此，对于通古斯诸民族语和阿依努语间的比较研究，只能依靠其他文字记录或撰写的历史文献资料。与此相对的是，像阿尔泰语系满通古斯语族的满语，以及突厥语族语言和蒙古语族语言，都有本民族创制的满文、突厥文、蒙古文等文字，进而用本民族文字留下了浩如烟海的历史文献及语言文化资料。所有这些，自然给我们的阿依努语和阿尔泰语系语言比较研究带来极大方便和丰厚的资料基础,使得该项研究能够顺利地在阿尔泰语系语言范围内展开学术讨论。

有关阿依努语资料,似乎在17世纪中叶以后,在西方的有关历史文献资料里只留下过碎片化的简单记录。从18世纪初开始,西方一些传教士、探险家、民族学家,先后到阿依努人生活的岛屿,开展了一系列实地调研,进而在有关探险记、旅行日志、田野记录、调查资料、调研报告,包括有关地名和动植物名词的调研资料、地方志资料,以及早期刊发的相关论著里,不同程度地记录或涉及过阿依努语口语资料和相关方言土语资料。其中,关系到阿依努语基本词汇的会话记录资料占多数,但其词汇数量及其语言信息量都不是很多或很全面系统。日本学者对阿依努语进行实地调研或开展搜集整理的工作,可能要从19世纪末或20世纪初说起。尤其是20世纪30年代以后,日本阿依努语研究成果,包括语言、词汇、语法、地名、动植物名词等方面的研究著作,以及词典、分类词典、比较词典、对比词典、词汇集、语言简易教材、会话读本、口语资料,方言土语研究等成果相继出版。与此同时,也刊发了一些阿依努语同相关语言间的比较研究、对比研究论著。毋庸置疑,所有这些,很大程度上推动了阿依努语研究事业。遗憾的是,阿依努语同阿尔泰语系语言间的比较研究,或者说对比研究成果很少,甚至可以说在此学术研究领域,几乎还未展开较为系统而全面的学术探讨。在笔者看来,阿依努语和阿尔泰语系语言间确实存在诸多共有关系,而且涉及这些语言的语音、词汇、语法及其方言土语等诸多语言学研究领域。其中,一些共有现象,直接关系到语言的历史或发生学问题。特别是,阿依努语及满通古斯语族通古斯语支诸语言间存在多层级、多角度、多重关系的历史性、地域性、文化性和生产生活性的学术问题。对此,我们应该展开富有成效的学术探讨。这些讨论,对于阿依努语人的历史来源的科学阐述,以及阿依努语归属问题的科学论证,均会产生应有的影响和积极的推动作用。

出于以上考虑,笔者从20世纪80年代末开始学习阿依努语,阅读阿依努族历史文献资料及语言资料,搜集整理与阿依努语及阿尔泰语系语言密切相关的语音、词汇、语法等资料。在此基础上,本人在日本和中国的语言学权威刊物上先后发表十余篇学术论文，从语音学、词汇学、词源学、文化语言学、语言接触学，以及比较语言学角度，不同程度地论述了阿依努语和阿尔泰语系语言间存在的共有关系。那么，该项成果，也就是在前期搜集整理资料的基础上，以及开展前期相关科研工作的前提下，经过几年的努力完成的研究著作。

该项研究的第一章属于阿依努语和阿尔泰语系语言语音比较研究的内容，主要分析了阿依努语和蒙古语语音对应原理，以及阿依努语和通古斯语的语音对应原理；第二章是对阿依努语及阿尔泰语系语言的共有词进行的比较研究，主要论述了阿伊努语和阿尔泰语系语言的共有词、阿依努语和突厥语族语言的共有词、阿依努语和满通古斯语族通古斯语支语言的共有词；第三章是阿依努语和阿尔泰语系语言形态变化语法现象的比较研究，着重论证了阿依努语和阿尔泰语系语言名词类词的格形态变化有关语法现象、复数形态变化的有关语法现象，以及动词类词态变化的有关语法现象及其中出现的一系列共有现象。

目　录

第一章　阿依努语及阿尔泰语系语言语音比较研究……………………（1）
　第一节　阿依努语和蒙古语语音对应原理………………………………（1）
　　一　元音对应系统…………………………………………………………（3）
　　二　辅音对应系统…………………………………………………………（35）
　第二节　阿依努语和通古斯语的语音对应原理…………………………（75）
　　一　元音对应系统…………………………………………………………（76）
　　二　辅音对应系统…………………………………………………………（131）

第二章　阿依努语与阿尔泰语系语言词汇比较研究……………………（187）
　第一节　阿依努语和阿尔泰语系语言共有代词…………………………（188）
　　一　阿依努语和阿尔泰语系语言的共有指示代词………………………（188）
　　二　阿依努语和阿尔泰语系语言的共有疑问代词………………………（193）
　　三　阿依努语和阿尔泰语系语言的共有人称代词………………………（197）
　　四　阿依努语和阿尔泰语系语言的共有样态代词………………………（198）
　　五　阿依努语和阿尔泰语系语言的共有位置代词………………………（202）
　第二节　阿依努语及突厥语族语言共有词比较研究……………………（206）
　第三节　阿依努语和鄂温克语共有词比较研究…………………………（218）
　　一　阿依努语和鄂温克语共有动词………………………………………（220）
　　二　阿依努语和鄂温克语共有名词………………………………………（246）
　　三　阿依努语和鄂温克语共有形容词、代词、副词等…………………（260）

第三章 阿依努语与阿尔泰语系语言形态变化语法现象比较研究……（268）

 第一节 阿依努语和阿尔泰语系语言格形态变化现象……………（268）

  一 阿依努语位格 -ta 和阿尔泰语系语言位格
   -ta 或 -da 等…………………………………………………（269）

  二 阿依努语方向格 -na、-kashi、-ko 与阿尔泰
   语言方向格 -na、-kaʃiki、-ko 等 ……………………（274）

  三 阿依努语领格 -un 与阿尔泰语系语言领格
   -un、-in、-n、-ni、-nən 等标志成分……………………（277）

  四 阿依努语造格成分 -ari 与阿尔泰语系语言
   造格后缀 -aar、-jaar、-gaar 等标志成分………………（279）

  五 阿依努语从格 -tek、-kaari、-kari 与阿尔泰
   语系语言从格 -dək、-dəki、-duki 及 -gaar、
   -aar 等…………………………………………………………（281）

 第二节 阿依努语和阿尔泰语系语言动词的主动态与使动态 ……（283）

  一 阿依努语和阿尔泰语系语言动词主动态比较研究 ………（284）

  二 阿依努语和阿尔泰语系语言动词使动态比较研究 ………（288）

 第三节 阿依努语和阿尔泰语系语言复数形态变化语法
   现象比较研究 ………………………………………………（302）

  一 阿依努语名词类词复数形态变化语法词缀 -utar…………（303）

  二 阿尔泰语系语言名词类词复数形态变化语法词缀
   -lar、-lər 等…………………………………………………（304）

  三 阿依努语 utar 的 u 与阿尔泰语系语言 ku＞hu
   之间的关系……………………………………………………（311）

参考文献………………………………………………………………（317）

后 记…………………………………………………………………（321）

第一章
阿依努语及阿尔泰语系语言语音比较研究

这一章里，依据我们现已掌握或收集整理的语音资料，对于日本北海道地区的阿依努语与蒙古语，以及阿依努语与通古斯诸语间产生的语音对应现象展开较为全面系统的比较研究。其中，包括元音对应现象的比较和辅音对应现象的比较。我们想通过阿依努语及阿尔泰语系语言语音对应现象的分析，科学论证这些语言间出现的错综复杂而变化多样的语音关系、语音对应原理，以及为厘清它们的历史渊源问题提供理论依据。

第一节　阿依努语和蒙古语语音对应原理

日本阿依努语和蒙古语之间存在着一定数量的共有词，其中绝大多数属于早期词语。阿依努语被日本语言学界几乎认定为具有前缀结构类型的语言。或许受其影响，在该语言中出现的同阿尔泰语言相关的共同因素一直没有引起人们的应有关注，因为阿尔泰语系语言均属于具有后缀结构类型的语言，无论是构词功能的词缀还是语法功能的词缀，都是以黏着形式接缀于词干或词根后面，进而派生出丰富多样的新词及表达错综复杂的语法结构系统。那么，很有意思的是，熟悉或熟练掌握阿尔泰语系语言的专家学者阅读阿依努语资料时，就不易发现该语言同阿尔泰语系语言间存在的诸多相同点或共有关系。尤其是，蒙古语族和满通古斯语族语言同阿依努语间的共有关系十分引人瞩目，这些共有关系早期的语言结构系统只是断代太久、尘封已久，再加上在漫长的历史岁月里，各自走过的语言发展道路及其不同语言的接触和影响等，使它们间固有的共有关系变得更加模糊不清。姑且不论这些共同关系是否属于同一个历史来源，或是属于在某个特定历史时期，由于频繁接触而遗留下来的相互借用的产物，抑或在不同语言间自然出现的共同现象等学术问题，但根据我们现已掌握的阿依努语和阿尔泰语系语言语音、词汇、语法资料，认为有必要从语音学、词汇学、语法学角度进行比较研究和学术讨论。尤其是，语音对应规律的比较分析显示出极其重要的学术价值，这使我们能够更加清楚地看出它们间的历史渊源。笔者曾在（1989年4月）日本东京召开的第三十二届东方学界国际研讨会上宣读《论阿依努语和阿尔泰诸语言的关系》一文，从宏观语言学角度探讨这些语言的共有词词义关系。当时，在日本语言学界引起较大反响，进而他们诚恳而迫切地希望笔者尽快研究出阿依努语和阿尔泰语系语言共有词的语音对应规律。后来，日本著名语言学家服部四郎教授、大野晋教授、池上二郎教授，以及著名语音学家平山久雄教授等也多次提出要求，一定要下大功夫全面系统研究它们的语音、词汇、语法关系。此后的日子里，笔者一直潜心阅读并认真搜集整理各方面第一手资料。与此同时，1991年在北京《民族语文》编辑部召开的学术讨论会上，笔者再次阅读《阿依努语同蒙古语及满通古斯诸语词汇关系》一文后，在国内阿尔泰语系研究领域产生积极影响，我国民族语言学专家学者同样提出了共有词语音关系的比较研究，包括语音对应现象、语音对应规律研究的重要性。日本语言学界专家学者和我国阿尔泰语言学家提出的这些要求和希望使我倍受鼓舞，更加充分认识到该项研究的必要性和所承载的重要意义。在这近20年的时间里，笔者从未放弃对于阿依努语和阿尔泰语系语言、语音关系资料的搜集整理，不断探索这些语言的共有词中出现的语音对应现象及其规律，在国内和日本的相关学术刊物上发表学术论文，讨论共有词的语音及其词义关系。下面的分析讨论，也是根据过去发表的相关论文，以及多年搜集整理的日本阿依努和蒙古语语音对应资料，对于它们间存在的元音对应规律和辅音对应规律展开全面讨论。

一 元音对应系统

阿依努语口语语音系统里,归纳出来的元音音位,同日本语的短元音音位基本上相一致,也就是有 a、i、u、e、o 五个元音。然而,在蒙古语的语音系统内,却有 a、ə、i、o、u、ɵ、ʉ 七个元音音位。除了这些短元音之外,阿依努语中还有 ai、ui、oi、au、iu、eu、ou、ei、ue 九个复合元音和 aa、ii、uu、ee、oo 五个长元音。与此相关,蒙古语里也有 ai、oi、ui、ʉi、əi 五个复合元音及 aa、əə、ii、oo、uu、ɵɵ、ʉʉ 七个长元音。这其中,无论是阿依努语还是蒙古语,使用率最高、使用面最广的都是短元音,长元音和复合元音的使用率比短元音低。再者,在元音对应现象里,也是短元音的对应现象最为复杂。正因为如此,元音对应现象讨论,短元音对应现象的分析部分占很大篇幅。不过,我们论述短元音对应现象的同时,还要对短元音同长元音、短元音与复合元音、零元音同短元音和长元音间产生的对应现象等一并展开讨论。

(一)短元音对应现象

短元音对应现象主要指阿依努语短元音 a、i、u、e、o 在不同词的不同语音环境或语音条件之下,同蒙古语短元音 a、ə、i、o、u、ɵ、ʉ 之间产生的不同程度、不同范围和不同内容的对应现象。而且,这些对应现象都有其各自不同的定位、各自不同的语音环境,即使同一个语音对应现象,也会出现于词的不同部位或不同语音环境。

1. 阿依努语短元音 e 同蒙古语短元音 ə、u、i、ʉ、a 间的对应规律

(1)阿依努语短元音 e 同蒙古语短元音 ə 的对应

根据现已掌握的资料,我们已经充分认识到短元音 e 与 ə 的对应现象,就如在前面所说,有其一定内在规律。比如说,同阿依努语短元音 e 产生对应的实例中,最多的是同蒙古语短元音 ə 的对应。也就是说,蒙古语短元音 ə 在阿依努语里被发成 e 音的比较多,进而成为一种语音对应内部规律。另外,我们所掌握的第一手资料充分证明,阿依努语短元音 e 同蒙古语短元音 ə 的对应现象,在这两个语言的短元音对应里出现得最多,属于短元音对应中不可忽视的重要组成部分。同时,在词的不同部位、不同语音环境里,有其不同程度的对应实例。

①在词首，双唇音 m、舌尖音 n、舌面音 k、h 前面阿依努语短元音 e，同双唇音 m、舌尖音 s 前出现的蒙古语短元音 ə 产生的对应现象。例如：

阿依努语	蒙古语	词义
emakaʃi	əmʉnəʃi	南、南边
enukar	əmtəgər	钝的、缺刃的
ekupapa	əmhʉhu	叼、衔
ehorka	əsərgʉ	对立的、相反的

相比之下，词首的 e 同 ə 的对应，在双唇音 m、舌尖音 n 前的出现率比在其他辅音前面出现的实例要高。尤其是蒙古语短元音 ə 在词中同阿依努语短元音 e 间发生对应关系时，绝大多数是位于双唇音 m 之前。

②在词中或词尾出现的舌尖音 n 的前后，阿依努语短元音 e 同蒙古语短元音 ə 间产生对应现象。例如：

阿依努语	蒙古语	词义
ene	ənə	这个
e'en	sətʃən	聪明的
nen	hən	谁

③在词的第一音节或第二音节及某些词词尾的舌尖音 r、t、d 前后，阿依努语短元音 e 同蒙古语短元音 ə 间也出现对应现象。例如：

阿依努语	蒙古语	词义
te'eta orota	dəgədʉ urida	原先
kueramasu	høgərʉhʉi	可爱的

hure	hʊrəŋ	棕色的
newsar	dəbhər-	欢跳
re	nərə	名字

④在词首音节或词尾音节的舌面音 h、k 后面，阿依努语短元音 e 同舌面音 h 后面的蒙古语短元音 ə 还会产生对应关系。例如：

阿依努语	蒙古语	词义
uʃike	θtʃʊhən	小的
henpara	həʤijə	什么时候

从以上四种条件下对应现象看，阿依努语短元音 e 同蒙古语短元音 ə 的对应出现在词首或词首音节的实例占多数。并且，绝大多数出现在舌尖音 n、r、t、d 前后或双唇音 m 前面，只有个别出现于舌面音或喉音之前。

（2）阿依努语短元音 e 同蒙古语短元音 i 的对应

①在词尾，舌面音 k 或舌尖音 n 后面出现的阿依努语短元音 e，同位于舌面音 h、g 或舌尖音 n 后面的蒙古语短元音 i 间发生对应关系。例如，

阿依努语	蒙古语	词义
nojke	moshi-	拧
oroke	orgi-	涌
kosunke	hudalhi-	欺骗
kunne	səni	夜

不难看出，例①的 e 同 i 的对应现象绝大多数出现于舌面音 k、h、g 后面，而出现在舌尖音 n 后面的比较少。

②在词首音节或词的第二音节的舌尖音 s 前面，阿依努语短元音 e 同舌尖音 n 或舌面音 ʥ 前出现的蒙古语短元音 i 间产生对应关系。例如：

阿依努语	蒙古语	词义
esum	nisu	鼻涕
huresapa	hoʥigir	秃头

例②中的 e 与 i 的对应实例，在词中出现的比词首或词首音节出现的要多。总之例①和例②中 e 和 i 的对应多数是出现在词的第二音节或词尾，出现在词首或词首音节的比较少。另外，出现在舌面音或舌尖音后面或前面的占多数。

（3）阿依努语短元音 e 同蒙古语短元音 u 的对应

①在词尾或词尾音节的舌尖音 s 及双唇音 p 后面，阿依努语短元音 e 同蒙古语短元音 u 间产生的对应关系。例如：

阿依努语	蒙古语	词义
komomse	hunijasu	皱纹
usej	usu	水
nupe	nilbusu	眼泪

在这里出现的阿依努语的 usej 一词主要指的是"热水""开水"等，而蒙古语的 usu 则表示广义上的"水"。另外，从以上实例可以看出，在词尾或词尾音节产生的短元音 e 同 u 的对应多数出现于舌尖音 s 的后面，位于双唇音 p 后面的实例特别少。

②在词首或词的第二音节，位于双唇音 m、舌面音 k 前的阿依努语短元音 e 同蒙古语短元音 u 发生的对应关系。例如：

阿依努语	蒙古语	词义
emakas	umaraʃi	北、北方
oskekor	uthugur	舀子、容器

从以上例证可以看出，例①和例②中出现的阿依努语短元音 e 同蒙古语短元音 u 的对应现象，出现于词尾或词尾音节的占多数。再者，在舌尖音 s 后面的出现率要高于其他辅音。

（4）阿依努语短元音 e 同蒙古语短元音 ʉ 的对应

该对应实例，主要在词首或词尾。不过，在词尾出现时前置辅音基本上是舌尖音 t、d。而且，阿依努语短元音 e 同蒙古语短元音 ʉ 的对应出现的不多。例如：

阿依努语	蒙古语	词义
etuk	ʉdʒugʉr	尖端
kite	ʃidʉ	齿儿

除了以上讨论的实例之外，在个别词里还能见到阿依努语短元音 e 同蒙古语短元音 a 或 ɵ 等产生的对应现象。比如说，"扔"，阿依努语叫 ejak，蒙古语则谓 haja-hu；"裤子"，阿依努语说 omunpe，蒙古语则谓 ɵmɵdɵ 等。不过，像 e 同 a 或 ɵ 的对应都出现得很少。

概而言之，阿依努语短元音 e 同蒙古语短元音 ə、i、u、ʉ、a、ɵ 之间产生的对应现象的出现率有所不同。其中，e 和 ə 的对应出现的最多。再者 e 跟 i、u 的对应现象也出现不少。但是，e 同 a、ʉ 的对应出现的比 e 和 ə、i、u 的对应现象要少。尤其是，e 跟 ɵ 的对应现象出现得特别少。还有，该系列的对应现象出现在词首或舌尖音 s、r、t、d、n，以及舌面音 k、h、g 后面的例子相当多。

2. 阿依努语短元音 u 同蒙古语短元音 u、ʉ、θ、o、a、ə、i 的对应规律

短元音对应现象的分析表明，阿依努语短元音 u 与蒙古语短元音间的关系同样表现出一定的复杂性和规律性。虽然，短元音 u 与蒙古语不同短元音发生不同程度的对应现象，但其中 u 跟 u 的对应、u 与 ʉ 的对应等显示出较高的出现率，其他短元音间的对应现象均没有它们的出现率高。

（1）阿依努语短元音 u 同蒙古语短元音 u 的对应

该对应现象绝大多数出现于词首或词中，虽然在词尾也有出现，但出现的概率很低。

①在词首的实例，几乎都出现于舌尖音 s、t、d、r 及舌面音 g 等的前面。例如：

阿依努语	蒙古语	词义
usej	usu	水
utar	udum	家族、血统
uraj	uga-	洗

②在词中，舌尖音 s、r、t 后面，阿依努语短元音 u 也和蒙古语短元音 u 间产生对应关系。例如，

阿依努语	蒙古语	词义
esum	nisu	鼻涕
osura	urus-	流
tuhse	tushu	猛扑

③在词首音节或词中，舌面音 k 或者是 h 后面，也能够见到这两个语言的短元音 u 与 u 的对应现象。例如：

阿依努语	蒙古语	词义
kuʃikakamure	hutʃilga	盖被
momkur	moŋkur-	永垂不朽

④在词首音节或词首，舌尖音 t 或双唇音 m 后面，还出现短元音 u 同 u 的对应实例。例如：

阿依努语	蒙古语	词义
muje	uja-	系
tuhse	tushu	猛扑

从以上的例证和分析可以看出，阿依努语和蒙古语短元音 u 的对应现象有较高概率，特别是例①和例②中出现的较多，而例③和例④出现的概率相对要低一些。而且，多数是位于词首、词首音节或词中，位于词尾的概率很低。再者，u 与 u 的对应一般出现于舌尖音、舌面音等前后，很少在其他辅音产生直接接触关系。

（2）阿依努语短元音 u 同蒙古语短元音 ʉ 的对应

通过搜集整理的资料，我们也清楚地认识到，阿依努语短元音 u 与蒙古语短元音 ʉ 间产生的对应现象同样有不少，也是属于出现率相当高的语音对应实例。并且在词首、词中、词尾都能够见到。

①在词首或词首音节，舌面音 h 或 k 后面，阿依努语短元音 u 同蒙古语短元音 ʉ 间发生对应关系。例如：

阿依努语	蒙古语	词义
una	ʉnəsʉn	灰
hur	hʉʤi	香

| humkutiki | huŋginə- | 轰鸣 |
| kur | kʉn < kʉmʉn | 人 |

短元音 u 与 ʉ 的对应现象，出现在词首音节舌面音 h 后面的例证，要比出现于词首音节舌面音 k 后面的多一些。

②词尾或词尾音节，舌尖音 s、t、d 后面，阿依努语短元音 u 与蒙古语短元音 ʉ 间也出现对应现象。例如：

阿依努语	蒙古语	词义
ijetu	ilidʉ	癣、疖子
kojsun	høgəsʉn	泡子

从以上实例可以看出，u 同 ʉ 的对应，出现在词首或词首音节的情况，比出现在词尾或词尾音节的多，出现在舌面音后面的要比出现在舌尖音后面的多。

（3）阿依努语短元音 u 同蒙古语短元音 ө 的对应

①在词首或词首音节及词的第二音节的双唇音 m 或舌尖音 n 后面，阿依努语短元音 u 与蒙古语短元音 ө 发生对应关系。例如：

阿依努语	蒙古语	词义
uʃike	өtʃʉhən	小的
omunpe	өmədə	裤子
uʃi	nөgtʃi-	过去、消失
munin	өməhirə-	发霉的

②另外，在词首或词首音节的舌面音 k、h 或舌尖音 s 后面，也会出现阿依努语短元音 u 与蒙古语短元音 ө 间的对应现象。例如：

阿依努语	蒙古语	词义
kueramasa	hɵgərʉhʉi	可爱的
ure	hɵl	脚后跟
kunne	sɵni	夜

根据分析，阿依努语短元音 u 与蒙古语短元音 ɵ 的对应实例，多数出现于词首音节或词首。而且，在双唇音 m，以及舌面音 k、h 或舌尖音 n、s 等后面有较高的出现率。

（4）阿依努语短元音 u 同蒙古语短元音 o 的对应

词首音节或词的第二音节或者词尾音节，舌面音 k、h、g 及舌尖音 t、r 后面，短元音 u 与 o 发生对应现象的实例比较多。例如：

阿依努语	蒙古语	词义
kututur	hotogor	凹的
turus	togoso	尘埃、脏灰
huresapa	hoʥigir	秃头
irusi	horos-	愤怒、气愤

我们掌握的资料表明，阿依努语短元音 u 与蒙古语短元音 o 的对应现象，出现于词首音节或词的第二音节的实例，比出现于词尾音节的要多。而且，出现于舌尖音后面的情况也要比位于舌面音后面的多一些。

（5）阿依努语短元音 u 同蒙古语短元音 a 的对应

①主要是在词首音节或词的第二音节的舌尖音 r、s、d 及其舌叶音 ʧ 后面，阿依努语短元音 u 同蒙古语短元音 a 发生对应关系。例如：

阿依努语	蒙古语	词义
rus	arasu	皮、毛皮

| kotʃupu | hutʃa- | 包 |
| kosunke | hudalhi- | 欺骗 |

②与此同时，也有在词的第二音节的双唇音 m 或舌面音 k、g 后面出现短元音 u 同蒙古语短元音 a 间的对应现象。例如：

阿依努语	蒙古语	词义
koomun	homag	垃圾、垢土
ʃikup	ʤigal	幼小的

也就是说，阿依努语和蒙古语间的短元音 u 同 a 的对应，多数情况是出现在词的第二音节。再者，除了舌尖音后面有一定出现率之外，在双唇音、舌叶音以及舌面音后面也有一定出现率。

（6）阿依努语短元音 u 与蒙古语短元音 i 的对应

在词首音节或词的第二音节，舌尖音 n、r 及舌面音 k、g 后面，阿依努语短元音 u 同蒙古语短元音 i 发生对应关系。例如：

阿依努语	蒙古语	词义
nu	nidʉ	眼睛、目
jaruj	hurija-	收拾、堆放
humkutiki	huŋginə-	轰鸣

除此之外，阿依努语里由名词 nu"眼睛"派生而来的名词 nupe(nu-pe)"眼泪"及动词 nukar(nu-kar)"看"等的短元音 u 也跟蒙古语名词 nidʉ(ni-dʉ)"眼睛"相关的名词 nilbusu(ni-lbusu)"眼泪"及动词 nidʉlə-(ni-dʉlə-)"看"等的短元音 i 发生对应关系。不论怎么说，短元音 u 同 i 的对应现象，绝大多数是出现于词的第二音节或词首音节。并且，在舌尖音后面有较高出现率。

（7）阿依努语短元音 u 与蒙古语短元音 ə 的对应

①在词首或者词首音节的舌面音后面出现的短元音 u 跟 ə 的对应现象。例如：

阿依努语	蒙古语	词义
upsor	əbtʃigu	胸、怀
kuttoko	həbtə-ʜu	躺下

上面例词中的阿依努语短元音 u 和蒙古语短元音 ə 的对应现象，还有一个突出特征是，无论短元音 u 还是 ə 一般都位于双唇音 p、b 的前面，很少出现在其他辅音前。

②在词的第二音节的舌尖音以及双唇音等后面，同样会出现阿依努语短元音 u 与蒙古语短元音 ə 相对应的情况。例如：

阿依努语	蒙古语	词义
korura	hurəgə-	送
enukar	əmtəgər	钝的、缺刃的
hapur	həbərəg	易碎的

依据比较分析，例②中出现的 u 同 ə 的对应现象，处于舌尖音后面的例证较为突出。

总而言之，阿依努语短元音 u 同蒙古语短元音 ʉ、ɵ、o、a、i、ə 之间产生的对应现象各有不同。其中，短元音 u 与 ʉ、ɵ 的对应有较高的出现率，但短元音 u 同 o、a 的对应出现率相对要低。不过，出现率最低的是短元音 u 同 i 及其 u 跟 ə 的对应。另外，这些对应现象，多数出现在词首音节或词的第二音节。而且，出现在舌面音 g、k、h 或舌尖音 t、s、r、n 及双唇音 m 等后面的占绝大多数。

3. 阿依努语短元音 a 同蒙古语短元音 a、ə、ʉ、u、i、ɵ、o 的对应规律

说实话，这两个语言中发生的短元音对应现象里，阿依努语短元音 a 与蒙古语短元音 a、ə、ʉ、u、i、ɵ、o 间的对应也是一个比较复杂的语音结构关系。其中，除了短元音 a 与 ɵ、o 对应实例之外，其他对应现象均有较高的出现率，尤其是 a 与 a、ə 的对应实例出现得相当多。

（1）阿依努语短元音 a 与蒙古语短元音 a 的对应

①在词首音节或词中音节的舌面音 k、h 后面，阿依努语及蒙古语短元音 a 的对应关系。例如：

阿依努语	蒙古语	词义
kaʃiw	habsur-	帮忙
kar	hara-	看
kahkawe	hathuhu-	扎
jarkari	ʃirhatu-	受伤
sahka	sabha	筷子
ʃiskah	anisha	眼皮
kuʃikakamure	hutʃigasulga	盖被
ha	gar-	出去

可以看出，上述对应中的阿依努语短元音 a 基本上位于舌面音 k 后面，而蒙古语短元音 a 多数情况下也位于舌面音 h 后面，这其中只有个别实例出现于阿依努语舌面音 h 及蒙古语舌面音 g 后面。而且，很多实例出现于词首音节或词中音节，在词尾出现的此类对应相对要少。

②在词首音节或词中音节的舌尖音 t、d、r、l 后面，阿依努语及蒙古语

短元音 a 的对应关系。例如：

阿依努语	蒙古语	词义
takina	tahinan	祈祷
tojta	tagtaga	鸽子
kotan	hota	城
hontara	hundaga	酒盅
montapi	mundagan	鲁莽的
tomta	dumda	中间
orota	orida	原先
surata	sulala-	放开
etara	ada-	扎、刺

舌尖音 t、d、r、l 后面出现的短元音 a 的对应现象数量上占绝对优势，尤其是舌尖音 t 后面出现得很多。与此相反，像 d、r、l 等短元音后面出现的实例比较少。再者，除了词首不出现之外，在词首音节、词中或词尾均可见到。

以上分析表明，阿依努语短元音 a 与蒙古语短元音 a 的对应现象，在例①和例②的语音结构类型及其语音环境里有较高的出现率。

③在词首的双唇音 m、p 和舌尖音 n、l 及舌面音 h 等前面，阿依努语及蒙古语短元音 a 也有一些对应现象。例如：

阿依努语	蒙古语	词义
aman~amam	amu	米、粮食
apkas	alhu-tʃa	步行
an	ahu	有

④在词中音节或词首音节的双唇音 m 或者是在舌面音 j 及 h 等前面，也能够见到阿依努语及蒙古语短元音 a 的对应现象。例如：

阿依努语	蒙古语	词义
emakas	umaraʃi	北、北方
makan	matʃu-	攀登
ejak	haja-	扔
jaba	hab-	街

比较而言，在双唇音 m 后面出现的多一些，在舌面音 j 后面也有一定的出现率，但在舌面音 h 相关的对应实例十分少见。

以上分析表明，阿依努语短元音 a 与蒙古语短元音 a 的对应现象，在例①和例②的语音结构类型及其语音环境里有较高的出现率。不过，在例③与例④的语音条件下出现的实例没有例①及例②的多。再者，该对应现象在词首或词尾及其词的第二音节以下音节也有一定出现率，但没有在词首音节或词的第二音节出现的实例多。

（2）阿依努语短元音 a 与蒙古语短元音 ə 的对应

①在词首音节或词尾音节的舌尖音 t、n、r 后面出现的阿依努语短元音 a，同词首音节或词的第二音节以及词尾的舌尖音 n、d、t、r 后面出现的蒙古语短元音 ə 产生对应关系。例如：

阿依努语	蒙古语	词义
tanta	təndə	那里
tara	tərə	那个
ʃinnaj	ʃinətʃilə-	改变、革新
una	unəsun	灰

例①中的短元音 a 同 ə 的对应现象，出现在词尾或词的第二音节的实例，比出现在词首音节的要多。

②位于词第三音节或第二音节及舌面音 k、h 后面的阿依努语短元音 a，同词第三音节或舌面音 g、h 以及个别舌尖音后面的蒙古语短元音 ə 发生对应关系。例如：

阿依努语	蒙古语	词义
sokkar	dəbisgər	褥子
enukar	əmtəgər	钝的、缺刃的
emakaʃi	əmʉnəʃi	南
hapur	həbərəg	易碎的

从例②可以看出，舌面音后面出现的短元音 a 同 ə 的对应，更多的时候位于词的第三音节。

③词首音节或词尾音节的舌面音 j 及某些舌尖音后面，阿依努语短元音 a 与蒙古语短元音 ə 间也发生对应关系。例如：

阿依努语	蒙古语	词义
jajan	jərʉ	平常
henpara	hedʒijə	什么时候

④位于词尾或词尾音节以及词首音节的舌尖音或舌面音前后的阿依努语短元音 a，同词的第二音节或第三音节以及词首舌面音前后出现的蒙古语短元音 ə 间产生对应关系。例如：

阿依努语	蒙古语	词义
newsar	dəbhər-	欢跳、欢快
korura	hʉrəgə-	送
paki	əhi	头

例④中的 newsar 一词在阿依努语里主要指"欢快""高兴"等，而 dəbhər- 在蒙古语里一般表示"欢蹦乱跳"等多义。还有，蒙古语的 əhi 一词，在蒙古语族某些亲属语言或方言土语中，也有被发作 həkə～əkə 等。毫无疑问，这跟阿依努语的 paka 的语音结构更为接近。

总之，上述例①至例④的短元音 a 同 ə 的对应现象，出现于词的第二音节或第三音节的实例，比出现在词首或词首音节的要多。另外，在舌面音和舌尖音后面出现的也比其他辅音后面的要多。

（3）阿依努语短元音 a 与蒙古语短元音 ʉ 的对应

①在词的第二音节或第三音节及词尾音节的舌面音 k 或双唇音 p 后面的短元音 a，同舌面音 g、h 或舌尖音 d 后面的蒙古语短元音 ʉ 之间发生对应关系。例如：

阿依努语	蒙古语	词义
nukar	nidʉlə-	看
ehorka	əsərgʉ	对立的、相反的
ekupapa	əmhʉ-hʉ	叼、衔

比较而言，上例对应出现于舌面音 g、k、h 后面的比双唇音及舌尖音后面的要多。

②位于词的第二音节或第三音节的舌尖音 r、双唇音 m、舌面音 j 等后面的阿依努语短元音 a，同位于舌尖音 r 以及双唇音 m 后面的蒙古语短元

音 ʉ 相对应。例如：

阿依努语	蒙古语	词义
kueramasu	hθgərʉhʉi	可爱的
jajan	jərʉ	平常
emakaʃi	əmʉnəʃi	南

从例①和例②中可以看出，这两个语言间的短元音 a 与 ʉ 之对应，似乎更多的时候出现于词的第二音节或第三音节。另外，位于舌面音 g、k、h 以及舌尖音 r 后面的实例居多。

（4）阿依努语短元音 a 与蒙古语短元音 u 的对应

①在词的第二音节或第三音节，舌面音 k、g、h、j 及舌叶音 ʧ 后面，短元音 a 同 u 相对应。例如：

阿依努语	蒙古语	词义
apkas	alhu-ʧa	步行
makan	maʧu-	攀登
irijaʧi	ʃirguldʒi	蚂蚁

②在词的第二音节，双唇音 m 或舌尖音 t、d 后面，阿依努语短元音 a 与蒙古语短元音 u 发生的对应关系。例如：

阿依努语	蒙古语	词义
aman~amam	amu	米、粮食
utar	udum	家族、血统

阿依努语的 aman～amam 多指"米"。不过，有的句子里也表示"粮食""食物"等词义。还有，阿依努语的 utar 一词除了表示"家族""血统"等

以外，也有"人们"之意。而且，在具体的语句中，以"人们"之意使用的概率较高。

再者，例①和例②中发生的短元音 a 同 u 的对应，更多的时候出现于词的第二音节，出现于词的第三音节的概率比较低。另外，出现于舌面音后面的实例比其他辅音后面的例子要多。

（5）阿依努语短元音 a 与蒙古语短元音 i 的对应

词首音节，在舌叶音 tʃ、dʒ、ʃ 或舌面音 j 及其舌尖音 n 后面，短元音 a 同 i 之间产生对应关系。例如：

阿依努语	蒙古语	词义
tʃakoko	dʒiga-hu	教
jarkari	ʃirhatu-	受伤
nanu	nigur	脸

我们掌握的资料表明，阿依努语短元音 a 同蒙古语短元音 i 的对应现象出现于舌叶音后面的情况比较多。另外，上例中的 jarkari 一词在阿依努语里多指"动物或人受外伤"。其实，该词的语音结构形式同蒙古语的 jaratuhu 一词更为接近，但它们在语义结构方面出现的差异较突出。也就是说，jaratuhu 在蒙古语中一般表示"动植物身上长出的伤疮"，而阿依努语的 jarkari 主要表达"受伤"之意。所以，在这里，没有把阿依努语的 jarkari 同蒙古语的 jaratuhu 进行比较分析。当然，从语音结构形式和语义结构内涵，对阿依努语的 jarkari 与蒙古语的 jaratuhu 进行比较研究，并非否定阿依努语 jarkari 和蒙古语 jaratuhu 间存在的某种内部深层次关系。笔者认为，这几个词之间或许有历史渊源方面的内在联系。

（6）阿依努语短元音 a 与蒙古语短元音的 ө、o 对应

根据资料，在词的第二音节的双唇音 m 或舌面音 k、g 后面，短元音 a 同 ө 或 o 之间产生对应现象。例如：

阿依努语	蒙古语	词义
toma	təməsə	土豆
okari	togorin	周围

上面谈到的阿依努语短元音 a 同蒙古语短元音 a、ə、ʉ、u、i、ɵ、o 之间发生的对应关系的具体情况有所不同。其中，短元音 a 与 ə 间的对应现象出现得最多，其次是短元音 a 和 ʉ、u 间的对应实例。然而，短元音 a 同 i 间的对应实例出现的比较少。尤其是像短元音 a 同 ɵ 或 o 间的对应概率十分低。而且，除了短元音 a 跟 i 的对应以外，其他四种不同语音环境和条件下出现的对应现象，基本上出现于词的第二音节，只有个别实例出现于词的第三音节。在此还应该指出的是，该系列的短元音对应例证几乎均出现于舌面音 k、g、h、j 和双唇音 m、p 及舌尖音 n、d、t、r，或舌叶音 tʃ、dʒ 等后面。

4. 阿依努语短元音 o 同蒙古语短元音 o、ʉ、ɵ、u、i、a、ə 的对应规律

这两个语言的短元音对应系统里，阿依努语短元音 o 与蒙古语所有短元音之间均存在不同程度的对应现象。同样，都出现于不同语音环境和条件之下。再者，这一系列的对应现象，可以出现于词首、词首音节、词中及词尾等词的各个部位。

（1）阿依努语短元音 o 同蒙古语短元音 o 的对应

说实话，这两个语言中出现的短元音 o 与 o 的对应，一般出现于词首或词首音节，只有个别实例里能够见到位于词尾的对应现象。

①在词首或词首音节，舌尖音 r 或舌面音 k、g 前面，阿依努语短元音 o 与蒙古语短元音 o 发生对应关系。例如：

阿依努语	蒙古语	词义
oroke	orgi-	涌

| oriko | orija- | 卷、卷起 |
| okari | togorin | 周围 |

②在词首音节或词尾，舌面音 k、h 或个别舌尖音 t 后面，这两个语言的短元音 o 之间产生的对应现象。例如：

阿依努语	蒙古语	词义
kommun	homag	垃圾、垢土
kotan	hota	城
konto	hogho	铃
hot	hori	二十

③在词首音节的舌尖音 t、n 及双唇音 m 后面，阿依努语短元音 o 与蒙古语短元音 o 间发生的对应关系。例如：

阿依努语	蒙古语	词义
tokina	tohi-hu	祭祀
momkur	moŋkur-	永垂不朽
nojke	moshi-	拧

从以上分析可以看出，阿依努语与蒙古语短元音 o 间发生的对应实例，绝大多数出现于词首音节或词首，只有个别例词中出现于词尾。并且，一般出现于舌尖音 t、r、n 或舌面音 k、h、g 及双唇音 m 前后。相比之下，在舌尖音 n、舌面音 g 及双唇音 m 等后面出现的比较少。

（2）阿依努语短元音 o 同蒙古语短元音 u 的对应

资料表明，这两个语言内出现的短元音 o 跟 u 的对应实例也有不少，似乎不低于短元音 o 与 o 的对应概率。而且，同样出现于不同语音环境和语音条件下，也同样位于词的不同部位。

①在词首，舌尖音 s、r、t 或舌面音 h 前面，阿依努语短元音 o 与蒙古语短元音 u 间产生的对应现象。例如：

阿依努语	蒙古语	词义
oskekor	uthugur	容器、舀子
osura	urus-	流
ohori	uhu	挖
orota	uridu	原先

比较而言，词首产生的短元音 o 和 u 的对应现象，出现于舌尖音前面的实例，比出现于舌面音前面的要多。

②在词首舌面音 k、h 后面，阿依努语短元音 o 与蒙古语短元音 u 间出现的对应现象。例如：

阿依努语	蒙古语	词义
kotʃupu	hutʃa-	包
kosunke	hudalhi-	欺骗
komomse	hunijasu	皱纹
hontara	hundaga	酒盅

该对应实例中蒙古语短元音 u 均出现在舌面音 h 的后面，可是阿依努语短元音 o 绝大多数出现于舌面音 k 后面，只有极个别例子位于舌面音 h 后面。

③阿依努语短元音 o 在词首双唇音 m、舌尖音 n 或 t 后面，同位于词首双唇音 m 及舌尖音 d 后面的蒙古语短元音 u 发生的对应关系。例如：

阿依努语	蒙古语	词义
montapi	mundagan	鲁莽的
nojke	mushi-	拧
tomta	dumda	中间

其实，如例③所示，更多的时候出现于双唇音及舌尖音前后，其他辅音前后几乎不出现或出现率很低。

总之，以上阿依努语和蒙古语短元音 o 同 u 间出现的三种不同语音环境和条件下产生的对应实例，基本上均出现于词首或词首音节。另外，相比之下，该系列元音对应现象，出现在舌面音 k、h 前后的例证，比出现在舌尖音 r、s、t、n 以及双唇音 m 前后的要多。

（3）阿依努语短元音 o 同蒙古语短元音 ɵ 的对应

①在词首舌面音 k 或 h 后面，阿依努语和蒙古语短元音 o 与 ɵ 间发生的对应关系。例如：

阿依努语	蒙古语	词义
kojsum	hɵgəsʉn	泡儿
hot	hɵri	二十

②在词首或词首舌尖音 t 后面，阿依努语短元音 o 与蒙古语短元音 ɵ 间产生的对应现象。例如：

阿依努语	蒙古语	词义
toma	tɵmɵsɵ	土豆
omkekar	ɵmɵhirə-	发霉

这两个语言中出现的例①和例②的情况均出现的不多，且主要出现于舌面

音 k 或 h 的后面，以及双唇音 m 的前后。再者，这些对应现象基本上出现于词首音节或词首。当然，在词首音节的出现率要高于词首的出现率。

（4）阿依努语短元音 o 同蒙古语短元音 i 的对应

在词的第二音节，双唇音 m 或舌尖音 s、r、n 及舌叶音 ʧ 后面，出现的短元音 o 与 i 的对应现象。例如：

阿依努语	蒙古语	词义
komomse	hunijasu	皱纹
upsor	əbtʃigʉ	胸、怀
orota	orida	原先

我们现已掌握的第一手资料表明，这两个语言中的短元音 o 同 i 的对应实例基本上出现于舌尖音后面。

（5）阿依努语短元音 o 同蒙古语短元音 ʉ 的对应

词首舌面音 h、k、g 后面，阿依努语短元音 o 与蒙古语短元音 ʉ 之间产生对应关系。例如：

阿依努语	蒙古语	词义
hojupu	gʉjʉ-	跑
korura	hʉrəgə-	送

（6）阿依努语短元音 o 同蒙古语短元音 ə 的对应

在词的第二音节，舌尖音 t、s 及舌面音 h 后面，出现阿依努语短元音 o 与蒙古语短元音 ə 间的对应现象。例如：

阿依努语	蒙古语	词义
kuttoko	həbtə-	躺下
ehorka	əsərgu	对立的、相反的

（7）阿依努语短元音 o 同蒙古语短元音 a 的对应

词首舌尖音 t 或词的第二音节的舌面音 k 后面，也会见到阿依努语短元音 o 与蒙古语短元音 a 的对应现象。例如：

阿依努语	蒙古语	词义
tojta	tagtaga	鸽子
tʃakoko	ʤiga	教

以上分析充分说明，阿依努语短元音 o 同蒙古语短元音 u、ɵ、i、ʉ、ə、a 间存在不同程度的对应现象。其中，短元音 o 和 o、u 的对应出现的最多；其次是短元音 o 与 ɵ 的对应；再次是像短元音 o 同 i、ʉ、ə、a 之间产生的对应关系，它们都出现的不多。另外，短元音 o 和 o、u、ɵ、ʉ 的对应，几乎均位于词首或词首音节；短元音 o 同 i、ə、a 的对应多数出现于词的第二音节。还应该指出的是，该系列对应出现于舌面音 h、k 或舌尖音 r、s、t、n 后面的情况占有多数。

5. 阿依努语短元音 i 同蒙古语的短元音 i、a、ʉ、u、o 的对应规律

短元音对应系列里，阿依努语短元音 i 和蒙古语短元音 a 的对应实例出现的不是很多，发生对应现象的语音环境和条件也比较规范和整齐，且多数情况下出现于词首或词的第二音节。

（1）阿依努语短元音 i 同蒙古语短元音 i 的对应

①在词首，舌尖音 r、d、l 或舌面音 j 前面，阿依努语和蒙古语短元音 i 发生对应关系。例如：

阿依努语	蒙古语	词义
iri-	ira-	掀开
ijetu	ilidʉ	癣、疖子
ije	idəgə	脓
irijatʃi	ʃirguldʒi	蚂蚁

词首短元音 i 的对应位于舌尖音 r 前的居多,其次是舌面音 j 前的现象,像舌尖音 d 或 l 前出现得不多。另外,需要说明的是,上述第四个例词中蒙古语 ʃirguldʒi 的短元音 i 是出现于词首辅音 ʃ 的后面。

②词首舌叶音 ʃ、tʃ、dʒ 后面,阿依努语和蒙古语短元音 i 发生对应关系。例如:

阿依努语	蒙古语	词义
ʃinnaj	ʃinətʃilə-	改变、革新
ʃikup	dʒigal	幼小的
tʃikir	ʃigirə	蹄
tʃikap	ʃibagu	鸟

③在词尾或词中,舌叶音 ʃ 或 tʃ 后面,阿依努语和蒙古语短元音 i 发生对应关系。例如:

阿依努语	蒙古语	词义
ouʃi	otʃi-	去
uʃi	nəgtʃi	过去、消失
emakaʃi	əmʉnəʃi	南、南边
kuʃikakamure	hutʃigasulga	盖被
hatʃir	oitʃi-	颠倒

相比之下,阿依努语和蒙古语短元音 i 的对应现象在词尾的出现率高于词中。另外阿依努语的实际情况是绝大多数出现于舌叶音 ʃ 的后面,而蒙古语的例子多数是位于舌叶音 tʃ 的后面。

④在词首音节和词中音节乃至在个别词词尾,舌面音 k、h 或舌尖音 r 及舌叶音 ʃ 等后面,阿依努语和蒙古语短元音 i 也发生对应关系。例如:

阿依努语	蒙古语	词义
tokina	tohi-hu	祭祀
kite	ʃidʉ	牙
okari	togorin	周围

从以上例①至例④的实际情况看,阿依努语和蒙古语短元音 i 的对应情况,在词首或词首音节,包括在词尾均有相当高的出现率。而且,绝大多数是出现于舌叶音后面,舌尖音或舌面音后面的出现率很低。

(2) 阿依努语短元音 i 同蒙古语短元音 a 的对应

在词首、词中和个别词词尾的舌叶音 tʃ、ʤ 或舌尖音 r 等后面,阿依努语和蒙古语短元音 i 与 a 间出现的对应现象。例如:

阿依努语	蒙古语	词义
tʃimip	tʃamtʃa	衣服、长衫
tʃip	ʤabi	舟、小船
potʃi	pitʃal-	弄粉碎
iri-	ira-	掀开

该对应现象虽然在词首音节、词中、词尾都有出现,但在词首音节的出现率较高。另外,在舌叶音 tʃ 或 ʤ 后面,特别是在 tʃ 后面出现的实例占多数。

(3) 阿依努语短元音 i 同蒙古语短元音 u、o、ʉ 的对应

在词首舌尖音 t、r 前面,或词中舌叶音 ʃ、tʃ 后面,阿依努语短元音 i 同蒙古语短元音 u、o、ʉ 发生的对应现象。例如:

阿依努语	蒙古语	词义
itak	utha	意义
iruka	horos-	愤怒、气愤
uʃikke	ɵtʃʉhən	小的

从以上实例可以看出，阿依努语和蒙古语短元音 i 同 i、a、ʉ、u、o 的对应现象可以出现于词首、词首音节、词中和词尾，但出现率最高的是词首音节，其次是词尾和词首，词中的出现率相对低一些。再次，该系列的对应里，出现最多的是短元音 i 与 i 的对应，其次是短元音 i 和 a 的对应，像短元音 i 与 ʉ、u、o 的对应出现得都比较少。并且，这些对应实例绝大多数是位于舌叶音前面，而位于舌尖音或舌面音等前面的例子比较少。不过，在词首发生的对应，多数是位于舌尖音前面。另外，像"愤怒"一词，阿依努语叫 irusi，而蒙古语则谓 horoshu，这其中也出现了阿依努语短元音 i 同蒙古语短元音 o 等产生对应的情况。然而，由于此类词的语音对应现象比较复杂，可能需要更多的分析和解释，所以没有纳入该成果的讨论，以后条件成熟时再进行全面系统的分析研究。

概括起来讲，以上以阿依努语短元音 a、i、e、o、u 为核心，全面系统讨论阿依努语和蒙古语短元音对应现象，充分证明这些对应本身存在的复杂性、多重性、严谨性、规范性和规律性。而且，也客观实在地展示和阐述了这些对应现象所处的特定语音环境，以及产生对应现象的语音条件。再者，我们在具体研究时，还清楚地看出，这两个语言的短元音对应实例，出现于舌面音、舌尖音、舌叶音后面及词首的居多，相比之下在双唇音及其他辅音后面的比较少。另外，从不同短元音间的对应情况来看，除了阿依努语短元音 e 之外，在同一个元音之间出现的对应比不同短元音间发生的对应例子要多。也就是说，阿依努语短元音 a、i、o、u 跟蒙古语短元音 a、i、o、u 间的对应现象远远高于不同短元音间的对应。在不同短元音的对应系列中，像阿依努语短元音 e 或 a 同蒙古语短元音 ə 的对应、阿依努语短元音 a 与蒙古语短元音 ʉ 或 u 的对应、阿依努语短元音 o 和蒙古语短元音 ɵ 及 i 的对应出现率最高，其次是阿依努语短元音 e 跟蒙古语短元音 i 或 u 的对应、阿依努语短元音 u 同蒙古语短元音 o 或 a 及 ə 的对应、阿依努语短元音 a 与蒙古语短元音 ʉ 及 u 的对应、阿依努语短元音 o 和蒙古语短元音 ɵ 或 i 的对应等。相比之下，阿依努语短元音 e 同蒙古语短元音 ʉ 或 a的对应、阿依努语短元音 o 与蒙古语短元音 ʉ 或 ə 及a 的对应、阿依努语短元音 u 跟蒙古语短元音 a 的对应、阿依努语短元音 i 与蒙古语短元音 a 的对应等的出现概率比较低，对应率最低的是阿依努语短元音 e 或 a 和蒙古语短元音 o 或 ɵ 的对应现象。最后还应指出的是，这两个语言的短元音间的对应实例，更多的时候出现于词首或词首音节以及词的第二音节，其次是在词首的出现率，但在词的第三音节或第三音节以下的出现率都比较低。

（二）零元音同短元音及短元音同长元音的对应现象

这里所说的零元音同短元音的对应现象，以及短元音同长元音或复元音的对应现象等主要是指，阿依努语零元音同蒙古语零元音的对应、阿依努语短元音与蒙古语零元音的对应、阿依努语长元音与蒙古语短元音的对应等。

1. 零元音同短元音的对应规律

就如前面的分析，所谓零元音同短元音间产生的对应是指，阿依努语或蒙古语里出现的零元音现象，同蒙古语或阿依努语的短元音发生的对应实例。也就是说，首先是指阿依努语零元音同蒙古语短元音间发生的对应关系，其次是指阿依努语短元音与蒙古语零元音间出现的对应现象。

（1）阿依努语零元音同蒙古语短元音间的对应

①在词尾，舌面音 h 或 k 后面，阿依努语零元音同蒙古语短元音 a 发生对应关系。例如：

阿依努语	蒙古语	词义
ʃiskah	anisha	眼皮
itak	utha	意义

②在词尾，舌尖音 s 后面，阿依努语零元音同蒙古语短元音 u 或 o 发生对应关系。例如：

阿依努语	蒙古语	词义
rus	arasu	毛皮
tur~turus	togoso	尘埃

③在词尾，舌尖音 r、t 或双唇音 p 及舌叶音 ʤ 等后面，阿依努语零元音同蒙古语短元音 i、ə 产生的对应现象。例如：

阿依努语	蒙古语	词义
tʃikir	ʃigirə	蹄
hot	hori	二十
hur	hʊʤi	香
tʃip	ʤabi	舟、小船

上面谈到的从例①至例③出现的阿依努语零元音同蒙古语短元音间的对应现象中，出现较多的是零元音同短元音 i 的对应，其次是零元音同短元音 a 的对应现象。相比之下，阿依努语零元音同蒙古语短元音 u、o、ə 的对应出现得特别少。另外，该系列对应基本上出现于词尾舌尖音 r、t、s 及舌面音 h 等后面。

④在词中，双唇音 m 或舌面音 j、g 后面，阿依努语零元音同蒙古语短元音 ə 间发生对应关系。例如：

阿依努语	蒙古语	词义
omkekar	ɵməhəirə-	发霉
kojsum	həgəsʊn	泡儿

⑤在词首，舌尖音 r 或双唇音 m 前面，阿依努语零元音同蒙古语短元音 a、ɵ 间产生的对应现象。例如：

阿依努语	蒙古语	词义
rus	arasu	皮毛、皮子
munin	ɵmɵhəi	发臭的

总之，阿依努语零元音同蒙古语短元音相对应的现象不是太多。比较而言，零元音同短元音的对应在词尾的高于词中或词首的出现率。再者，在舌尖音 r、s 或舌面音 h 及双唇音 m、b、p 后面出现的要多一些。

（2）阿依努语短元音同蒙古语零元音间的对应

与上面分析的实例相反，在这两个语言的语音对应中，也有阿依努语短元音同蒙古语零元音之间发生对应关系的情况。

①在词的第二音节，舌尖音 r 和双唇音 m 后面，阿依努语短元音 i 同蒙古语零元音相对应。例如：

阿依努语	蒙古语	词义
irijatʃi	ʃiruldʒi	蚂蚁
tʃimip	tʃamtʃa	衣服、长衫

②在词尾或词的第二音节，舌尖音 r 或 l 的后面，阿依努语短元音 e 或 o 同蒙古语零元音间发生对应关系。例如：

阿依努语	蒙古语	词义
ure	həl	脚后跟、脚
oroke	orgi-	涌、溢

根据我们掌握的资料，阿依努语短元音同蒙古语零元音的对应现象，比蒙古语短元音同阿依努语零元音的对应还要少。而且，阿依努语短元音同蒙古语零元音的对应几乎都出现于词的第二音节，以及舌尖音 r、l 或双唇音 m 等后面。另外，该系列对应，同样出现率都不高。

2. 长元音同短元音的对应规律

这里提到的短元音同长元音的对应，主要指阿依努语长元音同蒙古语短元音间产生的对应现象。依据现有资料，还没有找到阿依努语短元音同蒙古语长元音间发生对应关系的实例。再者，阿依努语长元音同蒙古语短元音间的对应现象出现得也不多。几乎只有在词首、词首音节或词的第二音节的舌面音 k、h 或舌叶音 ʧ 后面出现的阿依努语长元音 ii、ee、oo 同蒙古语短元音 i、o、ə 间的对应现象。例如：

阿依努语	蒙古语	词义
koomun	homag	垃圾、垢土
kii-	hi-	干、做
ipe~ee-	idə-	吃

另外，我们的资料还表明，阿依努语长元音同蒙古语短元音的对应现象中，长元音 ii 与短元音 i 的对应，比长元音 ee、oo 跟短元音 ə、o 间的对应实例多一些。并且，长元音和短元音的对应，基本上出现于词首及词首音节的舌面音 k、h 后面。再者，与此相关，阿依努语里表示"吃"之意时，还会使用 ipe 之说。比较而言，ipe 的使用率比 ee- 要高。那么，是否 ee 属于 ipe 的音变形式？现在还很难说定，因为两个元音中出现的双唇音 p 很少出现脱落现象。总之，在阿依努语和蒙古语的共有词中，短元音同长元音间的对应实例出现得比较少。

综上所述，阿依努语和蒙古语的元音对应现象中，主要有短元音的对应规律、零元音同短元音，以及短元音同长元音的对应规律等。同时，均有特定语音环境和语音条件。①涉及面最广，数量上最多，且最复杂的是短元音同短元音间的对应现象，共关系到五大类六十多种对应形式和内容。不过，短元音间的对应实例，出现于舌面音、舌尖音后面的居多，出现于舌叶音、双唇音及其他辅音后面的比较少。另外，从发生对应关系的具体情况及出现率来看，短元音 a、i、u、o 与 a、i、u、o 间的对应、短元音 e、a 同 ə 间的对应、短元音 a 和 ʉ、u 间的对应、短元音 o 跟 ɵ、i 间的对应现象等有较高的出现率，其次是属于短元音 e 同 i、u 间的对应、u 与 o、a、ə 间的对应、短元音 a 和 ʉ、u 间的对应、短元音 o 与 i 间的对应现象等。相比之下，短元音 e 同 ʉ、a 间的对应、短元音 o 跟 ʉ、ə、a 间的对应、短元音 i 同 a 间的对应实例出现的频率较低。那么，出现率最低的是短元音 e、a 与 o、ɵ 间的对应。另外，短元音对应多数是出现于词首、词首音节、词的第二音节或词尾，出现于词的第三音节或第三音节以下的例子比较少。②就如前面的讨论，除了短元音间的对应现象之外，阿依努语和蒙古语里还有零元音与短元音间的对应系列，但此系列的对应比短元音间的对应现象要少得多。再者，零元音和短元音的对应，虽然涉及阿依努语零元音同蒙古语短元音的对应及阿依努语短元音同蒙古语零元音的对应两种结构类型，然而阿依努语零元音同蒙古语短元音的对应比阿依努语短元音同蒙古语零元音实例要多。零元音与短元音间的对应，在词首、词首音节、词中和词尾均可出现，不过处于词首、词首音节或词的第二音节的居多。同时，绝大多数位于舌尖音或舌面音前后。另外在双唇音后面也保持了一定出现率，其他辅音后面出现得均很少。③短元音同长元音间的对应现象，在整个元音对应系列里出现率最低，且基本上属于阿依努语长元音同蒙古语短元音间产生的对应关系。此类结构类型的对应，主要在词首或词首音节的舌面音及舌叶音后面出现。

概而言之，这两个语言中出现的元音对应现象，不仅有它的多变性和复杂性，同时有它的严密性和规律性。而且，绝大多数是出现于舌尖音和舌面音前后。再者，出现于词首音节和词的第二音节实例比处于词首、词尾及词的第三音节要多。不论怎么说，从以上的讨论，我们完全可以看出阿依努语和蒙古语共有词中存在一定数量而相当有规律的、有其一定学术价值、相当有代表性的元音对应系统。当然，由于获取的阿依努语第一手语言资料不全面，加上资料中出现的阿依努语记音方式、转写手段不同或不一致，一定程度上也影响了这两个语言元音对应现象的分析研究。在我们看来，阿依努语和蒙古语共有词的元音对应现象里，还有不少值得进一步深入比较研究的内容和话题，在此方面还有许多工作要做。

二 辅音对应系统

正如前面的论述，阿依努人是日本北海道人口较少的民族，在日本就叫阿依努人。现在的阿依努人基本不使用母语，已全部改用了日语，人们从幼儿时期就接受日语和日文教育。虽然，像日本千叶大学等在研究生培养计划里为阿依努语研究开设了阿依努语专题课程，但只是为了阿依努语科研工作需要，不是为了传承和使用该语言。这种情况同我国某些大学开讲满语言课程一样，目的也是为了满语文研究和满文文献资料的开发利用。在这种现实面前，阿依努语与阿尔泰语系语言的比较研究中，使用的阿依努语资料均来自现已出版的语音、词汇、语法等方面的成果，以及第一手口语调研资料和词汇集词典。根据书面资料，阿依努语有 k、t、p、tʃ、s、h、ʃ、m、n、ŋ、r、j、w 及喉音等 14 个辅音，由于送气音 k、t、p、tʃ 跟不送气音 g、d、b、ʤ 不区别词义，所以将送气和不送气的舌面音均用 k、t、p、tʃ 来替代。蒙古语辅音则有 b、p、m、d、t、n、l、r、s、ʤ、tʃ、ʃ、j、g、h、ŋ 16 个。可见，阿依努语和蒙古语的辅音音素都比各自语言的元音音素要复杂丰富，进而增加了此课题研究的复杂性。也就是说，在这两个语言的语音对应系统内，辅音对应现象比元音对应现象要复杂、涉及面又广。尽管如此，研究表明，阿依努语和蒙古语的共有词中出现的辅音对应现象，有它的规范性、规律性、系统性。下面我们从单辅音间对应、单辅音同零辅音的对应、双辅音同单辅音的对应三个方面讨论阿依努语和蒙古语的共有词的辅音对应原理。

（一）单辅音同单辅音的对应现象

1. 阿依努语辅音 k 同蒙古语辅音 h、g、s、r、ʃ、tʃ、b 的对应规律

这两个语言中出现的阿依努语舌面音 k 同蒙古语的舌面音、舌尖音、舌叶音及双唇音间都可以发生对应关系。其中，同舌面音 h、g、s、r、ʃ、tʃ、b 等之间出现的对应现象有一定代表性和规律性。

（1）阿依努语辅音 k 同蒙古语辅音 h 的对应

①在词首，短元音 o 或长元音 oo 前面，阿依努语舌面音 k 同蒙古语舌面音 h 之间发生对应关系。例如：

阿依努语	蒙古语	词义
kotan	hota	城
konkon	hogho	铃
koomun	homag	垃圾、垢土

②在词首音节，短元音 o 或 u 前面，阿依努语舌面音 k 同蒙古语舌面音 h 间出现对应现象。例如：

阿依努语	蒙古语	词义
komomse	hunijasu	皱纹
kotʃupu	hutʃa-	包

③在词首短元音 o 前面出现的阿依努语舌面音 k，同位于词首短元音 u 或 ɵ 前的蒙古语舌面音 h 相对应。例如：

阿依努语	蒙古语	词义
korura	hʊrgə-	送
kojsum	hɵgəsʉ	泡儿

从以上例①至例③的所列可以看出，有对应关系的阿依努语舌面音 k 几乎均位于短元音 o 或长元音 oo 前面，相比之下，出现于 o 前的实例居多。然而，有对应关系的蒙古语舌面音 h 则基本上位于短元音 o、u、ɵ、ʉ 前面，其中出现于短元音 o、u 前的实例比 ɵ、ʉ 前的要多。

④在词首，短元音 u 或 o 之前，阿依努语舌面音 k 同蒙古语舌面音 h 之间产生对应关系。例如：

阿依努语	蒙古语	词义
kututur	hotogor	凹的
kuʃika	hutʃilga	盖被

⑤在词首，位于短元首 u 前的阿依努语舌面音 k 和位于短元音 ə、ɵ、ʉ 前的蒙古语舌面音 h 相对应。例如：

阿依努语	蒙古语	词义
kuttoko	həbtə-hʉ	躺下
kueramasu	hogərʉhui	可爱的
kur	hʉmʉn~hʉn	人

例④和例⑤充分证明，词首出现的舌面音 k 与 h 的对应现象中，阿依努语舌面音 k 均用于短元音 u 之前，从而表现出相当高的一致性和统一性。而蒙古语舌面音 h 所处的语音环境显示出一定复杂性和不同性，它的后面却使用了 o、u、ə、ɵ、ʉ 等短元音。

⑥同样在词首，短元音 a 或 i 及长元音 ii 等前面，出现阿依努语舌面音 k 和蒙古语舌面音 h 的对应现象。例如：

阿依努语	蒙古语	词义
kaʃiw	habsur-	帮助
kar	hara-	看
kii	hi-	做、干

可以看出，上述对应现象在短元音 a 前出现的实例，比短元音 i 或长元音 ii 前的要多。

⑦在词的第二音节，短元音 a 前的阿依努语舌面音 k 同短元音 u、ʉ 前出现的蒙古语舌面音 h 相对应。例如：

阿依努语	蒙古语	词义
apkas	alhu-tʃa	步行
tukap	ʉhʉl	死体

⑧在词的第二音节或词尾，位于短元音 i、u 前或短元音 a 后面的阿依努语舌面音 k，同位于词的第二音节短元音 i、ʉ、a 前面的蒙古语舌面音 h 产生对应关系。例如：

阿依努语	蒙古语	词义
paki	əhi	头
ekupapa	əmhʉ-hʉ	叼、衔
itak	utha	意义

在例⑦和例⑧中，阿依努语舌面音 k 主要出现在短元音 a 的前后，而蒙古语舌面音 h 多数是出现于短元音 ʉ 或 u 的前后。

⑨在词的第二音节或第三音节，位于短元音 e 或 i 前面阿依努语舌面音 k，同位于短元音 ə、i、u 及复合元音 əi 前的蒙古语舌面音 h 相对应。例如：

阿依努语	蒙古语	词义
omkekar	ɵməhəirə-	发霉
nojke	mushi-	拧
oskekor	uthugur	舀子、容器
uʃike	otʃʉhən	小的
tokina	tohi-hu	祭祀

此类对应现象，主要出现于词的第二音节，在第三音节出现得比较少。另外，该对应现象中阿依努语舌面音 k 绝大多数位于短元音 e 的前面，却很少出现在短元音 i 之前。那么，蒙古语舌面音 h 则多数出现于短元音 ə 或 i 之前。

⑩在词的第二音节或第三音节的元音 a 前面，阿依努语舌面音 k 同蒙古语舌面音 h 之间也产生对应现象。例如：

阿依努语	蒙古语	词义
jarkari	ʃirhatu-	受伤
sahka	sabha	筷子
ʃiskah	anisha	眼皮

该对应现象也跟例⑨相同，出现在词的第二音节的要比出现于词的第三音节的多得多。另外，我们还能够从例⑧、例⑨、例⑩中了解到，所有在词中产生的 k 同 h 的对应，不论是阿依努语的舌面音 k 还是蒙古语舌面音 h 直接接触前置辅音的现象比较多，尤其是例⑩的对应现象中舌面音 k 或 h 均用于舌尖音或舌面音及双唇音后面。毫无疑问，这也是属于 k 同 h 在词中产生对应时的一大语音特征。

总之，阿依努语舌面音 k 与蒙古语舌面音 h 的对应，在词首出现得最多，同时绝大多数出现于短元音 o、u、ɵ、ʉ 前面。当然，在词的第二音节产生的 k 同 h 的对应实例也不少。其中，出现在词的第二音节短元音 a、ɔ、i、e 前面的比较多。但是，在词的第三音节出现的 k 与 h 的对应现象特别少。

（2）阿依努语舌面音 k 同蒙古语舌面音 g 的对应

①在词首或词的第二音节以及第三音节，处于短元音 o、长元音 oo 前的阿依努语舌面音 k，同位于短元音 u 或 a 及复元音 ui 前的蒙古语舌面音 g 之间产生对应关系。例如：

阿依努语	蒙古语	词义
koo~ko	gural	面粉
kojke	guihi-	歪斜
oskekor	uthugur	舀子、容器
tʃakoko	ʥiga-hu	教

相比之下，该对应现象出现在词首的要比出现于词的第二音节或第三音节的多。另外，蒙古语舌面音 g 出现在元音 u 前面的要比出现在元音 a 或复合元音 ui 前面的多。

②在词的第二音节或第三音节，阿依努语舌面音 k 在短元音 a 前面，同位于短元音 a、o、ʉ 前的蒙古语舌面音 g 产生对应关系。例如：

阿依努语	蒙古语	词义
kuʃika	hutʃilga	盖被
okari	togorin	周围
ehorka	əsərgʉ	对立的、相反的

以上实例证明，该对应形式出现在词的第三音节的要比位于词的第二音节的多。相比之下，在词的第二音节出现的要少。

③在词的第二音节，位于短元音 u 或 i 前的阿依努语舌面音 k，同位于短元音 i、ʉ、a 前的蒙古语舌面音 g 相对应。例如：

阿依努语	蒙古语	词义
etuk	ʉdʒʉgʉr	尖端
humkutiki	hʉŋginə	轰鸣
ʃikup	dʒigal	幼小的
tʃikir	ʃigirə	蹄

例③的对应中，阿依努语舌面音 k 多数情况下出现于短元音 u 的前后，却很少出现于短元音 i 之前。然而，蒙古语舌面音 g 则位于短元音 i 前后的实例较多，位于短元音 ʉ 或 a 前面的例子较少。与此同时，此类对应现象在蒙古语里还可以出现于词的第三音节。

总之，以上例①至例③的舌面音 k 与 g 的对应现象多数是出现于词的第二音节或第三音节，但是出现于词首的例子不多。另外，阿依努语舌面音 k 绝大多数情况下位于短元音 a、o、u 之前，蒙古语舌面音 g 则出现于短元音 u、ʉ、a、ə 前的占多数。

（3）阿依努语舌面音 k 同蒙古语辅音 s、ʃ、tʃ 的对应

舌面音调研资料中，也有阿依努语舌面音 k 与蒙古语舌叶音 tʃ 或 ʃ 及其舌尖音 s 之间产生的对应现象。而且，一般在词首或词中出现。

①在词首或词的第二音节的短元音 u 前出现的阿依努语舌面音 k，同位于短元音 θ 或 ʉ 前的蒙古语舌尖音 s 产生对应关系。例如：

阿依努语	蒙古语	词义
kunne	sɵni	夜
uskuj	bʉgsʉ	屁股

②在词首或词的第二音节短元音 i、a、u 前，阿依努语舌面音 k 同蒙古语 ʧ 或 ʃ 之间出现对应现象。例如：

阿依努语	蒙古语	词义
kite	ʃide	齿儿
makan	maʧu-	攀登

在我们掌握的资料里，以上例①和例②的对应现象出现得不多。比较而言，例①的对应现象比例②的要多一些。再者，此类对应一般出现在词首或词的第二音节。而且，出现于短元音 u、ʉ、ɵ 前后的比短元音 i 前后的要多。

（4）阿依努语舌面音 k 同蒙古语辅音 r 或 b 的对应

在词的第三音节或第二音节的短元音 a 前面，也出现阿依努语舌面音 k 与蒙古语舌尖音 r 或双唇音 b 之间的对应现象。例如：

阿依努语	蒙古语	词义
emakas	umaraʃi	北
ʧikap	ʃibagu	鸟

可以看出，k 同 r 的对应实例是出现于词的第三音节，而 k 跟 b 的对应则位于词的第二音节。不过，我们的资料说明，阿依努语舌面音 k 和蒙古语舌尖音 r 或双唇音 b 间的对应现象出现的比较少。

总起来讲，阿依努语舌面音 k 同蒙古语舌面音 h 或 g、舌尖音 s 和 r、舌叶音 ʃ 与 ʧ 及其双唇音 b 之间均可产生对应关系，其中 k 同 h 之间产生的对应概率最高,其次是 k 跟 g 的对应现象。但是,k 和 s 间的对应实例出现的比较少,尤其是 k 同 ʃ、tʃ、r、b 之间发生的对应现象特别少。根据以上分析,我们也可以了解到阿依努语舌面音 k 与蒙古语辅音间的对应现象,绝大多数情况下出现于短元音 a、o、u、ə、ʉ 之前,且位于词首或词的第二音节的居多,出现于词的第三音节的不多。基本上不出现于词尾。除了以上讨论的实例之外,也有一些在极其复杂的语音环境和条件下出现的不太规范的、与阿依努语舌面音 k 有关的语音对应现象。比如说,形容词刀刃"钝的"一词,阿依努语说 enukar,蒙古语叫 əmtəgər。可以看出,词尾音节的舌面音 k 与 g 之间有对应关系。但由于前面的语音结构相当复杂,很难梳理相互间发生的对应规律,所以类似的例子在此没有展开讨论。

2. 阿依努语辅音 j 同蒙古语辅音 j、g、h、ʃ、s、r、d、l 的对应规律

这两个语言的辅音对应系统里,阿依努语舌面音 j 同蒙古语舌面音 j、舌面音辅音 g 与 h、舌面音 ʃ、舌尖音 s、r、d、l 等之间均可发生对应关系。但是,这些对应现象的出现率都不是很高。

(1)阿依努语舌面音 j 同蒙古语舌面音 j 的对应

在词首或词的第二音节,短元音 a、e、u 及 ə、ʉ 前,阿依努语和蒙古语舌面音 j 与 j 产生对应关系。例如:

阿依努语	蒙古语	词义
jajan	jərʉn	平常
ejak	haja-hu	扔
muje	uja-	系
hojupu	gʉjʉ-	跑

这两个语言中出现的 j 与 j 的对应实例,虽然在词首或词的第二音节都有出现,但位于词的第二音节出现的占绝对多数,在词首的出现率十分低。再者,在短元音 a 前高于短元音 e、u、ə、ʉ 前的出现率。

（2）阿依努语舌面音 j 同蒙古语舌面音 g 的对应

在词的第一音节或第三音节，位于短元音 o、a 前的阿依努语舌面音 j，同位于短元音ɵ、u 及舌尖音 t 前的蒙古语舌面音 g 相对应。例如：

阿依努语	蒙古语	词义
kojsum	hɵgɵsʉn	泡儿
tojta	tagtaga	鸽子
irijatʃi	ʃirguldʒi	蚂蚁

j 跟 g 的对应现象出现在词的第一音节的要比出现在第二音节的多，基本上不出现词尾部分。此外，该对应实例中，无论阿依努语舌面音 j 还是蒙古语舌面音 g，直接同后置舌尖音产生关系的现象也有不少。

（3）阿依努语舌面音 j 同蒙古语舌面音 h、舌面音 ʃ 的对应

①在词首，位于短元音 a 前的阿依努语舌面音 j，同位于短元音 u、a 或 i 前的蒙古语舌面音 h 或舌叶音 ʃ 之间发生对应关系。例如：

阿依努语	蒙古语	词义
jaruj	hurija-	收拾、堆放
jaba	hab-	街
jarkari	ʃirhatu-	受伤

在 j 跟 h、s 的对应中，j 同 h 的对应现象要比 j 同 ʃ 的对应现象出现得多。而且，阿依努语舌面音 j 出现于短元音 a 前的例子比位于短元音 o 前的要多。再者，此类对应一般出现于词首。

②在词的第二音节，短元音 e、a 前的阿依努语舌面音 j，同短元音ʉ、ə、i 后面的舌尖音 r、d、l 产生对应关系。例如：

阿依努语	蒙古语	词义
jajan	jərun	平常
ije	idəgə	脓
ijetu	iliduu	癣、疖子

从以上实例可以看出，j 跟 r、d、l 的对应中，阿依努语舌面音 j 出现于短元音 e 前的情况比位于短元音 a 前的要多一些。不过，我们掌握的资料显示，j 同 r、d、l 的对应现象出现得都不多。

以上分析充分说明，阿依努语舌面音 j 同蒙古语辅音 h、g、ʃ、s、r、d、l 之间产生的对应现象所处的语音环境、所需的语音条件，以及各自的出现率等方面各有不同。从出现率角度来看，j 跟 h、g 的对应实例有一定出现率，但是 j 同 d、r、s、ʃ、l 等的出现率都比较低，甚至有的出现率很低。另外，该系列的对应关系中阿依努语舌面音 j 多数出现于短元音 a 或 o 的前后，同时位于词首或词的第一音节及第二音节出现的较多。蒙古语辅音 h、g、ʃ、s、r、d、l 等多数出现于短元音 a、u、ʉ、i、ə 前后，且位于词的第二音节以及词首的居多。

3. 阿依努语辅音 h 同蒙古语辅音 h、g、s 的对应规律

在我们看来，阿依努语舌面音 h 与蒙古语辅音间建立的对应关系并不复杂，主要体现在 h 同舌面音 h 或 g 及舌尖音 s 间的对应等方面。

（1）阿依努语和蒙古语舌面音 h 与 h 的对应

①在词首，位于短元音 u 前的阿依努语舌面音 h，同位于短元音 ʉ 前的蒙古语舌面音 h 之间发生对应关系。例如：

阿依努语	蒙古语	词义
humkutiki	huŋginə-	轰鸣
hur	huʤi	香
hure	huʉrəŋ	棕色的

②在词首，短元音 u、o 前面，阿依努语与蒙古语舌面音 h 之间发生的对应关系。例如：

阿依努语	蒙古语	词义
huresapa	hoʤigir	秃头
hontara	hundaga	酒盅

阿依努语与蒙古语舌面音 h 间的对应基本上位于词首。不过，也不能完全否定此类对应实例出现于词的其他部位的情况。比如说，在动词"挖"的说法上，阿依努语就叫 ohori，蒙古语则谓 uhu-。该词的第二音节里，就出现舌面音 h 与 h 间的对应现象。另外，一般位于短元音 u、ʉ、o 之前，其中短元音 u 前的出现率最高。

（2）阿依努语舌面音 h 和蒙古语舌面音 g 的对应

在词首短元音 a 或 o 前出现的阿依努语舌面音 h，同位于短元音 a 或 ʉ 前的蒙古语舌面音 g 产生的对应现象。例如：

阿依努语	蒙古语	词义
ha	gar-	出去
hojupu	gʉjʉ-hʉ	跑

此类对应现象在这两个语言里出现的不多，而且基本上位于词首，在词的其他部位很少出现。另外，一般出现于短元音 a、u、ʉ 前面。

（3）阿依努语舌面音 h 和蒙古语舌尖音 s 的对应

在词的第一音节或第二音节的短元音 e、u 后面出现的阿依努语舌面音 h，同蒙古语短元音 ə、u 后面舌尖音 s 相对应。例如：

阿依努语	蒙古语	词义
ehorka	əsərgʉ	对立的、相反的
tuhse	tus-hu	猛扑

以上谈到的 h 同 g、s 的对应现象均出现得不太多。而且，阿依努语舌面音 h 基本上出现在元音 a、o、u 前后，蒙古语的辅音 g、s 也几乎都出现在元音 a、u、ə、ʉ 前后。同时，从上例还可以看出 h 同 g 的对应现象大都出现在词首，而 h 跟 s 的对应实例出现于词的第一音节或第二音节的比较多。除此之外，个别词里也能见到阿依努语舌面音 h 与蒙古语双唇音 b 相对应的现象。比如说，"筷子"一词阿依努语称 sahka，蒙古语则谓 sabha 等。

4. 阿依努语辅音 r 同蒙古语辅音 r、ʤ、g 的对应规律

此类对应现象所涉及的实例不太多，我们所整理出来的只有舌尖音 r 与 r 的对应，以及舌尖音 r 同舌叶音 ʤ 或舌面音 g 之间发生的对应关系等。

（1）阿依努语和蒙古语舌尖音 r 和 r 的对应

这两语言里出现的阿依努语舌尖音 r 同蒙古语中辅音的对应现象中，r 与 r 的对应实例出现得最多，涉及的范围也最广，所处的语音环境也相当复杂。并且，可以出现于词的各个部位。

①在词首，短元音 e、u 之前及在词的第一音节或第二音节的短元音 o 前后出现的阿依努语舌面音 r，同短元音 ə、a、i 及舌尖音 r 后面出现的蒙古语舌尖音 r 之间产生对应关系。例如：

阿依努语	蒙古语	词义
re	nərə	名字
rus	arasu	皮毛、皮子
ehorka	əsərgʉ	对立的、相反的
oroke	orgi-	涌
orota	urida	原先

此类对应更多的时候，出现于短元音 o、u 前后，同短元音 e、i、ə、a 有关的实例相对较少。不过，直接用于舌面音之前的例子也有不少。另外，在词

首的出现率要低于词的第二音节的出现率。

②在词的第二音节或个别词的第三音节，位于短元音 a、o、u 前的阿依努语舌尖音 r，同处于短元音 ə、i、ʉ 前的蒙古语舌尖音 r 产生对应现象。例如：

阿依努语	蒙古语	词义
korura	hurəgə-	送
tara	tərə	那个
ku'eramasu	hθgərʉhʉi	可爱的
jaruj	hurija-	收拾、堆放
hure	hʉrəŋ	棕色的

上述实例，阿依努语的短元音 a 前出现居多，在蒙古语中绝大多数位于短元音 ə 的前后，比较而言在 ə 前出现的概率要高。另外，在短元音 u、e 及 i、ʉ 等前出现的例子比较少。

③阿依努语和蒙古语舌尖音 r，在词首音节、词的第二音节或第三音节出现的短元音 a、i 前后出现对应现象。例如：

阿依努语	蒙古语	词义
jarkari	ʃirhatu-	受伤
okari	togorin	周围
iri-	ira-	掀开

相比之下，上列对应在短元音 i 前后的出现率高于短元音 a 前后的出现率。再者，在词尾音节的实例高于词首音节或词中音节。

④在词尾，短元音 u 或 o 及个别词内的短元音 e 后面，阿依努语和蒙古语舌尖音 r 与 r 之间产生的对应现象。例如：

阿依努语	蒙古语	词义
oskekor	uthugur	舀子、容器
kututur	hotogor	凹的
momkur	moŋkur-	永垂不朽
hapur	həber	易碎的

不难看出，上述词尾出现的舌尖音 r 与 r 的对应实例，在短元音 u 后面出现得最多，其次是短元音 o 后面的出现率，只有蒙古语的个别例词中出现在短元音 e 的后面。

⑤同样是在词尾或词尾音节，短元音 a 或 ə 及 i 的后面，阿依努语和蒙古语舌尖音 r 与 r 之间发生的对应关系。例如：

阿依努语	蒙古语	词义
sokkar	dəbisgər	褥子
enukar	əmtəgər	钝的、缺刃的
kar	hara-	看
tʃikir	ʃigirə	蹄子

此类语音环境和条件下的对应实例，在词尾的高于词尾音节的。再者，在短元音 a 后面出现率比 ə 及 i 后面的要高。

总之，在阿依努语和蒙古语舌尖音 r 与 r 的对应系列里，在词尾出现的情况较突出，然后是词尾音节的实例，再者是位于词中的例子，在词首或词首音节出现的较少。另外，在短元音 u、o、a、ə 前后出现的居多，在短元音 i

前后出现的也不少,但在短元音 e 或 ʉ 等前后出现的比较少。不过,也有直接出现于舌面音前后的一些对应现象。

(2)阿依努语舌尖音 r 同蒙古语舌面音 g 的对应

①在词尾音节或词的第二音节的短元音 a 的前面,阿依努语舌尖音 r 与蒙古语舌面音 g 间发生的对应关系。例如:

阿依努语	蒙古语	词义
hontara	hundaga	酒盅
uraj	uga-	洗

②在词尾或词的第二音节的短元音 u、o 及 ʉ 的前面,同样见到阿依努语舌尖音 r 与蒙古语舌面音 g 间发生的对应现象。例如:

阿依努语	蒙古语	词义
upsor	əbtʃigʉ	胸、怀
turus	togoso	灰尘

该结构类型的对应现象基本上出现于词尾音节、词的第二音节或词尾,且都出现于短元音 a、u、o 及 ʉ 的前后。相比之下,位于词尾或短元音 ʉ 前的实例比较少见。另外,从整体上来讲,该对应现象出现的不多。

(3)阿依努语舌尖音 r 同蒙古语舌叶音 ʤ 的对应

在词尾或词的第二音节的短元音 e 或 i 前面,阿依努语舌尖音 r 同蒙古语舌叶音 ʤ 之间出现对应现象。例如:

阿依努语	蒙古语	词义
hur	huʤi	香
huresapa	hoʤigir	秃头

r 同 ʤ 产生对应时，r 前面一般使用短元音 u，而 ʤ 前面则使用 ʉ 或 o 等短元音。

除了以上分析的阿依努语舌尖音 r 与蒙古语舌面音 g 及舌叶音 ʤ 之间产生的对应现象之外，在个别词里也能够见到阿依努语舌尖音 r 同蒙古语舌尖音 l 相对应的现象。比如说，"脚后跟"或"脚掌根部"阿依努语称 ure，而"脚掌"，蒙古语则谓 ula。

总而言之，阿依努语舌尖音 r 同蒙古语的舌尖音 r、舌面音 g、舌叶音 ʤ 等的对应实例中，r 与 r 的对应现象占绝对优势，其数量最多、语音环境也最复杂；其次是属于 r 与 g 的对应现象，然而 r 跟 ʤ 的对应出现得比较少。而且，该系列对应出现于短元音 a、o、u、ə 前后的例子最多，其次是属于短元音 i 前后的实例，像短元音 e 及 ʉ 前后的情况比较少。同时，多数对应出现于词的第二音节、词尾音节或词尾，词的其他部位出现得不多。

5. 阿依努语辅音 t 同蒙古语辅音 t、d 的对应规律

资料表明，这两个语言的辅音对应中，有舌尖音 t 与 t 或 d 的对应现象。虽然阿依努语舌尖音 t 同蒙古语辅音间的对应现象的结构类型比较少，但 t 与 t 的对应及 t 和 d 的对应所涉及的语音环境和条件比较复杂，对应产生的数量也比较大。

（1）阿依努语和蒙古语舌尖音 t 同 t 的对应

该结构类型的辅音对应一般出现于词首或词中，且在短元音 a、o、u、ө、ə 前后有较高的出现率。

①在词首，短元音 o 前的阿依努语舌尖音 t，同位于短元音 a、ө、o 前的蒙古语舌尖音 t 发生对应关系。例如：

阿依努语	蒙古语	词义
tojta	tagtaga	鸽子
toma	təməsə	土豆
tokina	tohi-hu	祭祀

②在词首，位于短元音 a 前面的阿依努语舌尖音 t，同出现于短元音 ə 及 a 前的蒙古语舌尖音 t 产生的对应现象。例如：

阿依努语	蒙古语	词义
tara	tərə	那个
tanta	təndə	那里
takina	tahinan	祈祷

③在词首，出现于短元音 u 前的阿依努语舌尖音 t，同位于短元音 u 或 o 前的蒙古语舌尖音 t 发生对应关系。例如：

阿依努语	蒙古语	词义
turus	togoso	尘埃、脏灰
tuhse	tushu	猛扑

④在词的第二音节，位于短元音 a、o 或 u 前的阿依努语舌尖音 t，与出现在短元音 u 或 o 前的蒙古语舌尖音 t 发生对应关系。例如：

阿依努语	蒙古语	词义
itak	tuha	意义
kotan	hota	城
kututur	hotogor	凹的
tojta	tagtaga	鸽子

从例①至例④的对应现象中，完全可以看出该系列对应主要出现于词首及词的第二音节，但绝大多数位于词首。再者，此类对应在短元音 a、o、u 前后出现的最多，其次是短元音 ə 后面的出现率，其他元音后面很少见到舌尖音 t 与 t 的对应实例。

(2)阿依努语 t 和蒙古语舌尖音 d 的对应

①在词的第二音节短元音 a 的前面,阿依努语舌尖音 t 和蒙古语舌尖音 d 之间产生对应现象。例如:

阿依努语	蒙古语	词义
hontara	hundaga	酒盅
montapi	mundagun	鲁莽的
tomta	dumda	中间

②在词首或词尾音节,位于长元音 ee 或短元音 a 前的阿依努语舌尖音 t,同短元音 ə、ʉ、a 前的舌尖音 d 也可以产生对应关系。例如:

阿依努语	蒙古语	词义
teeta orota	dəgədʉ urida	原先
tanta	təndə	那里

③在词的第二音节或第三音节,位于短元音 e、u 前的阿依努语舌尖音 t,同位于短元音 ʉ 前的舌尖音 d 之间也有发生对应关系的现象。例如:

阿依努语	蒙古语	词义
kite	ʃidʉ	齿儿
ijetu	ilidʉ	癣、疖子

上述例①至例③的舌尖音 t 与 d 间产生的对应现象,均出现于词的第二音节或第三音节,但在第二音节的实例占绝大多数。与此同时,阿依努语舌尖音 t 在此系列的对应中多数出现于短元音 a 之前,只有个别例子里见到位于短元音 e、u 或长元音 ee 前的情况。然而,蒙古语舌尖音 d 虽然均用于短元音 a、ə、ʉ 等的前面,不过在 a 前的实例居多,其次是短元音 ə、ʉ 前

的使用情况。很有意思的是，在多数具有对应关系的舌尖音 d 前，同样出现不少鼻辅音 n 或 m。

总的说来，阿依努语舌尖音 t 和蒙古语舌尖音 t 与 d 之间产生对应关系。其中，t 与 t 比 t 与 d 的对应实例要多。而且，多数位于词首、词的第二音节及第三音节，但在词首和词的第二音节的实例多于第三音节的，在词尾基本不出现。再者，位于短元音 a、o、u 前的实例最多，短元音 ə 或 ʉ 前后的使用率也不低，但是在长元音 ee 等前后的出现率很少。除此之外，在个别词里还能见到阿依努语舌尖音 t 同蒙古语的 r、l、g、ʤ、b 等辅音发生对应关系的例子。比如说，"二十"，阿依努语称 hot，蒙古语则说 hori；"躺下"，阿依努语叫 kuttoko，蒙古语则谓 həbtəhʉ；"凹的"，阿依努语说 kututur，蒙古语则称 hotogor；"尖端"，阿依努语叫 etuk，蒙古语则谓 uʤugʉr 等。不过，这些对应实例均出现得不多，也不太规范。所以，在这里没有展开讨论，以后条件允许的时候可以再继续探讨。

6. 阿依努语辅音 n 同蒙古语辅音 n、g、h、l、m 的对应规律

该系列对应，主要是指阿依努语舌尖音 n 同蒙古语舌尖音 n 或 l、舌面音 g 和 h、双唇音 m 之间产生的对应现象。可以看出，该系列的辅音对应有一定复杂性，且出现于词的各个部位。

（1）阿依努语和蒙古语舌尖音 n 与 n 的对应

在阿依努语舌尖音 n 为核心的对应实例里，阿依努语舌尖音 n 和蒙古语舌尖音 n 间的对应占有较大比例。而且，此类对应可以出现于词首、词中、词尾等词的任何部位。同时，均有特定语音环境和条件。

①在词首，位于短元音 u、a、e 前的阿依努语舌尖音 n，同短元音 i、ə 前的蒙古语舌尖音 n 或舌面音 h 之间发生对应关系。例如：

阿依努语	蒙古语	词义
nu	nidʉ	目
nukar	nidʉlə-	看

nanu　　　　　　　nigur　　　　　　　脸
nen　　　　　　　hən　　　　　　　谁

该对应虽然在词首出现于短元音 u、a、e、i、ə 之前，但在短元音 u 和 i 前有较高出现率，像短元音 a、e、ə 前出现的不多。另外，在词首蒙古语舌面音 h 与阿依努语舌尖音 n 的对应属于个别现象。

②在词中，位于短元音 a、e、o、u 后面的阿依努语舌尖音 n，同短元音 i、ə、u、ʉ 前后的蒙古语舌尖音 n 间产生对应现象。例如：

阿依努语　　　　　蒙古语　　　　　　词义
ene　　　　　　　ənə　　　　　　　这个
una　　　　　　　ʉnəsʉn　　　　　　灰
takina　　　　　　tahinan　　　　　　祈祷
tanta　　　　　　 təndə　　　　　　 那里
montapi　　　　　mundagan　　　　　鲁莽的

上述对应实例，出现在短元音 a、ə 前后的占多数，其次是位于短元音 u 前的出现率，像处于短元音 e、i、ʉ 前后的比较少。另外，也有直接用于舌尖音 t、d 前面的一些对应现象。

③在词尾，位于短元音 a、e、ə 后面，阿依努语和蒙古语舌尖音 n 间也发生对应关系。例如：

阿依努语　　　　　蒙古语　　　　　　词义
makan　　　　　　masan　　　　　　往上爬、登
e'en　　　　　　　sətʃən　　　　　　聪明的

以上分析说明，阿依努语和蒙古语舌尖音 n 的对应，位于词首的对应出现率最高，其次是词中的对应，词尾的对应实例相对较少。另外，在短元音 u 和 i 前出现的居多，其次是短元音 a、ə 前后的出现率，但在短元音 e、u 等前后出现得比较少。不过，也有在蒙古语舌面音 h 与阿依努语舌尖音相对应的个别情况，以及直接用于舌尖音 t 或 d 前面的特殊实例。

（2）阿依努语舌尖音 n 与蒙古语舌面音 g 的对应

在词尾或词的第二音节，短元音 u、a、i 以及长元音 oo 的前面，阿依努语舌尖音 n 与蒙古语舌面音 g 之间发生对应关系。例如：

阿依努语	蒙古语	词义
koomun	homag	垃圾
nanu	nigur	脸

以上辅音对应现象出现率不高。

（3）阿依努语舌尖音 n 与蒙古语舌面音 h 的对应

在词首或词的第二音节及个别词词尾，短元音 e、i 前面或短元音 a 后面出现的阿依努语舌尖音 n，与位于词首或词的第二音节及第三音节的短元音 ə、i、u 前面的蒙古语舌面音 h 相对应。例如：

阿依努语	蒙古语	词义
nen	hən	谁
munin	ɵməhirə-	发霉的
an	ahu	有

辅音 n 同 h 的对应现象出现于词首或词的第二音节的实例，要比位于词尾或词的第三音节的多。

（4）阿依努语舌尖音 n 与蒙古语双唇音 m 的对应

在词首或词首音节或词的第二音节，短元音 o、u、e、ə 前后，阿依努语舌尖音 n 与蒙古语双唇音 m 之间发生对应关系。例如：

阿依努语	蒙古语	词义
nojke	mushi-	拧
enukar	əmtəgər	钝的、缺刃的

这一辅音对应现象出现得也比较少，基本上出现于词首、词首音节或词的第二音节，几乎不出现在词尾。

根据以上讨论，我们基本认识到，阿依努语舌尖音 n 同蒙古语辅音 ŋ、g、h、m 间的对应情况和规律。也就是说，该系列对应中，n 与 n 的对应出现率最高，然而像 n 同 g、h、m 的对应现象的出现率比较低。另外，这些辅音对应现象，在词首或词的第二音节出现得多，在词尾、词首音节、词的第三音节出现得少。再者，在短元音 u、a、i 前后出现得多，在短元音 ə 前后和其他短元音或长元音前后出现得都很少。就如前面的分析，也有一些直接出现于舌尖音或舌面音等辅音前后的对应现象。在这里还应该提到的是，除了在前面论及之外，还有舌尖音 n 跟舌面音 ŋ、舌尖音 d 等辅音间产生对应的个别现象。比如说，"铃"，阿依努语称 konkon，蒙古语则谓 hoŋho；"欢跳"，阿依努语说 newsar，蒙古语则叫 dəbhər- 等。总之，阿依努语辅音 n 同蒙古语辅音间产生的对应情况比较复杂，还有许多问题需要更深入地继续分析和研究。

7. 阿依努语辅音 s 同蒙古语辅音 s、d、t、g、h 的对应规律

这两个语言内出现的阿依努语舌尖音 s 同蒙古语舌尖音 s、d、t 以及舌面音 g、h 的对应现象，除了舌尖音 s 与 s 的对应之外，其他同 s 的对应实例均出现得不多，因此在下面的分析中将 s 与 d、t 的对应，以及 s 跟 g、h 间的对应放在一起讨论。

（1）阿依努语和蒙古语舌尖音 s 与 s 的对应

该系列的对应中，阿依努语与蒙古语舌尖音 s 之间产生的对应现象占有很大比例，且可出现于词首、词中、词尾，并各自存在于特定语音环境。

①在词首的短元音 a 或 u 前面，阿依努语和蒙古语舌尖音 s 与 s 间产生的对应现象。例如：

阿依努语	蒙古语	词义
sahka	sabha	筷子
surata	sulala-	放开

②在词尾或词尾音节，位于短元音 u 后面的阿依努语舌尖音 s，同位于词尾短元音 o、u 前的蒙古语舌尖音 s 间发生的对应关系。例如：

阿依努语	蒙古语	词义
turus	togoso	尘埃、脏灰
rus	arasu	皮毛、皮子

③在词中或词尾音节，短元音 e 或 u 后面，阿依努语和蒙古语舌尖音 s 间发生的对应关系。例如：

阿依努语	蒙古语	词义
usej	usu	水
komomse	hunijasu	皱纹
tuhse	tushu	猛扑

④在词中，短元音 u 或 ʉ 后面及舌面音 k、h 等后面，出现的阿依努语和蒙古语舌尖音 s 间的对应现象。例如：

阿依努语	蒙古语	词义
kojsum	hɵgəsʉn	泡儿
esum	nisu	鼻涕
ʃiskah	anisha	眼皮

从以上例①至例④所列可以看出，阿依努语和蒙古语舌尖音 s 与 s 间的对应现象虽然在词的不同部位均可出现，但在词中的出现率比较多。另外，在短元音 u 前出现的居多，其次在短元音 a、e 前出现得也不少，相比之下在短元音 o、u 后面的出现率要低一些。再者，舌面音 k、h 等后面也可以出现。

（2）阿依努语和蒙古语舌尖音 s 与 d、t 的对应

在词的第一音节，短元音 o 后面出现的阿依努语舌尖音 s，同位于短元音 u 后面的舌尖音 d、t 相对应。例如：

阿依努语	蒙古语	词义
kosunke	hudalhi-	欺骗
oskekor	uthugur	舀子、容器

此类对应出现于短元音 o、u 的后面，同时在其后面使用短元音 u、a 及舌面音 k、h 等。另外，该对应现象的出现率较低。

（3）阿依努语舌尖音 s 与蒙古语舌面音 g、h 的对应

在词首音节或词中，短元音 a 或舌面音 k 前面出现的阿依努语舌尖音 s 与蒙古语短元音 ə、i 及舌尖音 s 前的舌面音 g、h 之间出现的对应现象。例如：

阿依努语	蒙古语	词义
uskuj	bʊgsʊ	屁股
huresapa	hodʒigir	秃头
newsar	dəbhər-	欢跳、欢快

舌尖音 s 同舌面音 g 或 h 的对应中，s 与 g 之间要比 s 同 h 的对应现象出现得多。另外，s 与 g、h 的对应现象，在词的第二音节比词首音节或词的第三

音节出现得要多一些。同时，在上述对应实例中，无论阿依努语辅音 s，还是蒙古语辅音 g、h 等，基本出现于短元音 u、ʉ、e、i 及双唇音 w 或 b 后面。

我们掌握的资料还显示，在阿依努语和蒙古语共有词的辅音对应里，除了上面谈到的舌尖音 s 同蒙古语辅音 s、d、t、g、h 的对应之外，还有阿依努语舌尖音 s 与蒙古语舌尖音 r 或舌叶音 ʃ 和 ʧ 间产生的对应。比如说，"流"，阿依努语称 osura，蒙古语则谓 urus-；"栅栏"，阿依努语说 ʧasa，蒙古语则叫 haʃiŋa；"胸"，阿依努语谓 upsor，蒙古语则称 əbtʃigu 等。这其中就有阿依努语和蒙古语舌尖音 s 与 r 的对应，以及阿依努语舌尖音 s 同蒙古语舌面音 ʃ、ʧ 间的对应现象。

总之，阿依努语舌尖音 s 主要同蒙古语辅音 s、d、t、g、h 之间发生对应关系，首先舌尖音 s 与 s 的对应现象出现最多，像 s 与 d、t 及与 g、h 间的对应现象出现率都比较低。其次，该系列的对应实例多数位于短元音 u 和 a 前后，短元音 o 前后的出现率也不少，短元音 ʉ、e、i、ə 前后出现的比较少。再次，还可以出现于有关舌面音及双唇音等的前后。最后，该系列对应，位于词中的居多，但在词首和词尾也有一定的出现率。

8. 阿依努语辅音 ʃ 同蒙古语辅音 ʃ、ʧ 的对应规律

在辅音对应里，舌叶音 ʃ 同 ʃ 与 ʃ 同 ʧ 的实例出现的比较少。而且，一般出现于词首、词中或词尾音节，其存在的语音环境也比较简单。

（1）阿依努语和蒙古语舌叶音 ʃ 与 ʃ 的对应

在词首或词尾音节的短元音 i 的前面，阿依努语和蒙古语的舌叶音 ʃ 与 ʃ 之间产生对应现象。例如：

阿依努语	蒙古语	词义
ʃinnaj	ʃinəʧilə-	改变、革新
emakaʃi	əmunəʃi	南、南边

（2）阿依努语和蒙古语舌叶音 ʃ 与 ʧ 的对应

在词的第二音节，短元音 i 或 ʉ 的前面，阿依努语舌叶音 ʃ 与蒙古语舌叶音 tʃ 相对应。例如：

阿依努语	蒙古语	词义
uʃike	ɵtʃʉhən	小的
kuʃika	hutʃilga	盖被
uʃi	nɵgtʃi	过去、消失

以上所列举的，是这两个语言中出现的舌叶音 ʃ 同 ʃ、ʃ 同 tʃ 间的对应现象。首先，这些对应在词首、词中和词尾音节都有出现。其次，ʃ 与 tʃ 对应实例比 ʃ 与 ʃ 的要多。再次，除了这些对应现象后面主要出现有短元音 i 之外，在具有对应现象的舌叶音 ʃ 与 tʃ 前面基本使用短元音 u、ɵ、a、ə，从而表现出较为规范、整齐、清晰的语音环境。最后，阿依努语舌叶音 ʃ，在个别词里还会出现同蒙古语舌叶音 ʤ 对应的情况。比如说，"幼小的"，阿依努语称 ʃikup，蒙古语则谓 ʤigal。这其中就出现了词首舌叶音 ʃ 同 ʤ 间的对应现象。

9. 阿依努语辅音 tʃ 同蒙古语辅音 tʃ、ʃ 的对应规律

在阿依努语和蒙古语的舌叶音的对应实例里，也有阿依努语舌叶音 tʃ 同蒙古语舌叶音 tʃ、ʤ、ʃ 之间的对应现象。而且，可以出现于词首、词中、词尾音节。

（1）阿依努语和蒙古语舌叶音 tʃ 与 tʃ 的对应

在词首、词中、词尾音节，位于短元音 i、a、u 前面，阿依努语和蒙古语的舌叶音 tʃ 与 tʃ 间产生对应现象。例如：

阿依努语	蒙古语	词义
hatʃir	oitʃi-	跌倒
potʃi	pitʃal-	弄粉碎
tʃimip	tʃamtʃa	衣服、长衫
kotʃupu	hutʃa-	包

舌叶音 ʧ 与 ʧ 之间的对应现象，在词中有一定的出现率，不过在词首出现的比较少，在短元音 i 和 a 前出现的居多。同时，位于舌叶音 ʧ 与 ʧ 前面的也都是短元音 a、o、u、i 及复元音 oi 等。

（2）阿依努语和蒙古语舌叶音 ʧ 与 ʤ 的对应

在词首或词的第三音节的短元音 i、a 前面，阿依努语和蒙古语的舌叶音 ʧ 与 ʤ 之间产生对应现象。例如：

阿依努语	蒙古语	词义
ʧip	ʤabi	小舟
ʧakoko	ʤiga-hu	教
irijaʧi	ʃirgulʤi	蚂蚁

ʧ 同 ʤ 的对应现象出现于词首的例子居多，在词的第三音节出现的比较少。而且，在短元音 i 前的实例比短元音 a 前的要多。

（3）阿依努语和蒙古语舌叶音 ʧ 与 ʃ 的对应

在词首短元音 i 前面，阿依努语舌叶音 ʧ 和蒙古语舌叶音 ʃ 之间产生的对应现象。例如：

阿依努语	蒙古语	词义
ʧikap	ʃibagu	鸟
ʧikir	ʃigirə	蹄子

正如上面的讨论，阿依努语舌叶音 ʧ 主要同蒙古语舌叶音 ʧ、ʤ、ʃ 之间发生对应关系。其中 ʧ 与 ʧ 的对应现象出现的较多，然后是 ʧ 和 ʤ 的对应实例，但 ʧ 同 ʃ 间的对应出现率比较低。此类结构类型的对应出现于词首的居多，但在词尾音节出现的也不少，而且，绝大多数位于短元音 i 的前面，其他元音前面出现的不多。另外，阿依努语舌叶音 ʧ 在一些词里也有同

蒙古语舌尖音 t 或舌面音 h 产生对应的现象。比如说，"上衣"阿依努语称 hantʃa，蒙古语则谓 hantasu；"栅栏"阿依努语叫 tʃasa，蒙古语则说 haʃija。这两个例词中，就分别出现舌叶音 tʃ 同 t 及 h 间的对应现象。

10. 阿依努语辅音 m 同蒙古语辅音 m、n、ŋ 的对应规律

其实，这两个语言中鼻辅音间的对应实例出现的不太多，且主要在双唇音 m 与 m 之间发生对应关系；阿依努语双唇音 m 与蒙古语舌尖音 n 及舌面音 ŋ 间的对应现象出现的并不多。

（1）阿依努语和蒙古语双唇音 m 与 m 的对应

相对而言，辅音对应现象里，阿依努语和蒙古语双唇音 m 与 m 的对应实例有一定的出现率，且主要出现于词首、词首音节和词中，很少出现于词尾。另外，在短元音 o、u、a、ə、i 及个别辅音之前出现的例子较多。

①在词首或个别词的词首音节，短元音 o、u、a、ə 的前面，阿依努语和蒙古语的双唇音 m 同 m 之间发生对应关系。例如：

阿依努语	蒙古语	词义
momkur	moŋkur-	永垂不朽
montapi	mundagan	鲁莽的
makan	matʃu-	攀登
munin	əməhirə-	腐朽

可以看出，以上对应现象在短元音 o 前的出现率相对高一些，其次是短元音 u、a 前出现的例子，但在短元音 ə 前后出现的比较少。

②在词首音节或词的第二音节，短元音 o、ə、u 后面，阿依努语和蒙古语的双唇音 m 同 m 之间发生对应关系。例如：

阿依努语	蒙古语	词义
omkekar	əməhirə-	发霉

omunpe	ɵmɵdɵ	裤子
toma	tɵmɵsɵ	土豆
tomta	dumda	中间

比较而言，此类语音环境中出现的双唇音 m 同 m 之对应实例更多的是位于词首音节，同时在短元音 o 或 ɵ 后面出现的例子较多。另外，也有直接出现于舌尖音 t、d 和舌面音 k 之前的实例。

③在词中，短元音 a 或 i 后面，阿依努语和蒙古语的双唇音 m 同 m 之间发生对应关系。例如：

阿依努语	蒙古语	词义
aman~amam	amu	米、粮食
tʃimip	tʃamtʃa	衣服、长衫

从以上①至③的实例中可以看出，双唇音 m 同 m 间的对应现象出现于词中的高于词首。另外，绝大多数位于短元音 o、ɵ 的前后，然后是在短元音 a、u 前出现的例子，但也有一些位于短元音 i 及舌尖音 t、d 或舌面音 k 之前产生对应的现象。

（2）阿依努语双唇音 m 与蒙古语舌面音 ŋ 的对应

在词的第一音节的短元音 u、o、ʉ 后面出现的 m 和 ŋ 的对应现象。例如：

阿依努语	蒙古语	词义
humkutiki	huŋginə-	轰鸣
momkur	moŋkur-	永垂不朽

上述对应中，阿依努语双唇音 m 除了位于短元音 u、o 后面之外，均出现于舌面音 k 的前面。然而，蒙古语舌面音 ŋ 位于短元音 o、ʉ 后面的同时，出现于舌面音 g、k 的前面。

（3）阿依努语双唇音 m 与蒙古语舌面音 n 的对应

在词尾或词的第二音节，短元音 u、o 后面出现的阿依努语双唇音 m，同位于短元音 ʉ、ө 后面的舌尖音 n 相对应。例如：

阿依努语	蒙古语	词义
kojsum	høgəsʉn	泡儿
komomse	hunijasu	皱纹

总之，阿依努语双唇音 m 同蒙古语双唇音 m、舌面音 ŋ、舌尖音 n 之间发生对应关系。首先，m 与 m 对应有一定的出现率，但像 m 同 ŋ 的对应及 m 和 n 的对应现象均出现得不多。其次，该系列对应在词首或词的第一音节出现的较多，在词的第二音节也有一定出现率，不过在词的第二音节以下音节或词尾出现的很少。再次，这些对应大都出现在短元音 o、ө 后面，其他元音前后的出现率都不高。最后，一些实例也出现于舌尖音 t、d 或舌面音 k、g 等的前面。

除了上面谈到的这两个语言中出现的鼻辅音 m 同 m、ŋ、n 间的对应现象以外，还有阿依努语双唇音 m 同蒙古语双唇音 b、舌面音 h、j 间产生的对应现象。比如，"起床"一词在阿依努语里有 mos 之说，蒙古语称 bos-；"可爱的"一词在阿依努语中叫 kueramasu，蒙古语谓 høgəruhʉi；"皱纹"阿依努语说 komomse，蒙古语则叫 hunijasu。毫无疑问，这些例词里先后出现了 m 同 b、m 和 h、m 与 j 间的对应现象。

11. 阿依努语辅音 p 同蒙古语辅音 b、h、l 的对应规律

根据日本阿依努语专家们的分析，该语言里双唇音 p 和 b 没有语音区别功能和作用，所以他们将该语言中这两个语音均用 p 来记录或转写。在这里遵从了该转写形式，其结果出现不少 p 与 b 的对应现象。很有意思的是，很少见到 p 和 p 间的对应实例。

（1）阿依努语和蒙古语双唇音 p 与 b 的对应

资料表明，在词中、词首或词尾，短元音 u、a、ə、e、i 前后，有阿依努语双唇音 p 与蒙古语双唇音 b 间的对应实例。

①在词首音节或词的第二音节，位于短元音 a、u 及舌尖音 s 后面的阿依努语双唇音 p，同短元音 ə、u 及舌叶音 tʃ 前面出现的蒙古语双唇音 b 之间发生对应关系。例如：

阿依努语	蒙古语	词义
hapur	həbər	易碎的
nupe	nilbusu	眼泪
upsor	əbtʃigʉ	胸、怀

②在词首、词尾或词尾音节的短元音 a、i 前后，阿依努语双唇音 p 同蒙古语双唇音 b 产生对应现象。例如：

阿依努语	蒙古语	词义
patek	barug	大约
tʃip	dʒabi	小舟、舟

从上述例①及例②的对应现象可以看出，阿依努语双唇音 p 同蒙古语双唇音 b 间的对应，虽然可以出现于词中、词首或词尾，但在词中出现得要多一些，在词首或词尾出现得很少。另外，位于短元音 a 或 u 前后的居多，出现短元音 ə、i、e 前后及相关辅音前面的比较少。

（2）阿依努语双唇音 p 与蒙古语舌尖音 l 的对应

在词首音节或词尾的短元音 a、u、ʉ 前后出现 p 与 l 的对应现象。例如：

阿依努语	蒙古语	词义
apkas	alhu-tʃa	步行
tukap	ʉhɫ	死亡体
ʃikup	ʥigal	幼小的

以上实例说明，双唇音 p 同舌尖音 l 的对应多数出现于词尾。相比之下，位于短元音 a 后面的对应比短元音 u 或 ʉ 后面的实例要多。

总体来讲，在这两种语言里，双唇音 p 和 b 比双唇音 p 与舌尖音 l 的对应现象出现得多。同时，在词尾或词中的短元音 a、u 前后有一定出现率。在这里还应该说明的是，我们在前面指出阿依努语和蒙古语的双唇音对应现象中，很少出现 p 与 p 之间的对应，但这并非完全否定该对应实例的存在。比如说，动词"弄粉碎"一词，阿依努语说 potʃi，蒙古语则叫 pitʃal-。毋庸置疑，该词词首就出现了双唇音 p 与 p 的对应。只不过该对应现象出现率很低。除此之外，在一些词里，阿依努语双唇音 p 也有同蒙古语舌叶音 ʥ、tʃ、ʃ 或舌面音 g 及舌尖音 d、r 等之间产生对应的现象。比如说，"什么时候"阿依努语称 henpara，蒙古语则谓 həʥijə；"衣衫"阿依努语叫 tʃimip，蒙古语则说 tʃamtʃa；"伤"阿依努语语称 pir，蒙古语则谓 ʃirha；"鸟"阿依努语叫 tʃikap，蒙古则说 ʃibagu；"裤衩"阿依努语称 omupe，蒙古语则谓 əmədə；"秃头"阿依努语叫 huresapa，蒙古语则说 hoʥigir；等等。这些例子里，就出现了上文所说的阿依努语双唇音 p 同蒙古语辅音 ʥ、tʃ、ʃ、g、d、r 间的对应现象。再如，蒙古语形动词的现在将来时形态变化语法词缀 -hu 或 -hʉ 中出现的舌面音 h 也同阿依努语形动词语法词尾 -pu 或 -pa 中出现的双唇音 p 产生对应关系。例如，"叼的""跑的""包的"等形动词，阿依努语里叫 ekupa-pa、hoju-pu、kotʃu-pu，蒙古语则说 əmhʉ-hʉ、gʉjʉ-hʉ、hutʃa-hu 等。这一系列的对应现象出现得不多，也很不规范，而且均在词的第二音节和第三音节以及词尾音节内出现。

12. 阿依努语喉音同蒙古语辅音 g 的对应规律

在词的第二音节元音，短元音 e 前的阿依努语喉音，同位于短元音 ə 前的蒙古语 g 之间产生的对应关系。例如：

阿依努语	蒙古语	词义
teeta(te'eta) orota	dəgədʉ urida	原先
kueramasu(ku'eramasu)①	høgərʉhʉi	可爱的

日本有的阿依努语专家将以上提到的 teeta、kueramasu 两个词转写成 te'eta、ku'eramasu 等，在长元音 ee 和复元音 ue 中间加上喉音，进而变成 e'e 及 u'e 的发音形式。除了以上所示的例子之外，在个别词内也有阿依努语喉音同蒙古语舌叶音 tʃ 相对应的情况。比如说，"聪明的"一词，在阿依努语里称 een(e'en)，而蒙古语则谓 sətʃən。阿依努语专家同样认为，在 een 的长元音 ee 中间有喉音。按其说法，在 e'en 和 sətʃən 之中就出现阿依努语喉音同蒙古语舌叶音 tʃ 间的对应现象。

概而言之，阿依努语和蒙古语辅音中出现的对应现象是一个相当复杂而自成体系的语音结构关系。我们着重讨论了那些相对整齐规范，有规律而有一定出现率的辅音对应现象。其中，涉及同阿依努语辅音 k、j、h、r、t、n、s、ʃ、tʃ、m、p 及喉音等发生对应关系的蒙古语诸多辅音。我们在讨论中所说的单辅音，也就是指辅音音素，是与复辅音和双辅音相对而言的概念。通过分析，我们了解到：（1）阿依努语辅音 k 和 j 同蒙古语辅音间的对应现象最为复杂；（2）阿依努语辅音 n 和 s 同蒙古语辅音间的对应现象；（3）阿依努语辅音 n 和 s 同蒙古语辅音间的对应现象；（4）阿依努语辅音 h、r、m、p 同蒙古语辅音间的对应现象；（5）阿依努语辅音 t、ʃ、tʃ 及喉音同蒙古语辅音间的对应现象。再者，阿依努语和蒙古语的辅音对应在词首、

---

① 村崎恭子著：《桦太阿依努语语法》，日本东京，国书刊行会 1979 年版。

词首音节、词的第二音节的出现率比较高，且在短元音 a、u 前后出现的居多，然后是在 o、ɵ、ʉ、i 前的出现率。相比之下，在其他元音或相关辅音前后出现的不多。

（二）单辅音同零辅音的对应现象

如前所述，这里说的单辅音是同复辅音、双辅音和零辅音相对而言的概念。我们掌握的资料表明，阿依努语和蒙古语中，确实存在单辅音和零辅音对应的现象。其中涉及阿依努语单辅音 m、n、h 同蒙古语的零辅音产生对应关系的实例，以及蒙古语单辅音 h、b、n、ʃ 同阿依努语零辅音发生对应关系的例子等。

1. 阿依努语单辅音 m、n、h 同蒙古语零辅音的对应规律

（1）阿依努语双唇音 m 同蒙古语零辅音的对应

在词尾的短元音 a、u 后面，以及在词首短元音 i 前面，阿依努语双唇音 m 同蒙古语零辅音产生对应关系。例如：

阿依努语	蒙古语	词义
amam	amu	米
esum	nisu	鼻涕
mina	inijə-	笑

上述实例说明，阿依努语双唇音 m 同蒙古语的零辅音的对应现象，基本上出现于词首或词尾，在词中很少出现。

（2）阿依努语舌尖音 n 同蒙古语零辅音的对应

在词尾或词中短元音 a、e、ə 后面，阿依努语舌尖音 n 同蒙古语零辅音产生对应关系。例如：

阿依努语	蒙古语	词义
kotan	hota	城
henpara	həʤijə	什么时候

(3) 阿依努语舌面音 h 同蒙古语零辅音的对应

在词首或词尾音节的短元音 a 前后及复元音 oi 之前，阿依努语舌面音 h 同蒙古语零辅音产生对应关系。例如：

阿依努语	蒙古语	词义
hatʃir	oitʃi-	跌倒
ʃiskah	aniʃa	眼皮

除了上面谈到的阿依努语单辅音 m、n、h 同蒙古语零辅音间产生的对应实例之外，在一些词里还能见到阿依努语辅音 p、t、j 同蒙古语零辅音发生对应关系的现象。比如说，"头"阿依努语称 paki，蒙古语则谓 əhi；"尸体"阿依努语说 tukap，蒙古语则叫 uhul；"屁股"阿依努语称 uskuj，蒙古语则谓 bugsu 等。总之，阿依努语单辅音同蒙古语零辅音的对应现象多数出现在词尾。不过，也有一些出现在词首。同时，该系列对应现象出现在短元音 a、u 前后的居多，位于短元音 i、e、ə、u 或复合元音等前后的例子较少。

2. 阿依努语零辅音同蒙古语单辅音 ʃ、b、h、n、ŋ、m 的对应规律

除前面分析的阿依努语单辅音同蒙古语零辅音间出现的对应现象之外，还有一些阿依努语零辅音同蒙古语单辅音间产生对应的实例。同样，多数情况下出现于词首或词尾。

(1) 阿依努语零辅音同蒙古语舌尖音 n 或舌面音 ŋ 的对应

①在词首短元音 e、u 前出现的阿依努语零辅音，同位于短元音 i、ө 前的蒙古语舌尖音 n 之间产生对应关系。例如：

阿依努语	蒙古语	词义
esum	nisu	鼻涕
uʃi	nөgtʃi	过去、消失

②在词尾短元音 i、e、ə 后面出现的阿依努语零辅音,同蒙古语舌尖音 n 或舌面音 ŋ 相对应。例如:

阿依努语	蒙古语	词义
okari	togorin	周围
uʃike	ɵtʃʉhen	小的
hure	hʉrəŋ	棕色的

从例①和例②可以看出,蒙古语舌尖音 n 和舌面音 ŋ 同阿依努语零辅音产生的对应关系,一般出现于词首或词尾。相比之下,出现于词尾的比出现在词首的要多。同时,多数是位于短元音 i、e 前后,出现于短元音 u、ɵ、ə 前后的例子比较少。

(2)阿依努语零辅音同蒙古语舌面音 h 的对应

在词首,位于短元音 e、i 前的阿依努语零辅音,同出现于短元音 a、o 前的蒙古语舌面音 h 之间产生对应现象。例如:

阿依努语	蒙古语	词义
ejak	haja-hu	扔
irusi	horos-hu	愤怒、气怒

(3)阿依努语零辅音同蒙古语双唇音 b 的对应

在词首或词首音节,短元音 u 前或舌叶音 ʃ 的前面,阿依努语零辅音同出现于短元音 ʉ 及舌尖音 s 前的蒙古语双唇音 b 相对应。例如:

阿依努语	蒙古语	词义
uskuj	bʉgsʉ	屁股
kaʃiw	habsur-	帮忙

（4）阿依努语零辅音同蒙古语舌尖音 t 的对应

在词首或词的第二音节,短元音 o、u 前的阿依努语零辅音,同短元音 o、ə 前面出现的蒙古语舌尖音 t 发生对应关系。例如:

阿依努语	蒙古语	词义
okari	togorin	周围
enukar	əmtəgər	钝的、缺刃的

（5）阿依努语零辅音同蒙古语舌尖音 s 及舌叶音 ʃ 的对应

在词首短元音 e、i 前的阿依努语零辅音,同出现于短元音 ə、i 前面的蒙古语辅音 s 或 ʃ 间产生对应关系。例如:

阿依努语	蒙古语	词义
een(e'en)	sətʃen	聪明的
irijatʃi	ʃirguldʒi	蚂蚁

我们的资料还显示,阿依努语零辅音除同以上论及的蒙古语辅音 n、h、b、t、s、ʃ 等产生对应之外,在个别词里也出现同蒙古语舌尖音 r 或双唇音 m 相对应的现象。比如说,"脸"阿依努语称 nanu,蒙古语则谓 nigur;"叼"阿依努语说 ekupapa,蒙古语则叫 əmhʉ-hʉ 等。

通过上述讨论,我们认为阿依努语零辅音同蒙古语单辅音间的对应现象,多数出现于词首,位于词尾或词中的例子要少一些。同时,该系列的对应现象在短元音 a、u、o、ɵ、ʉ 前后保持较高的出现率。

（三）双辅音同单辅音的对应现象

在这里所说的双辅音也叫长辅音。双辅音同单辅音间的对应,主要是指阿依努语和蒙古语的共有词里出现的单辅音与长辅音间的对应关系。而且,该系列对应,一般属于阿依努语双辅音 nn、mm 同蒙古语单辅音 n、m 间的对应现象。例如:

阿依努语	蒙古语	词义
kunne	sɵni	夜
ʃinnaj	ʃinətʃi-	革新
kommun	homag	垃圾、垢土

双辅音 nn 或 mm 同单辅音 n、m 间的对应现象一般出现在短元音 i、e、u 的前后。我们掌握的资料表明，双辅音同单辅音的对应实例，在阿依努语和蒙古语的共有词中出现的不多，特别是阿依努语单辅音同蒙古语双辅音间的对应现象出现得更少，但也不能因此完全否定该实例的存在。比如说，"褥子"一词，阿依努语说 sokkar，蒙古语则谓 dəbisgər。

综上所述，第一，本文中讨论的阿依努语和蒙古语的辅音对应现象基本属于比较规范而有一定出现率的实例。当然，还有一部分在语义结构或语音结构方面有一定差别或较为复杂的共有词的辅音对应现象在此没有涉及。比如说，阿依努语名词 ohorono "短时间" 同蒙古语形容词 ohor~ohorhon "短的"；阿依努语名词 mana "浮尘" 同蒙古语名词 manan "雾气"；阿依努语形容词 huhkara "深绿色的" 同蒙古语形容词 hɵhəhara "深蓝色的"；阿依努语名词 oitakkote "葬式" 同蒙古语形容词 uithartoi "寂寞的"；阿依努语名词 utar "人们" 同蒙古语名词 ulus "人们" 或 udum "血缘"；阿依努语动词 itak "说" 同蒙古语动词 itha-hu "说服" 等共有词之间，尽管在语音形式或语义结构的某方面均存在一定共性，但所出现的较大的差异是我们无法从语音对应角度进行客观翔实的分析讨论。再如，前面列出的阿依努语名词 ohoron "短时间" 或 lohor "短的" 同蒙古语形容词 ohor "短的" 间是大同小异的共有关系，可是，我们没有足够证据做出阿依努语名词 ohoron 是由形容词 ohor 一词派生而来的定论。

第二，蒙古语的 manan "雾气" 一词，也经常以 togos manan 或 manan togos 的词语结构形式表示 "乌烟瘴气" "灰尘弥漫" 等概念。从这个角度上讲，蒙古语名词 manan 同阿依努语名词 mana"浮尘"有一定内在联系。然而，认真去分析的话，还是存在词义方面的一些差别。像这类有所疑问或差别的共有词，在本书中未做讨论，等以后条件更加成熟的时候再讨论。此外，在阿依努语和蒙古语的共有词里，也有一些语音结构上相近而语义结构方面出现对峙关系的词，以及语义结构上相同或大致相同而语音结构方面存在着较大分歧的词，此类词在这里也没有进行分析和讨论。

第三，阿依努语里的 ʃi 指"大便"，而蒙古语的 ʃigə-(＞ʃiə-＞ʃə-)则表示"小便"；阿依努语的 ak～aki 指"弟弟"，而蒙古语的 aha（口语里也说 ah～ak 等）则表示"哥哥"之意。再如，"眼泪"在阿依努语中称 nupe，蒙古语则谓 nilbusu(nilbu-su)；"唾沫"阿依努语叫 non，蒙古语则谓 nolmoso(nolmo-so)；"土豆"阿依努语称 toma，蒙古语则说 təməsə(təmə-sə)；"灰"，阿依努语称 una，蒙古语则叫 ʉnəsʉ(unə-sʉ)；"伤"阿依努语称 pir，蒙古语则谓 ʃirha(ʃir-ha)；"吃"阿依努语称 ee(e'e)，蒙古语则谓 idə-(i-də-)；"眼睛"阿依努语说 nu，蒙古语则谓 nidʉ(ni-dʉ)；"生的"阿依努语称 hu，蒙古语则叫 tuhəi(tʉhəi)；"名字"阿依努语说 re，蒙古语则谓 nərə(nə-rə)；"煮"阿依努语称 tʃi-，蒙古语则谓 tʃina(tʃi-na)；"听"阿依努语说 nu，蒙古语则叫 sonus-(so-nu-s)等。这其中，就存在阿依努语和蒙古语极其复杂的辅音对应现象。另外，在蒙古语例词里，比阿依努语例词的语音多出了 -so、-su、-sə、-sʉ、-ha、-həi(-hə-i)、-də、-dʉ、-na、nə 等音节结构。至于这些音节结构是蒙古语后来新增加的还是在阿依努语中属于被省略或脱落的语音形式等问题现在还没有弄清楚，所以也很难从语音对应角度去进行比较研究。因此，这些共有词没有纳入讨论，只是把其中的一些实例作为个别案例做了些简单分析和交代。

不管怎么说，弄清阿依努语和蒙古语共有词的辅音对应现象、辅音对应规律等学术问题，对于我们全面系统地了解和把握阿依努语和蒙古语间存在的语音关系、早期语音结构特征等有着重要的学术价值。同时，对于阿依努语和蒙古语有关音变现象，以及语音演变原理的科学认识，包括对这些共有词的语义结构关系的科学阐释等均会产生深远的学术影响。

第二节　阿依努语和通古斯语的语音对应原理

　　日本阿依努语和阿尔泰诸语的比较研究已取得了一定学术成果,尤其是阿依努语与满通古斯语族语言比较研究领域已有不少论文发表。其中,词汇方面的科研成果最为突出。国内外不少专家学者从词汇学、构词学、词义学的角度,对阿依努语和满通古斯语族语言中的共有词开展了有一定深度和广度的科学探讨,强有力地论证了其中存在的共有现象,从而引起了相关学术界的极大关注和重视。另外,在此之前,也刊发了一些论述这些语言的形态变化语法现象的论文。这些富有新意和创新精神的论文在国内外权威学术刊物上刊发后,给"日本阿依努语与阿尔泰诸语毫无关系"的学术观点有力的反驳。不过,提出阿依努语与阿尔泰诸语有关系论的学术思想,并不是为了否定无关系论的学说,主要是为了客观现实地反映,以及实事求是地科学阐述这些语言中实际存在的共有关系。至于这些共有关系是否属于阿依努语和阿尔泰诸语在历史发展进程的某一特定时期,相互接触、相互影响、相互作用、相互借用的共同记忆和共有产物,或是和这些语言的发生学有直接联系的同一历史来源的产物等学术问题,现阶段我们还难有定论。但是,以现有的语言资料为据,进行深入系统的分析研究,论证在语音、词汇、语法等方面存在的共有关系很有必要。通过这些科研工作让人们更加清楚、全面而客观地了解和认识这些语言深层结构中存在的错综复杂的内在联系,并且,我们或许能从另一个视角,科学阐释阿依努语的历史来源问题。那么,在这一十分艰巨的科学研究工作中,语音对应现象的研究显示出特殊的学术价值和意义。下面,依据阿依努语和通古斯语的共有词中出现的语音对应现象为例,尽可能全面系统地分析研究它们的元音和辅音对应系统。这里所说的通古斯语是指阿尔泰语系满通古斯语族通古斯语支语言,而且,主要是指中国境内的通古斯诸语,包括鄂温克语、鄂伦春语和赫哲语等。因为鄂伦春语和赫哲语已成严重濒危语言,所以通古斯诸语的许多实例来自鄂温克语及其方言土语,当然也有来自鄂伦春语和赫哲语的例子。也就是说,我们这里所说的通古斯语,并不是单说满通古斯语族通古斯语支的鄂温克语通古斯方言①，也不是单纯地说鄂温克语，是指以鄂温克语为主的通古斯语支语言。

一 元音对应系统

在这一节里,主要讨论日本阿依努语和通古斯语的共有词的元音对应现象及其规律。但是，由于这些共有词的语音结构关系比较复杂，同时语音对应实例所处的语音环境、所需的语音条件有所差异、不相一致，甚至有些共有词的语音对应现象模糊不清，很难找到使人满意的语音对应规律，所有这些给我们的科研工作带来了极大困难和麻烦。这也是我们在下面的研究中，尽量选用了那些语音结构上保持一致或相对保持一致，或在语音结构上比较相近、语音对应较为整齐规范的共有词。

据日本的阿依努语专家分析，该语言有 a、i、u、e、o 五个短元音和 aa、ii、uu、ee、oo 五个长元音。除此之外，阿依努语方言土语内也有像 ai、ui、oi、au、iu、eu、ou、ei、əe 这样的复合元音。但在阿依努语里使用率最高的是短元音，长元音的使用率不太高，而那些复合元音只在某些方言土语中才被使用。通古斯语里有 a、ə、i、e、o、u、ɵ、ʉ 八个短元音和 aa、əə、ii、ee、oo、uu、ɵɵ、ʉʉ 八个长元音。另外，在通古斯语的个别借词或土语里，使用像 io、ua、ʉə 等复合元音。通古斯语中，短元音的使用率同样大大高于长元音。而且，长元音的使用率变得越来越低。总之，从元音音位的整体结构来看，通古斯语的元音比阿依努语的要多出 ə、ɵ、ʉ 三个短元音和 əə、ɵɵ、ʉʉ 三个长元音。有意思的是，阿依努语的元音音位与其长期相触的日本语元音音位保持高度一致，而通古斯语的元音系统也与其长期相处的通古斯语元音音位基本相一致。以此为据，我们认为，所谓的语音系统也有一定程度的地域性。然而，语音系统的地域性，反映在同一个地区或地域使用的不同语言的程度有所不同。从这个意义上讲，语音系统地域性的界定，或者说语音系统地域

---

① 鄂温克语里有三大方言，即辉河方言、莫日格勒方言、敖鲁古雅方言，简称辉方言、莫方言、敖方言。历史上又称索伦鄂温克语方言、通古斯鄂温克语方言、雅库特鄂温克语方言，也说成索伦鄂温克语、通古斯鄂温克语、雅库特鄂温克语等。

性的强弱，恐怕直接和同一个地域内不同语言相互接触的历史长短有关。在同一个地区或地域，不同语种间相互接触的频率越高，它们间的相互影响就越大，由此不同语言的语音系统中出现的地域性共有特征就越发明显。不管怎么说，不同语言在语音系统方面出现的诸多共有因素，常常表现出这些语言在某一个特定历史时期有过的接触或相互间的影响。反之，这些语言有其共同的历史来源，只是由于历史的变迁、语言的不断分化，使语言的表层结构发生了很大变化，而许多历史的共同成分均留存于语言的深层，并一直保留到今天。其实，日本的阿依努语和通古斯语的语音系统中，有许多值得深入探讨的共有关系。我们认为，通过科学分析阿依努语和通古斯语的元音对应规律，可以进一步科学把握这些语言在元音系统内存在的诸多十分珍贵的共性，进而科学论述它们的历史来源关系。

（一）短元音对应现象

我们以阿依努语的 a、e、i、o、u 五个短元音为核心，将阿依努语和通古斯语的短元音对应现象分成五个部分，对于它们之间产生的短元音对应现象及其规律展开全面系统地分析和讨论。其实，在阿依努语和通古斯语的元音对应现象中，最为复杂多变的就是短元音间出现的数量可观的对应实例。

1. 阿依努语短元音 a 与通古斯语短元音 a、ə、ʉ、o、ɵ、i 的对应规律

分析表明，阿依努语短元音 a 与通古斯语短元音 a、ə、ʉ、o、ɵ、i 之间均产生不同程度、不同层面、不同数量的对应关系。但是，其中短元音 a 与 a 的对应现象最为丰富。当然，阿依努语短元音 a 与通古斯语短元音 ə、ʉ、o、ɵ、i 之间也出现了各不相同的对应现象。

（1）阿依努语和通古斯语短元音 a 与 a 的对应

如上所述，阿依努语和通古斯语短元音 a 与 a 的对应现象，在短元音对应实例中占有重要位置，其出现率较高。而且，所处的语音环境，所需的语音条件也各有不同，相比之下，在舌尖音或舌面音前后出现的例子居多。另外，短元音 a 与 a 的对应几乎出现于词的各个部位。

①在词首，辅音 j、tʃ、k、g、m、p 等前面，阿依努语和通古斯语短元音 a 与 a 产生的对应关系。例如：

阿依努语	通古斯语	词义
ajnukoro	ajamaharaŋ	讨好
atʃa	atʃa	父亲、叔父
akhato	atʃtʃadu	对方、对过
apkas	algaʃi->aggaʃi-	步行
amun	amu	谷物

可以看出，上例对应后面出现的辅音中舌叶音的出现率较高，然后是舌面音及双唇音的出现率。上述例子中出现的阿依努语的 atʃa 主要指"叔父"之意，但也有说成"父亲"的时候。蒙古语的 atʃa "父亲"一般在蒙古语族达斡尔语及有关蒙古语方言土语里使用，另外，蒙古语方言中也有将 atʃa 发音成 adʒa 的现象。很有意思的是，蒙古语的 adʒa 除了表示"父亲"之外，也表示"叔叔""大爷"或"哥哥"等。

②词首或词首音节，舌面音 h 或 k 的前后，阿依努语和通古斯语短元音 a 与 a 之间发生对应关系。例如：

阿依努语	通古斯语	词义
ahun	ahuŋ	太阳西落、遮挡
aki	lakki-	扔掉、甩掉
kahkawe	akkibu-	扎

例②中位于词首的居多，只有个别出现于词首辅音 k 或 l 的后面。毋庸置疑，这些对应现象均和舌面音 h、k 直接发生了接触关系。另外，上面实例中的阿依努语的 ahun 主要表示"太阳落山"的意思，而通古斯语的 ahuŋ 是指"遮挡"

之意，但也表示"太阳落山"等概念。比如说，在通古斯语里"太阳落山"也说 ʃiguŋ ahuwusa。这里 ʃiguŋ 是指"太阳"，ahuwusa 是表示"落山"或"被遮住里"及"被遮挡住了"等。也就是说，动词 ahuwusa(ahu-wusa)是由 ahuŋ(ahu-ŋ) 一词派生而来的。不过，通古斯语里也有把 ahuŋ 发音成 ahun 的现象。

③在词不同部位的舌尖音 n、r、s 及舌叶音 ʃ 后面，阿依努语和通古斯语短元音 a 与 a 间发生的对应现象。例如：

阿依努语	通古斯语	词义
sahka	sabka	筷子
usaraje	uusalaraŋ	分
kina	heena	草料
nankante	nandabti	美丽的
kiraw	hira	角、尖端
surata	sulala-	放开
ʃina	ʃira-	连接

不难看出，上面的对应主要出现在舌尖音 n、s、r 及舌叶音 ʃ 后面。相比之下，在舌尖音 n、s 后面的出现率高于 r 后面的。另外，有对应关系的短元音 a 后面直接相连的辅音多数也是舌尖音 r、l、n、t，只有少数双唇音 b、w 或舌面音 h 等。而且，舌尖音前后出现的短元音 a 与 a 的对应，在词中比在词尾和词首音节出现得要多。

④在词不同部位的舌尖音 t、d、l、n、r 后面，阿依努语和通古斯语短元音 a 与 a 产生对应现象。例如：

阿依努语	通古斯语	词义
takina	tahinan	祈祷

kotan	hotan	市、村
ataje	hodaja	价格
etara	adaraŋ	扎、刺
muntara	mundaraŋ	打
itanki	ilaŋki	碗、盘子
utar	ular	人们

相比之下，上述在舌尖音后面出现的 a 与 a 的对应实例，在 t 后面保持了相当高的出现率，然后是 r 后面出现的例子，而 d 后面出现的不是很多。特别是在舌尖音 n、l 后面出现的相对较少。同时，这些对应一般出现于舌尖音 n、r 或舌面音 ŋ、k、h 的前面，当然也有位于舌面音 j 之前的个别实例。在这里，还有必要说明的是，通古斯语的 ilanki 一般指喂狗或猫的"碗"或"盘子"，来源于 ila"盘子"一词，该词有时也指穷人吃饭用的"碗"或"碟"等。另外，tahinan 一词在通古斯语中主要指"崇拜"之意，也泛指"祈祷"之概念。

总之，阿依努语和通古斯语的短元音 a 与 a 在舌尖音后面产生对应时，其对应现象前面出现最多的是 t，然后是 r，最后是 d，而在 n、l 后面的使用率较低。而且，该系列对应绝大多数位于词中，出现于词首音节或词尾的很少。

⑤在词不同部位的舌面音 k、h、g 后面，阿依努语和通古斯语短元音 a 与 a 发生对应关系。例如：

阿依努语	通古斯语	词义
takar	tokkar	梦
sahka	sabka	筷子
ʃina	ʃira-	连接
inkara	ooʃiŋkanaŋ	送行
tʃikap	ʃikkaŋ	小鸟

ʃinka	saŋga	累
huhkara	huhuhara	深绿色
okari	tohari	周围

在这些例子里，阿依努语短元音 a 无一例外地出现在舌面音 k 后面，而通古斯语的短元音 a 除了处于舌面音 k 后面之外，也有出现于舌面音 g 或 h 后面的情况。有意思的是，具有对应功能的短元音 a 后面出现的多数是舌尖音 r，只有个别实例出现于双唇音 p 或舌面音 ŋ 等的前面。再者，此类对应多位于词尾音节或词尾，在词首音节基本上没有出现，在词中出现的也不太多。

⑥在词首音节或词尾音节的双唇音 m 后面，阿依努语和通古斯语短元音 a 与 a 产生的对应关系。例如：

阿依努语	通古斯语	词义
mana	manaŋ	雾
maŋka	maŋga	厉害
matunki	matuŋka	盛野菜器具
makan	masan	往上爬、登
tumama	darama	腰

双唇音 m 后面出现的短元音 a 与 a 的对应，基本上位于舌尖音 n、t、s 或舌面音 ŋ、k 等的前面。而且，除个别实例出现于词尾之外，绝大多数位于词首音节。其中的阿依努语例词 matunki 是指"木制盘"，而通古斯语的 matuŋka 则表示"由桦树皮制成的较大形状的盘"，但它们都是用于采摘或存放各种野菜或野果的木盘。

⑦在词首双唇音 b 和 p 后面，阿依努语和通古斯语短元音 a 与 a 间产生的对应现象。例如：

阿依努语	通古斯语	词义
pa	baha-	发现、得到
pa	ba	岁数
patek	barig	大约

阿依努语短元音 a 在上例对应中均出现在双唇音 p 后面，而通古斯语的短元音 a 则位于双唇音 b 的后面。同时，这些对应一般位于词首音节，或是出现于单音节词中。相比之下，在单音节词里出现的要多一些。而且，在具有对应关系的短元音 a 后面直接相连的辅音基本上是舌尖音 r、t 或舌面音 h。

⑧我们掌握的资料显示，在词中的双唇音 w 后面，阿依努语和通古斯语短元音 a 与 a 间出现对应现象。例如：

阿依努语	通古斯语	词义
iwank	giwanga	健康
kawawke	sawawke	出现裂纹
kuwa	huwaraŋ	坟墓

双唇音 w 后面出现的短元音 a 与 a 的对应基本上位于词中，当然也有在词尾出现的情况，但不多见。另外，在此类对应后面直接相连的辅音绝大多数是舌尖音 n、r 或双唇音 w 以及舌面音 ŋ 等。另外，这里出现的通古斯语例词 huwaraŋ"坟墓"在许多方言土语内已演化为 huaroŋ ＞ huaron 或 hooraŋ ＞ hooron 等，或者被发音成 kuwaraŋ ＞ kuwaran 等。

以上讨论的出现于双唇音 m、p、b、w 后面的短元音 a 与 a 的对应系列中，出现率最高的是在 m 后面的对应实例，其次是 w 后面的出现率，在双唇音 p 和 b 后面出现的对应现象相对要少一些。再者，位于 m、p、b 后面的对应一般位于词的第一音，而 w 后面出现的对应位于词中或词尾的居多。另外，那些有对应关系的短元音 a 基本上出现在舌尖音 n、r、t、s 的前面，在舌面音 k、h、ŋ 或双唇音 w 前面的出现率很低。

总而言之，前面讨论的阿依努语和通古斯语短元音 a 与 a 的对应现象，在词中、词首及词首音节有很高的出现率，在词尾音节的出现率不是很高，尤其是在词尾出现得更少。另外，短元音 a 与 a 的对应，在舌面音 k、舌尖音 t 和 r、双唇音 m 与 w、舌叶音 ʧ 前后有较高的出现率，其次是舌尖音 n、l、s、d，以及舌面音 h 和 p、b 后面出现的例子，不过像舌面音 g、h、ŋ 及 j 等后面出现得不多。再者，有对应关系的短元音 a 后面出现的多数是舌尖音、舌面音及双唇音等。

（2）阿依努语短元音 a 与通古斯语短元音 ə 的对应

阿依努语短元音 a 与通古斯语短元音 ə 之间产生对应的现象也有不少，在短元音对应中占有一定比例。而且，基本上在词首、词中、词尾音节的舌尖音、舌面音、双唇音、舌叶音等后面出现该对应现象。

①在词中和词尾音节的舌面音 k、g 和舌尖音 r、t、d 后面，阿依努语和通古斯语短元音 a 与 ə 间产生对应现象。例如：

阿依努语	通古斯语	词义
onkekara	ənuhugərəŋ	患病
okkajo	ukkəhəŋ	男孩、男的
urenkare	murenkərəŋ	并列、排列
sokkar	səgtər	褥子等
taptar	dəbkərə-	跳舞

上述对应均出现在舌面音以及舌尖音后面。其中，位于 k、g 后面的对应实例居多，在 t 后面出现的短元音 a 与 ə 的对应也有不少。不过，像 r、d 等后面出现的该对应非常少。再者，短元音 a 与 ə 的对应绝大多数位于舌尖音 r 的前面，但也有一些出现在舌面音 h、ŋ 及 j 或双唇音 p、b 等的前面。另外，上面谈到的对应在词中以及词尾音节的出现率最高，其次是词首音节的出现率。该对应虽然在词尾也出现，但只在个别实例中才能见到。

②在词中和词尾音节的双唇音 w、m、p 以及舌面音 j 等后面，阿依努语和通古斯语短元音 a 与 ə 间产生的对应关系。例如：

阿依努语	通古斯语	词义
pewar	bəwər	身体弱
hussa'omante	ʉʉtʃʃimətrəŋ	操心
paki	əhi	头
nejakka'an	nəjəgəgəŋ	经常

上述对应在双唇音后面出现得较多。同时，这些对应一般位于舌尖音 r、n、t 及舌面音 k、g、ŋ、h 之前。相比之下，在舌尖音和舌面音前有较高的出现率。另外，上述对应在词中出现得较多，其次是词尾音节出现的实例，但在词首或词首音节出现得很少，词尾几乎不出现。

（3）阿依努语短元音 a 与通古斯语短元音 i 的对应

在词中或词首，阿依努语短元音 a 与通古斯语短元音 i 之间产生的对应现象也有不少。而且，一般位于舌尖音 t、l、s 和舌面音 k 及双唇音 m 或舌叶音 ʃ 的前后。例如：

阿依努语	通古斯语	词义
aʃini	iʃinəŋ	看
kahkawe	akkibu-	扎、刺

emakas	amigu	北、后
etaras	iliraŋ	起立、站立
koramisanka	galumiʃiraŋ	小看

短元音 a 与 i 的对应出现于舌尖音、舌面音、双唇音后面，以及舌尖音 r 和 s 及 n、舌面音 k 与 g、双唇音 w 及 b，舌叶音 ʃ 等的前面。其中，在辅音 r、k 前后出现的对应较多，而且，该对应现象绝大多数位于词中，只有个别实例中出现了词首音节或在词首的对应现象。

（4）阿依努语短元音 a 与通古斯语短元音 o 的对应

在词的不同部位，舌尖音 t 与 s 及 d 或舌面音 h 后面，阿依努语短元音 a 与通古斯语短元音 o 之间产生的对应现象。例如：

阿依努语	通古斯语	词义
ataje	hodaja	价格
hanko	soŋor	肚脐
takar	tokkar	梦
mosa	noho-	接吻，吻
hontomta	hoddondo	中间

从上例可以看出，短元音 a 与 o 的对应所处的语音环境比较复杂，但它们有一定内部规律和条件。首先基本用于舌尖音 t、d、s 和舌面音 h 前面，其次都出现于舌尖音 t、d、n 及舌面音 k、h、ŋ 的前面。也就是说，该对应实例，均出现于舌尖音和舌面音前后。再次，短元音 a 与 o 的对应，在词首音节出现得较多，然后是出现于词尾或词尾音节的例子，在词首出现的只属于个别情况。另外，在通古斯语个别方言土语里，将 soŋor "肚脐" 一词也有说成 soŋgor 及 soŋgo 或 soŋur 的现象。但是，比较而言，说 soŋor 的多。然而，我们可以看得出来，通古斯语的 soŋgo 这一说法似乎更接近于阿依努语的 hanko。再者，通古斯语 noho- "接吻" 一词，在早期就发音为 nuka- ＞ nuha-

或 noka- > noha-，后来才演变为 noho- 的语音结构形式。现在的通古斯语里，几乎都说 noho-。不论怎么说，从现已掌握的语言资料来看，短元音 a 与 ə 的对应现象并不多见。

（5）阿依努语短元音 a 与通古斯语短元音 u 的对应

在词的不同部位，舌尖音 r、l、s 和舌面音 k、g 或舌叶音 tʃ 后面，阿依努语短元音 a 与通古斯语短元音 u 之间产生对应现象。例如：

阿依努语	通古斯语	词义
aʃikibit	uʃigta ~ uʃigibta	指甲
tʃitʃar	sasuraŋ	散
koramisanka	galumiʃiraŋ	小看
emakas	amigu	北

短元音 a 与 u 之对应出现于舌尖音、舌面音、舌叶音后面的同时，同样出现于舌尖音 r、s 和双唇音 m 及舌叶音 ʃ 等的前面。其中，在辅音 r、s、m 前后出现得较多。该对应现象虽然在词的不同部位都可以出现，但在词中的出现率相对高一些。在这里有必要解释的是，通古斯语的 uʃigibta 表示"指甲"之说法，在鄂温克语莫日格勒等方言里才能见到，其他通古斯语里很少见到。另外，通古斯语的 galumiʃiraŋ "小看"一词往往包含有"讨厌""恶心"等词义。

总而言之，阿依努语短元音 a 与通古斯语短元音 a、ə、i、o、u 之间产生的对应现象有其一定的内在规律。一般来讲，这些对应主要出现于舌尖音 t、r、s、l、n、d 和舌面音 k、g、h、ŋ、j 及双唇音 m、w、p、b，或舌叶音 tʃ、ʃ 的前后。但从这些对应现象所处的不同语音环境来看，首先应该承认，这些对应实例在 k 后面出现得居多，像 r、s、l、n、g、w 以及 d、p、b、h 等后面出现得也不少。不过，在 j、h、tʃ、ʃ 等后面的出现率较低。其次，我们也发现，这些对应实例出现于 r 之前的较为突出，且远远超出了其他辅音。而且，在辅音 n、ŋ、k、t、j 等前面出现得也不少。但是，在 s、l、n、g、h、m、w、p、h、tʃ、ʃ 等前面出现的例子不多。特别是，位于 d 或 b 等前产生的对应现象十分少见。从这些对应实例中所处的词的不同部位来看，可以说词中的出现率最高，然后是词首音节和词尾音节产生的对应现象。相比之下，在词尾或词首出现的比较少，尤其是位于词首的对应相当少见。另外，阿依努语短元音 a 与通古斯语短元音 a、ə、i、o、u 之间产生的对应，在短元音对应中属于最为丰富和复杂的语音对应结构系统。其中，短元音 a 与 a 的对应出现率最高，其次是短元音 a 与 ə 的对应现象，位居第三的是短元音 a 与 i 的对应实例。然而，像短元音 a 与 o 的对应，以及短元音 a 与 u 的对应等出现得比较少。

2. 阿依努语短元音 i 与通古斯语短元音 i、a、ə 的对应规律

不论在阿依努语还是在通古斯语里，短元音 i 都是一个极其活跃而出现率极高的音素。在通古斯语里短元音 i 不仅适用于由阳性元音构成的词，同时也可以用于由阴性元音构成的词。或许正是这个缘故，这两个语言里短元音 i 的对应实例出现不少，且有一定复杂性。

（1）阿依努语和通古斯语短元音 i 与 i 的对应

以阿依努语短元音 i 为核心讨论的对应现象里，短元音 i 与 i 的对应实例属于出现最多，也是对应规律最为复杂的一种语音形式。而且，该系列对应在舌尖音、舌面音、舌叶音等前后出现得较多。另外，短元音 i 与 i 的对应多数位于词首音节或词中音节，出现于词尾、词首以及词尾音节的比较少。

①在词首音节和词中，舌叶音 ʃ 的后面，阿依努语和通古斯语短元音 i 与 i 之间产生对应关系。例如：

阿依努语	通古斯语	词义
ʃikkiruru	ʃikkiʃirəŋ	颤抖
ʃiwnin	ʃiŋiriŋ	黄的

ʃina	ʃira	连接
eʃittek	əʃittək	刚才
ʃimsiskar	ʃimʃig-	干咳
aʃini	iʃirəŋ	看
oʃinkara	ooʃiŋkanaŋ	送行

上述对应中,阿依努语和通古斯语的短元音 i 都出现于舌叶音 ʃ 的后面。同时该对应一般位于舌面音 k、g、ŋ 和舌尖音 r、t、n、s 以及双唇音 w 的前面。另外,短元音 i 与 i 的对应绝大多数出现在词首音节和词中,虽然在词尾也有出现,但出现的非常少。研究通古斯语音变化规律的有关专家提出,在通古斯语短元音之前的舌叶音 ʃ 过去都属于舌尖音 s,是后来受到短元音 i 或长元音 ii 等的影响演变成了现在的 ʃ 音。如果这种理论成立的话,在上例中谈到的短元音 i 与 i 的对应规律更加体现出它的学术价值。

②在词首音节、词中、词尾的舌面音 k 与 h 后面,阿依努语和通古斯语短元音 i 与 i 之间出现的对应现象。例如:

阿依努语	通古斯语	词义
kiraw	hira	角、尖
kimunajna	himunagsa	鬼神
kimsa	himtʃag	握、抓、挠
əkiroro'an	dəhilərəŋ	高兴、跳舞
takina	tahiraŋ	祈祷、崇拜
paki	əhi	头

上述语音环境和条件下产生的短元音 i 与 i 的对应现象充分说明,阿依努语短元音 i 都出现在舌面音 k 后面,通古斯语短元音 i 则均位于舌面音 h 的后面。另外,该系列对应几乎都出现在舌尖音 r、n、s、l 及双唇音 m 等

的前面。其中，在辅音 r 和 m 前面的出现率较高。而且，该对应现象虽然可以出现于词首音节、词中音节或词尾，但相比之下，在词首音节出现得最多，其次是词中出现的实例，在词尾出现得不多。再者，上述实例中出现的通古斯语的 himtʃag-"握""抓"一词一般是指"用指甲抓挠"或"用长有长指甲的手握东西"等概念，通古斯语 dəhilə-"跳舞""高兴"一词的本义是"跳舞"，而"高兴"是由"跳舞"引申而来的概念。

③在词尾，舌面音 k 的后面，阿依努语和通古斯语的短元音 i 与 i 之间产生的对应现象。例如：

阿依努语	通古斯语	词义
aki	lakki	扔掉
kiki	ookki	如果
ʃiski	likki	关、闭

有意思的是，此类对应中出现的阿依努语短元音 i 均位于单一结构类型的舌面音 k 后面，然而通古斯语短元音 i 前的都是双重结构类型的舌面音 k，也就是以重叠形式出现的舌面音 k。但是，通古斯语的某些方言土语里也有把 lakki、ookki、likki 等发音成 laki、oki、liki 的现象。虽然在通古斯语中说 laki、oki、liki 的人较少，但这种说法同阿依努语的 aki、kiki、ʃiski 等的语音结构更为接近。再者，上述对应现象除了在词尾出现，在词首或词中很少见到。

总之，以上语音环境和条件下出现的短元音 i 与 i 的对应现象中，阿依努语短元音 i 无一例外地出现于舌面音 k 后面，通古斯语短元音 i 则出现于舌面音 h 或重叠形式的 k 后面，且位于 h 后面的居多。再者，此类对应虽然可以位于词首音节、词中和词尾，但仍是出现于词首音节和词尾的例子比词中的多。另外，在词首音节或词中出现的短元音 i 与 i 的对应后面用的多数是舌尖音或双唇音。

④在词首或词中的双唇音 m 后面，阿依努语和通古斯语短元音 i 与 i 也会发生对应关系。例如：

阿依努语	通古斯语	词义
miki	migi-	切
tomin~ tomon	tomiŋ	乳头
koramisanka	galumiʃiraŋ	小看

双唇音 m 后面出现的短元音 i 与 i 的对应虽然不多，但在词首、词中、词尾音节均能见到。同时，在有对应关系的短元音 i 后面直接相连的辅音一般是舌面音 k、g、ŋ 和舌尖音 n、s 以及舌叶音 ʃ 等。

⑤在词首或词首音节，双唇音 p、b、m、w 之前，阿依努语和通古斯语的短元音 i 与 i 发生的对应关系。例如：

阿依努语	通古斯语	词义
ipe~ee	ʤib	吃
iwanke	giwaŋga	健康的
kim	immə	针

可以看出，此类对应之前出现的辅音一般为舌面音 g、k 或舌叶音 ʤ 等。另外，这些对应现象虽然位于词首或词首音节，但在词首出现得更多一些。

⑥在词尾、词中以及词首音节的舌尖音 r、t 及舌叶音 ʃ 后面，阿依努语和通古斯语的短元音 i 与 i 间发生的对应现象。例如：

阿依努语	通古斯语	词义
peri	pəri	切割
okari	tohari	周围
ʃikarire	səhəriraŋ	旋转
kurnkutiki	huŋgutirəŋ	轰鸣

上例对应主要出现于 r 的后面，在 ʃ 和 t 后面出现的不多。而且，这里出现的短元音 i 与 i 的对应几乎均位于舌尖音 r 的前面。这充分说明，此项对应在舌尖音 r 前后有较高的出现率。另外，上述对应虽然在词尾、词中以及词首音节均有出现，但在词尾和词中的出现率较高。在词首音节出现得不多。上例中，阿依努语的 pəri "切割" 是泛指动词，而通古斯语的 pəri "切割" 则专指"用锋利的刀等工具迅速切断或割断东西的动作行为"。此外，在通古斯语的某些方言将 səhəriən "旋转" 和 tohari "周围" 等词发音成 ʃihəriəŋ 和 tokari 等。

⑦在词首音节和词中或词首，舌尖音 n 或 r 前面，阿依努语和通古斯语短元音 i 与 i 之间出现的对应现象。例如：

阿依努语	通古斯语	词义
mina	ine-	笑
eʃine	dihinəŋ	藏起来
ironne	dirama	厚的

相比之下，在 n 前面出现的短元音 i 与 i 的对应比在 r 前面出现的要多。同时，上述对应一般位于舌尖音 d 和舌面音 h 及双唇音 m 或舌叶音 ʃ 等后面。而且，这些对应现象在词首音节的出现率比词中或词首的要高。

⑧在词尾或词中，舌叶音 tʃ 或 ʃ 后面，也会见到阿依努语和通古斯语

的短元音 i 与 i 产生的对应现象。例如：

阿依努语	通古斯语	词义
huttʃi	utaatʃi	祖先
aʃikibit	uʃigta	指甲

总而言之，短元音 i 与 i 的对应基本上出现于舌尖音 r、s、t、d、n、l 和舌面音 k、g、h 及双唇音 m、w 以及舌叶音 tʃ、ʃ 等的前后。首先在 s、r、t、d、k、h、m、tʃ、ʃ 的后面保持有较高的出现率。尤其是在辅音 k 后面有很高的出现率。其次是辅音 s、ʃ、h、m、r 后面出现的实例，像辅音 h、t、tʃ、d 后面出现得较少。出现率最低的是在辅音 d 后面的实例。同时，短元音 i 与 i 的对应几乎均产生在辅音 r、n、t、s、l、k、g、ŋ、m、w、ʃ 等的前面，并在辅音 r 前保持了相当高的出现率，然后是辅音 n 前出现的例子，在辅音 k、ŋ、g、s、t、m 前面出现的短元音 i 与 i 的对应现象也有不少，但在辅音 l、ʃ、w 等前面产生的对应十分少见。另外，短元音 i 与 i 的对应主要在词首音节和词中出现，并且在词尾的出现率也较高，但是在词首的出现率较低，最低的是在词尾音节出现的实例。

（2）阿依努语短元音 i 与通古斯语短元音 a 的对应

我们掌握的资料显示，阿依努语短元音 i 与通古斯语短元音 a 之间产生的对应现象也有不少，且出现于词首之外的词的各部位。

①在词首音节、词尾或词尾音节，舌尖音 s 和 r 或舌叶音 tʃ 的后面，阿依努语短元音 i 与通古斯语短元音 a 之间发生对应现象。而且，更多的时候出现于舌尖音、舌面音的前面。例如：

阿依努语	通古斯语	词义
ʃinka	sanga	累
kikehke	sahigga	自然断裂

potʃi	pisa-	弄粉碎
tʃitʃari	sasuraŋ	撒
jarkari	jargaraŋ	受伤

上述对应现象基本上位于舌尖音、舌叶音及舌面音的后面，且要出现于舌尖音 n 和舌面音 k、h、ŋ 的前面。相比之下，在 s、r 后面出现得较多，其次是舌面音 tʃ 或 ʃ、舌尖音 n、舌面音 ŋ 前后的出现率，像舌面音 k、h 前出现的比较少。另外，此项对应实例虽然也可以出现于词首音节、词尾或词尾音节，但在词首音节的出现率比较突出，词首位置一般不出现。有意思的是，在辅音 ʃ 和 tʃ 后面产生的对应现象多数位于词首音节，而在辅音 r 后面的对应几乎都出现于词尾或词尾音节。

②在词尾或词尾音节，舌面音 k 及舌叶音 tʃ 的后面，阿依努语短元音 i 与通古斯语短元音 a 之间产生对应现象。例如：

阿依努语	通古斯语	词义
matunki	matuŋka	菜果木盘
etʃikkiri	atʃigtʃaŋ	老鼠

短元音 i 与 a 的对应在上例中主要出现于舌面音 k 的后面，不过，也有出现于舌叶音 tʃ 后面的个别实例。同时，在短元音 i 与 a 之对应后面出现的是舌尖音 r 和舌面音 ŋ。上述对应一般位于词尾或词尾音节，虽然在词中也出现，但比较少见，在词首或词首音节基本上不出现。

总之，阿依努语短元音 i 与通古斯语短元音 a 之间产生对应的现象出现得也不少。而主要出现在舌尖音 s、r，舌面音 k，舌叶音 tʃ 的后面和舌面音 ŋ、g、k，舌尖音 n、r，舌叶音 tʃ 的前面。其中在辅音 s、r、tʃ、k、ŋ 前后的出现率最高，在辅音 g 或 n 等前后的出现率就低得多。再者，该系列对应只有在词首音节、词尾音节、词尾及词中出现，在词首基本上不出现，而且在词首音节的出现率最高，然后是词尾出现的实例，最后是出现于词尾音节的实例，在词中的出现率很低。

（3）阿依努语短元音 i 与通古斯语短元音 ə 的对应

在以阿依努语短元音 i 为核心的对应现象中，也有阿依努语的短元音 i 与通古斯语短元音 ə 之间产生对应的现象，而且，一般出现于舌尖音 t、n、r 或者舌叶音 tʃ 的后面。例如：

阿依努语	通古斯语	词义
irijatʃi	iiriigtə	蚂蚁
aʃini	iʃirən	看

以上实例可以看出，短元音 i 与 ə 对应现象的出现率比较低。而且，基本上出现于词尾或词尾音节，但在词尾出现的比词尾音节多，在词中或词首几乎不出现。另外，上例中出现的通古斯语的 iirigtə "蚂蚁"一词，在鄂温克语的某些方言内已演化为 iiritta。

（4）阿依努语短元音 i 与通古斯语短元音 e 或 ʉ 的对应

在词首音节、词中音节、词尾音节，舌叶音 tʃ、ʃ、ʤ 和舌尖音 s、n 后面，阿依努语短元音 i 与通古斯语短元音 e 或 ʉ 之间产生对应现象。例如：

阿依努语	通古斯语	词义
tʃip	ʤeb	船
ʃirepa	eʃema	到
munin	mʉnʉn	发霉的

如前所说，上述对应都出现于舌叶音和舌尖音后面，同时要位于双唇音 p、b、m 和舌尖音 r、n 之前。虽然，此项对应可以位于词首音节、词中音节、词尾音节，但在词中音节出现得多一些，词首或词尾一般不出现。另外，短元

音 i 与 e 之间产生的对应比其与 ʉ 间的实例要多。然而，无论是短元音 i 与 e 的对应还是短元音 i 与 ʉ 的对应都出现得不多。

综上所述，阿依努语短元音 i 与通古斯语短元音 i、a、ə、e、ʉ 间均可产生对应关系，并有一定的内在对应规律。根据前面的讨论，我们可以了解到，这一系列的对应现象几乎都位于舌尖音 s、r、t、n 和舌叶音 tʃ、ʤ、ʃ 以及舌面音 k、g、ŋ 后面，以及出现于舌面音 ŋ、k、h 和双唇音 b、p、m 及舌尖音 t、r、s、n 或舌叶音 tʃ 等的前面。其中，在辅音 s、tʃ、k 的后面以及辅音 ŋ 前面出现得最多，然后在辅音 r、n 前后的出现率也较高，但在辅音 t、ʤ、ʃ、g、ŋ 后面或辅音 h、h、k、s、t、b、p、m、tʃ 前面的出现率都比较低。上述对应虽然在词的各个部位都有出现，但在词首音节的出现率最高，然后在词尾及词尾音节也有一定出现率，再就是在词中的出现率。然而，在词首的出现率非常低，只出现过一次。另外，在阿依努语短元音 i 与通古斯语短元音 i、a、ə、e、ʉ 间产生的对应现象里，出现最多的是短元音 i 与 i 的对应，是短元音 i 与 a 的对应，像短元音 i 与 ə、e、ʉ 之间发生的对应现象比较少，尤其是短元音 i 与 ʉ 之间产生的对应出现得极少。

3. 阿依努语短元音 e 与通古斯语短元音 ə、i、a、e、ʉ、u 间的对应规律

阿依努语和通古斯语的元音系统里都有 e，但在使用面上通古斯语的 e 没有阿依努语的 e 广泛，使用率也不如阿努语使用率高。换句话说，阿依努语的 e 有较为广泛的使用面，也有相当高的使用率，而通古斯语的 e 使用面非常有限，当然使用率也不高。正因为如此，在我们搜集到的资料短元音 e 与 e 对应实例出现的不多，更多的是短元音 e 与 ə 的对应现象，其次是 e 与 i、a 间产生的对应，像 e 与 ʉ 或 u 的对应同样出现的很少。

（1）阿依努语和通古斯语短元音 e 与 e 的对应

在词尾或词中音节，舌尖音 r、t 或舌面音 k 后面，阿依努语和通古斯语短元音 e 与 e 间发生对应关系。例如：

阿依努语	通古斯语	词义
ure	dure	脚后跟
urenkare	murenkərəŋ	并列、排列
putke	pukte	膨胀
kojke	gojke	歪的

如上所说，阿依努语和通古斯语短元音对应现象中，短元音 e 与 e 的对应现象出现率比较低。而且，几乎都出现于词尾或词中，词尾出现的占绝大多数，词中出现得比较少，词首或词首音节基本上不出现。另外，该对应虽然可以位于辅音 r、t、k 后面，但位于辅音 r 和 k 后面的居多，只有个别词里出现位于辅音 t 后面的情况。

（2）阿依努语短元音 e 与通古斯语短元音 ə 的对应

资料显示，在该系列的短元音对应现象里，阿依努语短元音 e 与通古斯语短元音 ə 间的对应实例占有相当大的比例。而且，短元音 e 与 ə 的对应在词的任何部位都可以出现。同时，绝大多数情况下出现于舌尖音、双唇音以及双唇音的前后。

①在词首音节或词中，舌面音 k、h、g 后面，阿依努语和通古斯语短元音 e 与 ə 之间产生对应关系。例如：

阿依努语	通古斯语	词义
kettok	gəttig	冷冻、着凉
horkew	gurkə	狼
kes	həʃi	岸边、岸
herewtapapa	həlweʃiwurəŋ	倾斜

可以看出，上述对应位于词首音节的居多，位于词中音节的出现率比较低。而且，多数出现于 k 后面，位于 g 或 h 后面的不多。特别是，阿依努语短

元音 e 几乎都位于舌面音 k 后面。另外，我们也发现，在有对应关系的短元音 e 与 ə 后面出现的一般是舌尖音 t、r、s、l 和双唇音 w 或舌叶音 ʃ 等辅音。其中，舌尖音出现得较少。在通古斯语里将上例中的 gʊrkə "狼" 也有说成 gʊskə 的现象。另如 həʃi 一词，在通古斯语中主要指 "边" "边沿" 之意，也表示 "岸边" "岸" 等概念的情况。

②在词首、词首音节或词尾，舌尖音 t、d、n 及舌面音 k 后面，阿依努语和通古斯语短元音 e 与 ə 间产生的对应现象。例如：

阿依努语	通古斯语	词义
terke	dəkkəri-	跳
eʃittek	əʃittək	刚才
kite	iigtə	齿儿
nejakka'an	nəjəgəŋ	经常
eʃine	dihinəŋ	藏起来

比较而言，在舌尖音词尾或词尾音节以上对应实例有较高出现率，在词首或词首音节也出现不少，但在词中出现的不多。再者，在 t、n 后面的对应现象比 d 或 k 后面出现得多。另外，在那些有对应关系的短元音 e 与 ə 后面的辅音一般为舌尖音 r，舌叶音 ʃ，舌面音 k、ŋ 及 j 等。

③另外，在词尾音节舌尖音中的 r 后面 e 与 ə 也经常产生对应关系，例如：

阿依努语	通古斯语	词义
ʃikarire	ʃihərirəŋ	旋转
urenkare	mʊrenkərəŋ	并列、排列

总之，在 e 与 ə 对应实例中位于 t、d、n、r 后的对应有不少，其中在 t、n、r 后等出现的比较多。另外，在舌尖音后出现的对应绝大多数是在词尾音节或词尾，在词首音节出现的也不少，但在词中几乎见不到 e 与 ə 的对应现象。

④在词首音节，双唇音 p 或 b 的后面，阿依努语和通古斯语的短元音 e 与 ə 产生的对应现象。例如：

阿依努语	通古斯语	词义
peri	pəri	切割
pe	bəj	人
pewar	bəwər	笨手笨脚的

上例中的阿依努语短元音 e 无一例外地位于 p 的后面，而通古斯语短元音 ə 位于 b 后面的居多，在 p 后面的较少。并且，在词首音节短元音 e 与 ə 后直接相连的是双唇音 w、舌尖音 r 或舌面音 j 等辅音。

⑤在词首或词首音节的舌尖音 d 后面，阿依努语和通古斯语的短元音 e 与 ə 间发生的对应实例。例如：

阿依努语	通古斯语	词义
eʃittek	əʃettek	刚才
eke	əmə-	来
ekiroro'an	dəhiloroŋ	高兴

上述对应中阿依努语的 e 均出现在词首，而通古斯语的 ə 位于词首或词首舌尖音 d 的后面，但在词首的出现率比词首 d 后的要高。在具有元音对应

关系的短元音 e 与 ə 后面出现的辅音基本上是舌面音 k、h 和舌叶音 ʃ 及双唇音 m 等。

总体来看，短元音 e 与 ə 的对应绝大多数在词首音节或词首出现，在词尾及词尾音节出现的也不少，但在词中很少出现。另外，该系列对应主要在辅音 k、t、n、r、p 后面出现，不过在 h、g、d、b 等辅音后出现得也不少。在 e 与 ə 对应之后直接相连的辅音多为舌面音 k、ŋ 和舌面音 h 及双唇音 w、m，或者是舌尖音 r、s 与舌叶音 ʃ 等。其中，辅音 k、m、w、ŋ 出现得较多。

（3）阿依努语短元音 e 与通古斯语短元音 i 的对应

根据资料，阿依努语短元音 e 与通古斯语的短元音 i 之间产生的对应实例也有不少，且所处的语音环境比较复杂。不过，绝大多数例子出现于舌尖音、舌叶音、双唇音等辅音后面。

①在词中或词尾，舌面音 k、h、g 后面，阿依努语短元音 e 和通古斯语的短元音 i 产生对应现象。例如：

阿依努语	通古斯语	词义
okewe	hogiraŋ	赶出
oroke	orgi	涌、溢
kikehke	sahigga	自然断裂

上述对应现象虽然都出现在 k、g、h 后面，但阿依努语短元音 e 却均位于 k 后面，而通古斯语短元音 i 出现于 h 和 g 的后面，但位于 g 后面的实例比 h 后面的要多。在短元音 e 与 i 的对应后面出现的几乎都是舌尖音 r 和双唇音 w 及舌面音 h、g 等辅音。另外，该对应尽管可以出现于词中或词尾，但是词中的出现率高于词尾。

②在词尾或词尾音节，舌尖音 n、t 后面，阿依努语短元音 e 和通古斯语短元音 i 之间产生对应的现象。例如：

阿依努语	通古斯语	词义
hoone	goni	松散、不紧
nankante	nandabti	美丽的
patek	banig	性格

这些在舌尖音 t、n 后面出现的对应实例，都位于词尾或词尾音节。而且，在具有对应关系的短元音后出现的是舌面音 k 或 g。

③同样是在词尾或词尾音节的舌面音 j 后面，阿依努语短元音 e 和通古斯语短元音 i 之间产生对应关系。例如：

阿依努语	通古斯语	词义
tuje	ʉje-~ʉji-	切断
muje	ʉji-	系上

④在词首音节或词中，双唇音 p、b 的后面，阿依努语短元音 e 和通古斯语短元音 i 的对应现象。例如：

阿依努语	通古斯语	词义
pehkutu	pitʃaŋku	用草或树皮做的吹哨
iperekut	bilagatta＜bilagakta	食道

上述对应多数位于双唇音 p 后面，但在满通古斯语内也有位于双唇音 b 之后的对应实例。另外，在短元音 e 与 i 之对应后面使用的都是舌尖音 r、l，舌面音 h，舌叶音 ʧ 等辅音。

⑤词首或词首音节，舌尖音 d 和舌叶音 tʃ、ʃ 后面，阿依努语短元音 e 和通古斯语短元音 i 之间发生对应关系。例如：

阿依努语	通古斯语	词义
eʃine	dihinəŋ	藏起来
etaras	iliraŋ	起立
tʃepkoni	ʃibkinəŋ	肚子疼、饿

此项 e 与 i 的对应实例在词首的高于词首音节的出现率，在舌尖音之前的高于双唇音及舌面音的出现率。

可以说，在短元音 e 与 i 之间产生对应时，一般有以下几个规律。首先是多数实例出现于词首音节和词尾，词中或词尾音节出现的不多，词首的出现率最低。其次是该对应现象位于舌面音 k、g 和双唇音 p 及舌尖音 t、n 后面的居多，而在舌面音 h 和舌尖音 r、d 及双唇音 b 或舌叶音 tʃ、ʃ 后面的不多。再次是短元音 e 与 i 出现于舌面音 k、g、h、ŋ 和双唇音 p、b、w 及舌尖音 r、l、t 或舌叶音 ʃ 等辅音前面的例子比较少，其中辅音 r、l、g、h 的出现率较高。

（4）阿依努语短元音 e 与通古斯语短元音 a 的对应

在词的不同位置，舌尖音、舌面音、舌叶音、双唇音等辅音后面，阿依努语短元音 e 与通古斯语短元音 a 之间产生的对应现象也有不少。其对应规律也比较复杂，但总的来讲还是有规律可循的。

①在词尾，舌面音 k 或 g 后面，阿依努语短元音 e 与通古斯语短元音 a 间产生的对应现象。例如：

阿依努语	蒙古语	词义
iwanke	giwaŋga	健康的
satke	hatga	晒干
kikehke	sahigga	自然断裂

②在词尾或词尾音节，在舌尖音 r、n 和双唇音 p、m、w，舌面音 j 等辅音后面阿依努语短元音 e 与通古斯语短元音 a 产生对应关系。例如：

阿依努语	通古斯语	词义
tusare	toslaraŋ	帮
okewe	hogiraŋ	赶出
usaraje	uusalaraŋ	分
ironne	dirama	厚的
nunpe	numpa	糊涂

不难看出，上述对应里阿依努语的 e 均位于词尾，同时出现于舌尖音 r、n 和双唇音 w、p 以及舌面音 k 后面。然而，通古斯语的短元音 a 则位于词尾或词尾音节的舌尖音 r 及双唇音 m、p 后面，其中绝大多数实例出现于 r 的后面。

③在词首或词中，舌尖音 s、r、l 及舌叶音 tʃ 后面，这两个语言的短元音 e 与 a 产生对应关系。例如：

阿依努语	通古斯语	词义
etara	adaraŋ	扎刺
etʃikkiri	atʃigtʃaŋ	鼠
tuhse-	tugtʃa-	跳
iperekɯt	bilagatta	食道

上例短元音 e 与 a 的对应，在词首和词中音节有较高的出现率，在词尾或词尾音节出现得较少。另外，在阿依努语短元音 e 前出现的一般是舌尖音 s、 r,而在通古斯语短元音 a 前出现的基本上是舌尖音 l 或舌叶音 ʧ。与此同时，位于 e 或 a 对应后面的多为舌尖音 t、d 和舌面音 k、g 及舌叶音 ʧ 等辅音。

总之，短元音 e 与 a 的对应在词尾出现得最多，其次是词尾音节的出现率，在词中或词首虽然也有出现，但没有在词尾或词尾音节出现得多。同时，可以出现于舌面音 k、g 和舌尖音 r、n、s、l 及双唇音 p、m、w 以及舌叶音 ʧ 等辅音之前，其中 k、g、r、p 等辅音前出现率较高。在有对应关系的短元音 e 与 a 后面使用的一般是舌面音 ŋ、k、g，舌尖音 t、d 及舌叶音 ʧ 等辅音，其中辅音 ŋ 的出现率较高。

（5）阿依努语和通古斯语短元音 e 与 o 的对应

在词尾或词中，舌尖音 n、s、r 和舌面音 k、g、j 及双唇音 p 的后面，阿依努语短元音 e 与通古斯语短元音 o 之间发生的对应关系。例如：

阿依努语	通古斯语	词义
kunne	honno	黑的
tuhse	hokko	都
nuje	nero	画，写
oskekor	sohoŋko	勺子
opekus	soppogroŋ	漏

e 与 o 的对应虽然在词尾或词中出现，但在词中要比在词尾出现得多一些。位于 e 与 o 对应之前使用的 n、r、s、k、h、j、p 之中，n、r、k 的出现频率高于其他辅音。出现于词尾音节的短元音 e 与 o 后面的有舌尖音 r、s、ŋ 等辅音。

（6）阿依努语和通古斯语短元音 e 与 ʉ、u 的对应

在词中音节或词尾，舌面音 k、h 及舌尖音 s 的后面，阿依努语短元音 e 与通古斯语短元音有 ʉ 或 u 产生对应现象。例如：

阿依努语	通古斯语	词义
onkekara	ənʉhʉgərəŋ	患病
komomose	hompesuŋ	皱纹

短元音 e 与 ʉ、u 之间产生对应的现象出现得较少，而且，基本上位于舌尖音及舌面音等的后面，该对应后面出现的也都是舌面音 g、k、ŋ 等辅音。另外，此项对应在词首一般不出现。

总而言之，阿依努语短元音 e 与通古斯语短元音 ə、a、i、e、o、ʉ、u 之间产生对应现象，其中 e 与 ə 的对应出现得最多，其次是 e 与 a 的对应现象，再次是 e 与 i 的对应，最后是 e 与 e 的对应实例。那么，出现率最低的是，短元音 e 与 ʉ、u 之间的对应。再者，该系列对应，在词尾或词尾音节出现得最多，然后是在词首或词首音节出现的实例，最后是词中出现的对应现象。而且，在有对应关系的短元音后出现的一般是舌面音 k、g 和舌面音 h 及舌尖音 d、t、n、l、r、s，或是双唇音 b、p、m、w 和舌叶音 tʃ、ʃ 等辅音。其中，出现率最高的是辅音 k、r、p，其次是辅音 t、n、j、g、h，再次是辅音 s、b，出现率最低的辅音是 tʃ、ʃ、d、l、m、w 等。在有对应关系的短元音后面直接相连的辅音是舌面音 k、g、h、ŋ 和舌面音 h 及舌尖音 d、t、n、l、r、s，或是双唇音 b、p、m、w 与舌叶音 tʃ、ʃ 等。其中，出现率最高的是 k，其次是 ŋ、k、r、t、s、w、m、tʃ，再次是辅音 h、n、l、ʃ 等的出现率，出现概率最低的是辅音 b、d。不管怎么说，阿依努语短元音 e 与通古斯语短元音间的对应，绝大多数情况下出现于 k、g、h、ŋ、d、t、n、l、r、s、b、p、m、w、tʃ、ʃ 等的前后。其中在 k、g、r、t、n、p 等后的出现率最高。

4. 阿依努语短元音 o 与通古斯语短元音 ə、o、a 间的对应规律

可以说，在短元音对应现象中，阿依努语短元音 o 与通古斯语一系列短元音之间产生的对应现象相当丰富，其数量也相当大。那么，在其中 o 与 o 的对应出现率最高，从而远远超出短元音 o 与短元音 ə、u、i、ə、a 之间发生的对应关系。而且，这些对应，同样可以出现于词的不同部位。

（1）阿依努语和通古斯语短元音 o 与 o 的对应

我们掌握的资料充分说明，这两个语言内出现的短元音 o 与 o 之间的对应现象，有相当高的出现率和相当广泛的涉及面。而且，在词首和词首音节、词尾和词尾音节，包括在词中均有出现。另外，在舌面音、双唇音和舌尖音等辅音前后有较高的出现率。

①在词首或词首音节出现的舌尖音 t、s 和舌面音 h 后面，阿依努语和通古斯语短元音 o 与 o 间发生的对应现象。例如：

阿依努语	通古斯语	词义
okari	tohari	周围
oskekor	sohoŋko	舀子、容器
opekus	soppogroŋ	漏
okewe	hogiraŋ	赶出
oroke	orgi	涌、溢

这些例子中出现的对应现象，位于词首的实例要多于词首音节的。而且，阿依努语短元音 o 均位于词首，通古斯语的短元音 o 虽然也有位于词首的实例，但多数是出现于词首音节。再者，位于词首音节的通古斯语短元音 o 基本上出现在 t、s 和 k 等辅音后面。此外，此项对应后面使用的基本上是，舌面音 k、g 和舌尖音 r、s 及双唇音 p 或舌面音 h 等辅音。其中，辅音 k、r、p、h 有较高的出现率。

②在词首舌面音 h 后面出现的短元音 o 与 o 的对应现象。例如：

阿依努语	通古斯语	词义
hontomta	hoddondo	中间

hotku	hotgo	弯腰
hontaro	hondar	酒杯

以上对应实例均出现于舌尖音 n、t、d 等辅音的前面。

③同样在词首出现的舌面音 k 或 h 后面，阿依努语和通古斯语的短元音 o 与 o 之间产生对应现象。例如：

阿依努语	通古斯语	词义
konkon	honkoŋ	铃
kontan	hotan	市
komomse	hompesuŋ	皱纹
komo	homi	弄弯曲

上述对应也都出现于词首音节。其中，阿依努语短元音 o 都位于舌面音 k 的后面，而通古斯语短元音 o 则均出现于舌面音 h 的后面。另外，此项对应前出现的一般是双唇音 m 和舌尖音 n、t 及舌面音 ŋ 等辅音，但在辅音 m 前的出现率较高。

④在词首、词中、词尾音节的舌面音 k、g、ŋ 后面，也有短元音 o 与 o 之间产生的对应现象。例如：

阿依努语	通古斯语	词义
kojke	goyhe	歪
hanko	soŋor	肚脐
mokoro	mogoroŋ	困
konkon	honkoŋ	铃
oskekor	sohoŋko	舀子、容器

例④的对应里，阿依努语短元音 o 无一例外地位于舌面音 k 后面，而通古斯语短元音 o 则位于 g、k、ŋ 等不同舌面音后面。同时，上述对应都出现于舌尖音 r 和 n、舌面前音 y 及 k 等辅音前面。再者，这些对应在词尾音节的出现率高于词的其他部位。

⑤在词首音节、词中音节及词尾，舌尖音 t、d 和舌面音 h、g、k 及舌叶音 tʃ 或双唇音 m 后面，阿依努语和通古斯语短元音 o 与 o 之间产生对应关系。例如：

阿依努语	通古斯语	词义
tomon	tomiŋ	乳头
tokihi	toŋki	点
hontomta	hoddondo	中间
mokoro	mogoroŋ	为难
tʃohtʃa	togtʃa	中弹

可以看出，上述对应出现率最高的是在词首音节，在词的其他部位出现得不多。与此同时，在舌尖音 t 后面保持了相当高的出现率，在舌尖音 r、d 和舌叶音 tʃ 等后面虽然也有出现的例子，但出现率很低。另外，在双唇音 m 和舌面音 ŋ 前出现的情况也不少，但是在舌面音 g、h、k 及舌尖音 n 前面出现的比较少。

⑥在词首的双唇音 m、p、b 或舌尖音 n、舌面音 h 等后面，也出现这两个阿依努语和通古斯语短元音 o 与 o 的对应现象。例如：

阿依努语	通古斯语	词义
mokoro	mogoroŋ	困
mosa	noho	接吻、吻

poj	bog	地
ponno	hondo	少数

上述对应现象均出现于词首音节，而且，阿依努语短元音 o 都位于双唇音 m、p 后面，通古斯语短元音 o 则位于双唇音 m、b 及舌尖音 n 或舌面音 h 等辅音后面。同时，此项对应一般出现于舌面音 g、k、h、j 和舌尖音 n、s 等辅音之前。其中，在辅音 g 或 n 前面出现的较多。

总起来说，这两个语言的短元音对应中，o 与 o 间的对应实例是出现率相当高的语音对应现象。并且，绝大多数出现在词首音节，虽然在词的其他部位也有出现，但出现率均比较低，尤其是在词首或词尾部分出现得非常少。再者，位于 o 与 o 之对应前使用最多的是舌面音 k、h 和舌尖音 t 等辅音，像舌面音 g、ŋ 和舌尖音 r、s、d 及双唇音 m、p、b 等辅音的出现率均较低。此外，位于 o 与 o 对应后面的辅音一般是舌尖音 n、t、r、s、d 和舌面音 g、k、h、ŋ、j 及双唇音 p、m 等。其中，n、t、r、g、ŋ、j 的出现率较高。

（2）阿依努语短元音 o 与通古斯语短元音 ə 的对应

在这两种语言里，虽然也有短元音 o 与 ə 之间的对应现象，但其出现率不是很高。同时，主要在词首或词首音节、词尾或词尾音节出现的双唇音 m、舌尖音 n、s 和舌面音 k、h、j 等后面出现。例如：

阿依努语	通古斯语	词义
onmo	əmmə	母亲
onkekara	ənʉhʉgərəŋ	患病
noku	həkkʉ~kəkkʉ	男的
sokkar	səgtər	褥子等
okkajo	ʉkkəhəŋ	男孩

以上短元音 o 与 ə 的对应在词首和词首音节出现的较多，其次是在词尾及词尾音节的出现率也不少。不过，在词中很少出现。另外，位于 o 与 ə 的对应之前的辅音多为舌尖音 s 和舌面音 k、h 及双唇音 m 等辅音。其中，辅音 s、k、m 出现的多一些。位于 o 与 ə 的对应之后的辅音是舌尖音 n 和舌面音 k、g、h、j 及双唇音 m 等。其中，n 和 k 的出现率要高于 g、h、j、m。再者，在上例中出现的通古斯语的 əmmə "母亲" 一词，在个别方言土语里也有被说成 ommo 或 ənmo 等的现象。

（3）阿依努语短元音 o 与通古斯语短元音 i 的对应

在词首音节、词尾音节、词中或词尾，阿依努语短元音 o 与通古斯语短元音 i 之间产生对应现象，且主要出现在双唇音 p、b、m、舌面音 t 及舌尖音 k 等辅音后面。例如：

阿依努语	通古斯语	词义
potʃi~ poki	pisa	粉碎
apo	tabi	打
komo	homi	弄弯曲
kettok	gəttig	冷冻，看着发红
tʃepkoni	ʃibki	肚子瘪、饿

从上例可以看出，这两个语言里出现的短元音 o 与 i 的对应，在词首音节保持了相当高的出现率，在词首和词尾音节出现的也有不少，但在词中出现的不多。在 o 与 i 对应前，出现率最高的是双唇音 p，第二位是双唇音 m 和舌面音 k 及舌尖音 t，双唇音 b 的出现率最低。在 o 与 i 对应后面出现的一般是舌叶音 tʃ，舌尖音 s、n，舌面音 k、g 等辅音。

（4）阿依努语短元音 o 与通古斯语短元音 a 的对应

我们掌握的资料里，虽然也出现了阿依努语短元音 o 与通古斯语短元音 a 之间的对应现象，但其出现率不是太高。而且，一般出现在舌面音或舌尖音以及舌面音等的后面。例如：

阿依努语	通古斯语	词义
koramisanka	galumiʃiraŋ	小看
ironne	dirama	厚的
ajnukoro	ajamaharaŋ	讨好

从上例可以看出，短元音 o 与 a 的对应在词中有一定出现率。另外，该对应前面出现的是舌面音 k、g、h 和舌尖音 r 或舌面音等辅音。其中，辅音 r 的出现率最高。而且，在 o 与 a 对应后面使用的是舌尖音 r、l、n 及双唇音 m 或舌面音 ŋ 等辅音，同样是 r 的使用率最高。由此来看，在 o 与 a 的对应前后出现最多的是舌尖音 r，其他辅音的出现率很低。

（5）阿依努语和通古斯语短元音 o 与 ө 的对应

阿依努语专家认为，该语言的元音里没有 ө 这个元音音素。而且，与通古斯语短元音 ө 发生对应关系的短元音 o 也不多。然而，却可出现于词的各个部位。例如：

阿依努语	通古斯语	词义
homarajki	өмөрөŋ	庇护
kuttom	hөөмөttө	喉咙
ekiroro'an	dөhilөrөŋ	高兴

以上出现的短元音 o 与 ө 之对应，虽然在词的不同位置均可出现，但在词中出现的实例比在词的其他部位的多一些。在 o 与 ө 的对应前出现的一般是舌尖音 r、l、t 和舌面音 h 等辅音。然而，在 o 与 ө 对应后面，双唇音 m 和舌尖音 r 等辅音出现得多一些。也就是说，在阿依努语和通古斯语短元音 o 与 ө 对应实例前后出现较多的是 m、r、t 等辅音。

（6）阿依努语短元音 o 与通古斯语短元音 ʉ 的对应

这两种语言的短元音对应中，也有阿依努语短元音 o 与通古斯语短元音 ʉ

之间产生的对应现象。不过，同样出现的不多。并且，基本上出现于词首音节或词中音节的舌面音 h、g、k 等辅音后。例如：

阿依努语	通古斯语	词义
horkew	gurkə	狼
okkajo	hʊkkəhəŋ	男孩
ukopoje	hʊkkʊbʊ	搅动

比较而言，上述对应在词首音节出现的较多，但在词尾和词首出现得很少。同时，几乎都在舌面音 h、g、k 和双唇音 p、b 等辅音后面出现。但在该对应后面出现的基本上是舌尖音 r 和舌面音 k、j 及双唇音 p、b 等辅音。其中，辅音 k、r 的出现率要高一些。这就是说，在 o 与 o 对应现象前后出现最多的是辅音 k。

（7）阿依努语短元音 o 与通古斯语短元音 u 的对应

这一对应实例出现得也不多，主要出现于词首或词首音节或词尾。再者，几乎都在舌面音 k、h、j 和舌尖音 t、d 后面出现。例如：

阿依努语	通古斯语	词义
koro	hula	占用
joruj	uru	积累
atʃhato	atʃtʃadu	对过

此项对应现象，在词首音节出现的比词的其他部位要多一些。而且，位于阿依努语短元音 o 与通古斯语短元音 u 之前的辅音一般是舌尖音 k、h、j、t、d 等。位于该对应后面的辅音基本上是舌尖音 r 和 l，其中 r 的出现率居多。

总的来说，阿依努语短元音 o 与通古斯语短元音 o、ə、i、a、ɵ、ʉ、u 之间发生的对应关系比较复杂，且有一定内部规律。根据以上分析和讨论，应该总结出以下几点。一是，出现最多的是 o 与 o 的对应，而且 o 与 o 的对应数量远远超出了其他对应实例。其次是 o 与 ə、i、a 之间产生的对应现象，再者是 o 与 ɵ、ʉ、u 间产生的对应。二是，以上对应现象前出现的一般是舌面音 k、g、h、ŋ、j 和舌尖音 t、d、n、r、s、l 及双唇音 m、p、b 等辅音。其中，出现率最高的是辅音 k，其次是 h、r、t 等辅音，再次是 h、m、p 等辅音的出现率，像 g、h、b 及 d、l、ŋ、j 的出现率都比较低。三是，以上对应现象后面出现的基本上是舌尖音 n、r、s 和舌面音 g、k、h、ŋ、j 及双唇音 m、p 或舌叶音 tʃ 等辅音。其中，出现最多的是辅音 r、n、m，其次是 k、g、j、ŋ 等辅音，再次是辅音 p、h 的出现率，辅音 h、l、tʃ、s 等的出现率很低。也就是说，以阿依努语短元音 o 为核心的对应现象，在词首音节和词中的 k、r、m 等辅音前后出现得最多。

5. 阿依努语短元音 u 与通古斯语短元音 ʉ、u、ɵ、o、a、ə、i 间的对应规律

我们在分析搜集到的资料时发现，阿依努语短元音 u 与通古斯语短元音间出现的对应现象同样相当复杂，其出现率也很高。其中，出现最多的是短元音 u 与 u、ʉ 之间产生的对应现象，其次短元音 u 与 o 的对应实例也出现不少。相比之下，短元音 u 与 ɵ、a、ə、i 之间的对应出现率较低。再者，这些对应可以出现于词的不同位置。

（1）阿依努语和通古斯语短元音 u 与 u 的对应

资料显示，这两个语言中出现的短元音 u 与 u 对应现象数量大、涉及面广，且有较强的复杂性。再者，主要出现于舌尖音、双唇音、舌面音等辅音的后面。另外，该对应现象可以出现于词的不同部位。

①在词首音节或词首、词中、词尾，舌尖音 t、n、s、r 和舌面音 k 及双唇音 m 等后面，阿依努语和通古斯语短元音 u 与 u 发生对应关系。例如：

阿依努语	通古斯语	词义
tuhse	tugtʃa-	跳
tuje	ugi	切割

nunpe	numpa	糊涂、黏糊
surata	sulala	放开
kasuh	masu	木勺
joruj	uru	积累
matunki	matuŋka	菜果木盘

上述对应在词首音节出现率最高，其次在词尾音节及词尾出现的实例也不少，但在词中出现的实例较少。另外，这些对应在舌尖音 t 和 s 后面的出现率要高于 n 和 r 后面的。同时，在 u 与 u 对应后面直接相连的是舌面音 j、g、ŋ 和舌尖音 n、r、l 及双唇音 m 等辅音。其中，h、g、j 出现的较多。

②在词首或词首音节出现的阿依努语和通古斯语短元音 u 与 u 的对应现象。例如：

阿依努语	通古斯语	词义
huttʃi	uttʃi	祖先
utar	ular	人们

这两个对应实例中，阿依努语的短元音 u 位于词首或词首舌面音 h 后面，而通古斯语的短元音 u 则出现于词首。同时，在具有对应功能的短元音 u 与 u 后面出现的是舌尖音 t 和 l 两个辅音。

③在词首音节或在词中和词尾，双唇音 m 的后面，同样出现阿依努语和通古斯语短元音 u 与 u 的对应现象。例如：

阿依努语	通古斯语	词义
amun	amu	粮食
kimunajna	himunagsa	鬼神
muntara	mundaraŋ	割草

以上对应虽然在词首音节、词中、词尾均可出现，但在词首音节和词的第二音节出现的较多。并且，均位于舌尖音 n 的前面。也就是说，该项对应主要出现于鼻辅音 m 和 n 的中间。

④在词首音节或词尾音节，舌面音 k 与 h 后面，阿依努语和通古斯语的短元音 u 与 u 之间发生对应关系。例如：

阿依努语	通古斯语	词义
huhkara	huhhara	深绿色
kuwa	huwaraŋ＞huaran	坟墓
ahun	ahuŋ	太阳

该对应实例在词首音节的出现率高于词的第二音节，在词中很少出现。此外，上例中的通古斯语短元音 u 均位于舌后音 h 的后面，阿依努语短元音 u 则位于舌面音 h 和 k 的后面。再者，在短元音 u 与 u 后面出现的都是舌面音 h、ŋ 和双唇音 w 及舌尖音 n 等辅音。

总之，这两个语言的短元音 u 与 u 之对应有以下几个方面的特征：①首先在词首音节出现的最多，其次是位于词尾音节的出现率，在词中音节及词首或词尾也出现，但出现率远远低于词首音节；②主要出现于双唇音 m 和舌尖音 t、s、n、r 及舌面音 k、h 等辅音后面，其中在辅音 m、t、s 后面出现得最多，其次是在 h、n、r 等辅音后面的出现率，但是在辅音 k 后面出现的例子最少；③在短元音 u 与 u 的对应后面使用的辅音基本上是舌尖音 n、t、r 和舌面音 g、h、ŋ、j 以及双唇 w、m 等。其中，n 后的出现频率最高，其次在 t 和 h 后出现的实例也不少，但是在 g、ŋ、j、w、r、l、m、h 等辅音之前出现得非常少。简而言之，阿依努语和通古斯语短元音 u 与 u 的对应现象，绝大多数情况下出现于辅音 n、t、h、m 的前后。

（2）阿依努语短元音 u 与通古斯语短元音 ʉ 的对应

由于阿依努语里没有 ʉ 这个元音音位，所以阿依努语短元音 u 与通古斯语短元音 ʉ 之间产生对应的现象也比较丰富，其数量也有不少，但同样均有一定的内部对应规律，并且，在词首、词中或词尾均可出现。

① 在词首音节或词尾音节的舌面音 k、g、h 后面，阿依努语和通古斯语短元音 u 与 ʉ 间产生对应现象。例如：

阿依努语	通古斯语	词义
hoku	həkkʉ	男的
mukkur	ʉʉggʉr	自制口琴
kumkutiki	huŋgʉtirən	轰鸣
ukuu	ʉʉgʉ	吹
upun	ʉʉgʉŋ	大风
ukopoje	hʉkkʉbʉgʉŋ	搅动

从以上对应实例看出，位于词尾音节或词尾的对应比在词首音节或词中音节出现的要多，同时词中出现的对应例子比在词首音节的也要多。而且，这些对应主要在舌面音 k、g、h 后面出现，尤其在 k 后面的出现率相当高。在有对应关系的短元音 u 和 ʉ 后面出现的辅音一般为舌尖音 r、t、n 和舌面音 ŋ 及双唇音 m 等。其中，辅音 r 的出现率最高，其次是辅音 t 和 ŋ 的出现率，m、n 辅音的出现率比较低。

② 在词首舌尖音 d 和双唇音 m 后面，同样可以见到阿依努语和通古斯语短元音 u 与 ʉ 的对应现象。例如：

阿依努语	通古斯语	词义
ure	dʉre	脚后跟
urenkare	mʉrenkərəŋ	并列、排列
muje	ʉji	系上

上例对应，在词首音节产生的要比位于词首的多，同时位于双唇音 m 后面的也比在舌尖音 d 后面出现的实例要多。另外，位于短元音 n 后面的几乎都是舌尖音 r 和舌面音 j，其中 r 的出现率高于 j。

③我们的资料还表明，阿依努语短元音 u 与通古斯语短元音 ʉ 的对应现象，有时也出现于词首音节双唇音 m、p 的后面。例如：

阿依努语	通古斯语	词义
munin	mʉnʉn	发霉的
putke	pʉkte	膨胀

根据现有的资料来看，在双唇音 m 或 p 后面产生的 u 与 ʉ 的对应现象不太多。同时，基本上位于词首音节。另外，在短元音 u 与 ʉ 的后面直接相连的辅音几乎都是舌尖音 n、t 或舌面音 k 等。

总之，从上面谈论的 u 与 ʉ 的对应系列，我们可以掌握如下几条规律。①u 与 ʉ 的对应现象主要在词首音节和词尾音节出现，在词中、词尾或词首出现的不太多，尤其是在词首部位的出现率很低。②在 u 与 ʉ 的对应实例中，前置辅音舌面音 k 的出现率最高，像舌面音 g、h 和双唇音 m、p 等也有一定的出现率，不过此种语音环境在舌尖音 d 的使用率最低。③有对应关系的短元音 u 与 ʉ 后面直接相连的辅音一般都是舌尖音 r、t、n 和舌面音 ŋ、k、j 及双唇音 m 等。其中，辅音 r 的出现率最高，t 和 n 虽然也有一定出现率，但与 r 相比要少得多。比较而言，像辅音 ŋ、j、k、m 等，在短元音 u 与 ʉ 对应中，直接产生关系的现象比较少见。总而言之，短元音 u 与 ʉ 的对应现象，主要出现于辅音 k、g、h 后面，以及辅音 r 的前面。

（3）阿依努语短元音 u 与通古斯语短元音 o 的对应

依据资料，阿依努语短元音 u 与通古斯语短元音 o 之间产生对应的现象也有不少。并且，主要在词首或词尾音节出现，多数实例出现于舌尖音或舌面音等辅音的前面或后面。

①在词首的舌尖音 t 及词中出现的舌尖音 n 等后面，阿依努语和通古斯语短元音 u 与 o 产生对应关系。例如：

阿依努语	通古斯语	词义
tuhse	tokko-~tukka-	猛扑
tusare	toslaraŋ	帮
raanuh	ʥoonoŋ	思念

相比之下，上述对应在词首音节比词的第二音节出现的实例要多，在词首或词尾很少见到该对应现象。而且，在 t 后面多于 n 后面出现的例子。此外，产生对应关系的短元音 u 与 o 后面出现的一般是舌面音 h、k、ŋ 及舌尖音 s 等辅音。

②舌面音或有关舌尖音后面出现的对应关系。例如：

阿依努语	通古斯语	词义
kututur	hotgor	凹地
kunne	honno	黑的
hotku	hotgo	弯腰
opekus	soppogoŋ	漏

这些对应主要位于词首音节和词尾音节，而且，阿依努语短元音u均出现在舌面音 k 后，只有个别位于舌尖音 t 之后。通古斯语的短元音 o 都出现在舌面音 g 及舌面音 h 后面。同时，在u与o的对应后面出现的一般是舌尖音 t、r、n、s 及舌面音 ŋ，其中舌尖音的出现率较高。

总之，阿依努语短元音 u 与通古斯语短元音 o 的对应，绝大多数情况下出现于词首音节或词尾音节，有时也出现与词尾，但不大多见，且位于 u 与 o 对应前的几乎都是舌尖音 t、n 和舌面音 k、g、h 等辅音。其中，辅音 t、k、g 的出现率较高。位于 u 与 o 对应之后的辅音基本上是舌面音 h、k、ŋ 及舌尖音 n、t、s、r 等，其中，辅音 s、r、n、h、ŋ 的出现率较高。换而言之，该对应系列，主要出现于舌尖音或舌面音的前后。

（4）阿依努语短元音 u 与通古斯语短元音 a 的对应

可以说，在短元音 u 系列的对应中，阿依努语短元音 u 与通古斯语短元音 a 之间产生对应现象的不算太多。并且，多数发生在舌尖音、舌面音、双唇音等的后面。

①在词首音节或词尾音节的舌尖音 t、d、r 的后面，这两个语言的短元音 u 与 a 之间发生对应关系。例如：

阿依努语	通古斯语	词义
tumama	darama	腰
antus	hantas	衣服、上衣
ʃikkiruru	ʃikkiʃiraŋ	凝视

上例对应在 t 后面出现的最多，其次是 r 后面的出现率，但在 d 后面出现得很少。再者，在 u 与 a 对应后面出现的辅音基本是舌尖音 s、r 或双唇音 m 及舌面音 ŋ 等。另外，上述对应虽然在词首音节和词尾音节出现，但在词尾音节的出现率要高于词首音节。在这里，还有必要说明的是，通古斯语的 hantas＜hantasuŋ 一般指"上衣"，不过也有用于"衣服"之概念的现象。

②在词尾或词中音节，双唇音 p、w 和舌面音 k、g 或在舌尖音 n 及双唇音 m 等后面，这两个语言的短元音 u 与 a 之间产生对应现象。例如：

阿依努语	通古斯语	词义
tapu	ʤawa	抓
iperekut	bilagatta＜bilagakta	食道
ajnukoro	ajamaharaŋ	讨好

短元音 u 与 a 的对应现象出现于词中的实例多一些。同时，在 u 与 a 对应后面直接相连的辅音基本上是舌面音 k、h 及舌尖音 t 等。

总之，阿依努语和通古斯语短元音 u 与 a 的对应现象，在词尾音节或词尾出现的居多，其次是词中出现的实例，相比之下词首音节的出现率较低。而且，短元音 u 与 a 的对应前出现的辅音是舌尖音 t、r、d、n 及舌面音 g、k 和双唇音 m、w、p 等。其中，t 和 r 比其他辅音的出现率要高。另外，在短元音 u 与 a 的对应后面直接相连的辅音一般是舌尖音 s、t、r 和舌面音 k、h、ŋ 及双唇音 m 等。其中，s 和 t 出现的较多。也就是说，在短元音 u 与 a 之对应前后出现率较高的就 t、s、r 等辅音。

（5）阿依努语短元音 u 与通古斯语短元音 ə 的对应

在词首音节或词首及词尾，舌尖音 t、d、n 及舌面音 j 等后面，这两种语言里也出现短元音 u 与 ə 间的对应现象。例如：

阿依努语	通古斯语	词义
jum	təŋkə	力气
ijetu	ildə	癣、疖子
unu	əniŋ	母亲

可以看出，阿依努语和通古斯语短元音 u 与 ə 的对应，在词首音节比在词尾或词首出现的实例要多，且在 u 与 ə 的对应后使用的都是辅音 t 和 d。

其中，t 的出现率多于 d。另外，在 u 与 ə 的对应后面直接相连的辅音都是鼻辅音 m、n、ŋ。

（6）阿依努语短元音 u 与通古斯语短元音 i 的对应

根据资料，阿依努语短元音 u 与通古斯语短元音 i 之间产生的对应现象不多。不过，可以出现于词的任何部位。而且，主要位于舌尖音 n、s 和舌叶音 ʃ 等辅音后面。例如：

阿依努语	通古斯语	词义
unu	əniŋ	母亲
numnum	imoraŋ	喝
ʃikkiruru	ʃikkiʃiraŋ	凝视

可以看出，短元音 u 与 i 的对应实例，在词首、词中、词尾均可出现。同时，在短元音 u 与 i 的对应前出现的辅音都是舌尖音 n、r 和舌叶音 ʃ，其中 n 的出现率较高。在 u 与 i 对应后面使用的也基本上是舌尖音 r 和双唇音 m 及舌面音 ŋ 等辅音。不过，短元音 u 与 i 之对应也如同 u 与 ə 的对应出现的不多。

（7）阿依努语短元音 u 与通古斯语短元音 ɵ、e 的对应

我们掌握的资料显示，阿依努语短元音 u 还可以与通古斯语短元音 ɵ 和 e 之间产生对应关系。并且，主要位于词首音节或词尾音节及词中的舌尖音 n、t、s 和舌面音 h 等后面。例如：

阿依努语	通古斯语	词义
hup	hɵwə	肿
kojsun	hɵɵsəŋ	泡沫
nuje	nero	画、写
kututur	hotgor	凹地

以上在短元音 u 与 o、e 间产生的对应现象中，u 与 o 比 u 与 e 间的对应

出现得要多。而且，这些对应在词首音节、词尾音节和词中音节均可出现。比较而言，在词首音节出现得稍多一些。另外，在这些有对应关系的辅音前出现的多为舌尖音 n、t、s 和舌面音 h 等。其中，舌尖音的出现率要高于其他辅音。这些对应现象的后面出现的基本上是舌尖音 n、t、r 和舌面音 ŋ、g、j 及双唇音 p、w 等辅音。

总起来讲，与阿依努语短元音 u 建立对应关系的通古斯语短元音有 ʉ、u、o、a、ə、i、o、e 等。根据其对应现象规律来看有以下几种特点。①短元音 u 与 u 的对应现象出现率最高，其次是短元音 u 与 ʉ 的对应实例，再就是短元音 u 与 ə 及 u 与 i 的对应现象，出现率最低的是 u 与 o、u 及 e 间产生的对应。②在这些对应前面出现的辅音基本上是舌面音 k、g、h、j 及舌尖音 t、d、n、r、s 或双唇音 m、p、w 等。其中出现最多的是辅音 t、k，其次是辅音 m、n、h、g，再次是辅音 s、r、d、h、p 等的使用率。然而，像辅音 w 和 s 的出现率最低。③在有对应关系的短元音后面直接出现的辅音有舌尖音 r、t、n、l、s 和舌面音 g、k、h、ŋ 及双唇音 w、p 等。其中，出现最多的是辅音 r，其次是辅音 n，再次是辅音 t、ŋ、m，最后是 s、h、j、w、k、g、p 等辅音，辅音 p 的出现率最低。可以说，在以阿依努语短元音 u 为中心的对应现象的前后出现最多的是 t、n、r 等辅音。另外，像辅音 m、k、h、g、s 也保持有一定出现率。

（二）长元音对应现象

除了前面讨论的阿依努语短元音 a、e、i、o、u 与通古斯语的短元音产生对应现象之外，在阿依努语和通古斯语的元音对应系统中，也有长元音同短元音间发生的对应关系，以及长元音与长元音间出现的对应现象等。其中，出现较多的是阿依努语短元音与通古斯语长元音之间产生的对应现象。当然，也有极少数的阿依努语长元音与通古斯语短元音发生对应关系的实例，以及阿依努语和通古斯语短元音之间出现对应关系的特殊例子等。也就是说，对于这两个语言的长元音对应现象的讨论，要涉及长元音同短元音间的对应现象，以及长元音和长元音间出现的对应现象等内容。毫无疑问，长元音的对应现象，同样有它们自成体系的内部规律。比如说，这些对应现象几乎均出现于词首或词首音节的特殊原理。

1. 阿依努语短元音与通古斯语长元音间的对应规律

我们掌握的阿依努语和通古斯语元音对应资料中，有阿依努语短元音 i、u、a、o 与通古斯语长元音 ii、ʉʉ、өө、uu、oo、aa 之间产生对应的现象。而且，这些短元音和长元音间的对应现象，一般出现在词首音节或词首部位，在词中或词尾基本上不出现。另外，几乎都出现在舌尖音、舌面音及舌叶音等的前后。

（1）阿依努语短元音 i 与通古斯语长元音 ii 的对应

在所有短元音与长元音的对应现象里，阿依努语短元音 i 与通古斯语长元音 ii 之间发生的对应关系出现率最高。同时，可以出现于词的不同部位。并且，主要位于词首或词首音节的舌叶音 ʧ、ʃ 和舌尖音 s 及舌面音 k 等辅音的后面。例如：

阿依努语	通古斯语	词义
ijetu	iildə	癣、疖子
irijaʧi	iiriktə	蚂蚁
ʧikap	ʃiikkaŋ	小鸟
ʃimsiskar	ʃiimʃig-	干咳
kite	iigtə	齿儿

词首或词首音节出现的这些对应现象中，阿依努语短元音 i 前出现辅音比较复杂，其中有舌叶音 ʧ、ʃ 及舌面音 k 等。然而，在通古斯语长元音 ii 前出现的只有舌叶音 ʃ。与此同时，短元音 i 与长元音 ii 的对应，一般用于舌面音 k、g、j 和舌尖音 r、l 及双唇音 m 之前。其中，在 k、g 前出现的较多。如上所述，在阿依努语短元音与通古斯语长元音间产生的对应实例里，短元音 i 与长元音 ii 的对应有较高的出现率。而且，其对应均位于词首或词首音节，且多数实例出现于舌叶音、舌尖音和舌面音前后，只有个别实例出现于双唇音前面。

（2）阿依努语短元音 u 与通古斯语长元音 ʉʉ的对应

在短元音与长元音的对应中，阿依努语短元音与通古斯语长元音的对应现象显示出一定的复杂性和多样性。其具体表现是，阿依努语短元音 u 可以跟通古斯语的 uu、oo、ʉʉ、өө 等长元音发生对应关系。不过，这些复杂多变的对应现象均出现于词首或词首音节，以及舌叶音、舌面音、舌尖音和个别词的双唇音前后。

①在词首或词首音节的双唇音 m 和舌面音 h 后面，阿依努语短元音 u 与通古斯语长元音 ʉʉ之间产生对应关系。例如：

阿依努语	通古斯语	词义
mukkur	ʉʉgʉgur	自制口琴
hussa'omante	ʉʉtʃʃimətrəŋ	操心
upun	ʉʉgʉŋ	大风

上例中的短元音 u 与长元音 ʉʉ 的对应现象里，通古斯语长元音 ʉʉ 均无一例外地出现于词首，而阿依努语短元音 u 则位于词首或词首辅音 m 和 h 的后面。与此同时，短元音 u 与长元音 ʉʉ 的对应基本上出现在舌面音 g、k 和双唇音 p 及舌尖音 s 或舌叶音 tʃ 等辅音之前。而且，u 与 ʉʉ 的对应也有一定出现率。

②阿依努语短元音 u 与通古斯语长元音 uu、oo、өө的对应。

在词首或词首音节的舌面音 k、h 及舌尖音 t 后面，阿依努语短元音 u 与通古斯语长元音 uu、oo、өө 之间产生对应关系。例如：

阿依努语	通古斯语	词义
usaraje	uusalaraŋ	分
kuttom	hөөmettө	喉咙
tur	toorol	尘埃

可以看出，在短元音 u 与长元音 uu、oo、ɵɵ 间的对应现象中，阿依努语的短元音 u 出现于词首或词首的舌尖音 t 及舌面音 k 的后面，而通古斯语的长元音 uu 却位于词首，长元音 oo 和 ɵɵ 则分别用于词首的舌面音 h 及舌尖音 t 的后面。另外，上述对应现象都出现在舌尖音 s 和 r 及双唇音 m 之前。

总之，阿依努语短元音 u 与通古斯语长元音 ʉʉ、uu、oo、ɵɵ 间的对应现象比较复杂。其中，短元音 u 与长元音 uu 的对应出现率较高，而短元音 u 与长元音 uu、oo、ɵɵ 的对应出现率较低。同时，它们出现于词首或词首音节的舌叶音 k、h 和舌尖音 t 后面，以及位于舌面音 g、k 和双唇音 p、m 及舌尖音 s、r 或舌叶音 tʃ 等辅音的前面。

（3）阿依努语短元音 a 与通古斯语长元音 aa、ʉʉ 的对应

资料显示，在短元音与长元音的对应现象里，也有阿依努语短元音 a 与通古斯语长元音 aa 或 ʉʉ 之间产生对应的情况。而且，与此相关的对应基本上出现在单音节词前面。例如：

阿依努语	通古斯语	词义
am	aam	睡
jan	jʉʉ	上

这两个语言里出现的短元音 a 与长元音 aa 及 ʉʉ 的对应现象，基本上出现于词首或词首音节的舌面前音 j 后面。同时，a 与 aa、ʉʉ 对应位于双唇音或舌尖音 ʉ 的前面，以及双唇音 m 或舌尖音 n 等辅音的前面。不过，无论是短元音 a 与长元音 aa 的对应还是短元音 a 与长元音 ʉʉ 之间产生的对应都出现的比较少。

（4）阿依努语短元音 o 与通古斯语长元音 oo、ɵɵ 的对应

这两种语言里出现的短元音 o 和长元音 oo 或 ɵɵ 的对应现象同样位于词首或词首音节。例如：

阿依努语	通古斯语	词义
kojsun	hɵɵsəŋ	泡沫
oʃinkara	ooʃiŋkanaɲ	送

阿依努语短元音 o 与通古斯语长元音 oo 或 ɵɵ 之间出现的对应实例中，阿依努语短元音 o 除了在词首出现之外，还出现于词首的舌面音 k 后面。然而，通古斯语的长元音 oo 则出现于词首，长元音 ɵɵ 却位于词首舌面音 h 的后面。另外，在短元音 o 与长元音 oo、ɵɵ 的对应后面使用的是舌尖音 s 和舌叶音 ʃ 及舌面前音 j 等辅音。再者，像短元音 o 与长元音 oo 的对应、短元音 o 与长元音 ɵɵ 的对应等都属于出现率很低的语音对应现象。

2. 阿依努语长元音与通古斯语短元音的对应规律

与前面分析讨论的情况不同，在长元音对应系列里也有阿依努语长元音 oo 或 uu 与通古斯语短元音 o 与 ʉ 之间产生对应的个别实例。而且，一般出现在词尾或词首音节舌面音 h、g 后面。例如：

阿依努语	通古斯语	词义
hoone	goni	松散、不紧
ukuu	ʉʉgʉ	吹

上例中，阿依努语长元音 oo 和 uu 与通古斯语短元音 o 和 ʉ 间产生了对应现象。其中，长元音 oo 与短元音 o 的对应是位于词首舌面音 h、g 的后面，而长元音 uu 与短元音 ʉ 的对应则位于词中舌面音 k、g 的后面。可以说，像阿依努语长元音与通古斯语短元音之间产生的对应现象，在整个元音对应范畴里都出现的极少。

3. 阿依努语长元音与通古斯语长元音的对应规律

分析表明，在阿依努语和通古斯语里，长元音之间的对应现象出现率很低，产生对应的结构类型也比较简单，主要有阿依努语长元音 uu 与通古斯语长元音 ʉʉ 之间产生的对应实例。例如：

阿依努语	通古斯语	词义
tuutuwehke	tuutge	鸽子
ruuʃis	nuuttu	头发
ruu	uu	融化

上面的例子多数出现于词首音节,只有个别实例以单音节词形式出现。再者,在其对应前出现的都是舌尖音 t、r、n,对应后出现的是舌尖音 t 和舌叶音 ʃ。这就说明,该项对应所处的语音环境和条件,都是由舌尖音构成的。比较而言,阿依努语长元音 uu 与通古斯语长元音 uu 间的对应现象有一定出现率。另外,在个别词里,还出现长元音 aa 与 aa 之间的对应现象。比如说,"还"一词,阿依努语叫 naa,通古斯语则说 naaŋ,但类似对应的出现率很低。

总而言之,在短元音与长元音以及长元音与长元音间产生的对应现象,都比短元音与短元音间的对应少得多。然而,通过上述讨论,我们可以看出阿依努语短元音与通古斯语短元音之间产生对应所占有的重要位置、所发挥的极其重要的作用。也就是说,这两种语言的语音对应,以短元音对应现象为主,以长元音对应为辅。在长元音与短元音的对应,包括长元音与长元音间的对应里,出现率最高的是阿依努语短元音与通古斯语长元音之间的对应现象,然后是属于阿依努语长元音与通古斯语长元音之间的对应实例,最后是阿依努语长元音与通古斯语短元音间的对应。所有这些对应,主要出现在词首音节或词首,其中在词首音节出现的居多。也有个别词里出现于词中的对应现象,但位于词尾或词尾音节的对应很少出现。此外,在短元音与长元音或在长元音间对应前出现的一般是舌尖音 t、r、n 和舌面音 k、g、h、j 及舌叶音 tʃ、ʃ 或双唇音 m 等辅音。其中,出现率最高的是辅音 t,像 k、g、h、j、h、tʃ、ʃ、m、n、r 等辅音的出现率都很低。相比之下,辅音 h、n 要比辅音 k、j、h、tʃ、ʃ、m、r、g 的出现率稍微高一点。另外,与上述对应直接相连的辅音基本上是舌面音 g、k、ŋ、j 和舌尖音 s、t、n、l 及其双唇音 m、p、w 或舌叶音 tʃ、ʃ 等,其中出现率最高的是辅音 s，其次是辅音 g、k、m 等，再次是辅音 t、n、j，最后是属于 p、w、tʃ、ʃ、l、w、ŋ 等辅音。进行进一步阐述的话，在短元音与长元音间，以及长元音与长元音间产生对应时，在有对应关系的短元音或长元音前后出现较多的是 t、s、n、k、g 等辅音。

4. 零元音与短元音间产生对应的规律

我们在这里所说的零元音与短元音间的对应，主要是指阿依努语零元音与通古斯语短元音之间产生的对应，以及通古斯语零元音与阿依努语短元音之间产生对应的现象。与前面说过的短元音与长元音间的对应，以及长元音之间产生的对应实例相比，零元音与短元音间的对应出现的不太多。而且，可以出现于词的不同位置。

（1）阿依努语短元音 i 与通古斯语零元音的对应

在词首或词中，双唇音 b 和舌面音 k、g、ŋ 后面，阿依努语短元音 i 与通古斯语零元音间出现对应现象。例如：

阿依努语	通古斯语	词义
iperekut	bilagatta＜bilagakta	食道
kite	iigtə	齿儿
tokihi	toŋki	点

上述对应基本上出现于词首或词首音节及词中，但是词首音节和词中的出现率高于词首。再者，该对应现象前出现的是 k、g、ŋ 等辅音，在其后面出现的是双唇音 p、b 及舌尖音 t 和舌面音 k、h 等辅音。比较而言，短元音 i 与零元音的对应在词中的舌面音和舌尖音之间出现的概率要高一些。另外，通古斯语里的 iigtə"齿儿"和 bilagatta"食道"等词，已演化为 iittə 和 bilagagta 或 bilagattə 等。

（2）阿依努语短元音 o 与通古斯语零元音的对应

在词中或词尾，双唇音 m、p 和舌尖音 r 后面，在阿依努语短元音 o 为中心的对应实例里也有一些与通古斯语的零元音产生对应的现象，并且几乎都位于双唇音或舌尖音后面。例如：

阿依努语	通古斯语	词义
komomse	hompesuŋ	皱纹
oroke	orgi	涌、溢
hontaro	hondar	酒杯

短元音 o 与零元音间的对应出现于词中的实例高于在词尾的。并且，此项对应实例前出现的是辅音 m 或 r，对应实例后面出现的双唇音 m、p 和舌面音 k、g 等辅音。其中，辅音 r 的使用率高于其他辅音。不过，短元音 o 与零元音的对应现象出现的不多。

（3）阿依努语零元音与通古斯语短元音 i 的对应

在词中和词尾的双唇音 w、舌尖音 s、舌面音 ŋ 及舌叶音 ʃ 等辅音后面，阿依努语零元音与通古斯语短元音 i 间发生对应关系。例如：

阿依努语	通古斯语	词义
ʃiwnin	ʃiɲiriŋ	黄的
kes	həʃi	边、岸

可以看出，在上述对应实例后面出现的一般是舌尖音 n、r、s 及舌叶音 ʃ 等辅音。

（4）阿依努语零元音与通古斯语短元音 a 的对应

在词中舌面音 j 后面及在词尾舌尖音 t 的后面，阿依努语零元音与通古斯语短元音 a 间发生对应关系。例如：

阿依努语	通古斯语	词义
ajnukoro	ajamaharaŋ	讨好
iperekut	bilagatta＜bilagakta	食道

以上例子中的第一个对应现象出现于舌尖音 n 及双唇音 m 前面,第二个对应实例出现于词尾。另外,阿依努语零元音与通古斯语短元音 a 间的对应现象出现率很低。

(5)阿依努语零元音与通古斯语短元音 ə、ʉ、o 的对应

在词尾或词中的舌面音 k、舌尖音 n、s 后面,阿依努语零元音与通古斯语短元音 a 之间发生对应关系。例如:

阿依努语	通古斯语	词义
kim	immə	针
onkekara	ənʉhɡərən	患病
oskekor	sohoŋko	舀子、容器

上例中,阿依努语零元音与通古斯语短元音 ə、ʉ、o 之间发生了对应关系。而且,在这些对应现象前出现的是 k、n、s 等辅音,对应现象的后面出现的是舌面音 k、h 等辅音。这就是说,此项对应现象,基本上出现于辅音 k、h、n、s 的前后。

总而言之,这两个语言里存在零元音与短元音间的对应现象,且关系到阿依努语零元音与通古斯语短元音的对应,以及阿依努语短元音与通古斯语零元音的对应等内容。相比之下,阿依努语短元音与通古斯语零元音的对应结构类型不是很复杂,且有一定的较为清晰的内部对应规律。然而,阿依努语短元音与通古斯语零元音的对应结构类型十分复杂,所以其内部的对应规律也存在一定的复杂性和模糊性。①这些对应现象在词中出现的较多,其次是词尾的出现率,在词首比词中或词尾的出现率要低。②在这些对应现象的前后出现的辅音一般是舌尖音 n、r、t、s 和舌面音 k、h、j、ŋ 及舌叶音 ʃ 或双唇音 b、p、m、w 等。其中,辅音 t、r、k、h 有较高的使用率。除了上面讨论的实例之外,在某些词的词尾还出现阿依努语零元音与通古斯语长元音间产生对应的个

别现象。比如说，"祖先"一词在阿依努语里说 huttʃi，而通古斯语则叫 utaatʃi。显然，在其中出现阿依努语零元音与通古斯语长元音 aa 间的对应关系。当然，像这类对应现象出现的非常少。

概而言之，阿依努语和通古斯语元音对应系统中，主要有以上讨论的短元音与短元音的对应、短元音与长元音的对应、长元音与长元音的对应、短元音与零元音对应四种结构类型。第一，对应现象最为复杂且出现率最高的是短元音间产生的对应实例，占元音对应的 87%。第二是短元音与长元音间产生的对应，占元音对应的 7%。在短元音与长元音的对应类型中，绝大多数是指阿依努语短元音与通古斯语长元音间出现的对应现象。相反，通古斯语短元音与阿依努语长元音间产生的对应实例比较复杂，数量又少。第三是短元音与零元音之间产生的对应，该结构类型的对应现象占元音对应的 4%。第四是长元音与长元音之间产生的对应类型，只占元音对应的 2%。另外，我们还对词的不同部位出现的所有元音对应现象展开分析，结果发现这些对应现象，第一是在词首辅音后面发生的对应关系具有相当高的出现率，占总数的 40%；第二是词中产生的元音对应，占总数的 21%；第三是在词尾音节出现的元音对应，占总数的 17%；第四是词尾出现的对应现象，占总数的 14%；第五是词首产生的元音对应，占总数的 8%。另外，这些元音产生对应时，在其前面的辅音主要有舌尖音 t、d、n、l、r、s、舌面音 k、g、h、ŋ、j、双唇音 b、p、m、w、舌叶音 tʃ、ʃ、dʒ 等。其中，第一是辅音 k、m、t、r、h 的出现率最高，约占 52%；第二是辅音 n、s、g 的出现率，约占 24%；第三是辅音 tʃ、ʃ、j、d、p、w、h 等，占 20%；第四是辅音 b、n、dʒ 等，只占总出现率的 2%。尤其是辅音 ŋ 在整个元音对应系统中出现得很少。另外，在有对应关系的元音后面使用的辅音一般为舌尖音 r、t、d、n、s，舌面音 k、g、h、ŋ、j，双唇音 b、p、m、w，舌叶音 tʃ、ʃ 等。其中，辅音 r、n、k 的出现率都比较高，约占 54%；位居第二的是辅音 w、j、s、l、h、tʃ 等，约占 23%；位居第三的是辅音 m、t、g、ŋ 的出现率，约占 20%；位居第四的是辅音 s、b、d 等辅音，共占总出现率的 3%。

其实，在阿依努语和通古斯语之间出现的元音对应实例，远不止这里分析讨论的这些内容和形式，还有许多实例在此没有涉及。所以我们认为，在此方面要做的科研工作、要进行的学术研究和讨论的内容还有很多。对此，以后我们还可以进行更加全面系统、深入细致的科学探讨。

二　辅音对应系统

众所周知，语言的辅音结构系统十分复杂，而且往往要复杂于元音结构系统，日本阿依努语和通古斯语的辅音音素，要比元音音素多得多、复杂得多，甚至和辅音直接相关的语音变化现象、语音使用关系、音素组合原理等方面均显示出自身特有的复杂性。所有这些，对阿依努语和通古斯语辅音对应现象及其规律的比较研究带来诸多困难和问题。尽管如此，由于对该学术研究抱有的强烈兴趣、爱好、热情和执着追求，在近30年的时间里我们一直进行潜心研究，不断探索阿依努语和阿尔泰语系语言及其语音系统中存在的共有关系，其中就包括从不同语言角度、不同层面和不同程度开展的语音对比研究、语音比较研究、语音对应现象的比较研究等，其成果也包括阿依努语及鄂温克语语音关系研究的论文。不过，这些研究成果不像今天的该项研究那么全面和系统。也没有从通古斯语的角度，对阿依努语和通古斯语的辅音对应现象做过如此系统的比较研究。我们对于日本阿依努语进行研究时，充分感受到该语言辅音系统的复杂性。也就是说，阿依努语的元音音素只有 a、i、u、e、o 5个，而该语言的辅音音素却有 k、t、p、tʃ、s、h、ʃ、m、n、ŋ、r、j、w 及加上喉音有14个。其中，喉音的使用时也存在不确定因素，并没有明确而规范的说明和要求，结果有的阿依努语资料或著作中使用喉音，且使用的程度和范围不相一致，有的阿依努语资料或著作中没使用喉音。类似语音情况，给我们的语音对应现象的研究带来一定难度。再者，根据日本阿依努语专家的分析研究，阿依努语辅音系统里送气音 k、t、p、tʃ 与不送气音 g、d、b、dʒ 没有区别词义功能作用，所以将送气和不送气的舌面音均用 k、t、p、tʃ 来替代。其结果是，阿依努语的辅音系统中就没有了 g、d、b、dʒ 等音素。另外，通古斯语的辅音系统也是一个相当复杂的语音结构形式，尤其是通古斯语范畴内的语言及方言土语整体性进入濒危或严重濒危的今天，其语音系统变得更加复杂，甚至一些辅音音素变得十分模糊，进而一些辅音音素的使用变得不太规范。在这种情况下，这里所说的通古斯语辅音系统，主要是以至今保存较完整的鄂温克语辅音系统为主，兼顾了相关语言辅音音素的前提下产生的结果。那么，我们在这里使用的通古斯语辅音系统包括 b、p、m、w、d、t、n、l、r、s、dʒ、tʃ、ʃ、j、g、h、ŋ 17个音素。

在下面进行的阿依努语和通古斯语辅音对应现象的分析研究，主要涉及这两个语言的单辅音对应现象以及单辅音与零辅音对应现象的分析研究两个部分。其中，单辅音对应现象的分析研究部分由于涉及面广、涉及的内容复杂而数量庞大，因此占有的篇幅较大。相对而言，单辅音与零辅音对应现象要简单一些，没有像单辅音对应现象讨论那么复杂，所占篇幅也没有那么大。

（一）单辅音对应现象

这里所说的单辅音是和复辅音、双辅音、零辅音相对而言的概念。在这两个语言里均有复辅音，且复辅音的结构系统相当复杂，数量也有不少。另外，在这两个语言里，也有不同程度地使用 tt、kk、mm 等双辅音的情况。这些双辅音，在阿依努语和通古斯语内均有不同程度的使用率。不过，对于这些复辅音和双辅音的来源，或者说对于它们的形成原理，还没有十分清楚的结论性说法，有人说是因为两个辅音间的某一个元音弱化脱落而造成复辅音或双辅音现象。也有人认为，在原有的单辅音上面，根据某种发音变化需要，或者说语音自身的不同变异导致了新增辅音，结果出现复辅音或双辅音现象等。对于阿依努语和通古斯语中的复辅音和双辅音的产生原理，现在还没有彻底搞清楚。但是，主导性学术观点认为，这些语言中的复辅音或双辅音中的绝大多数是由于它们中间的某一短元音弱化脱落而形成的产物。严格意义上的单辅音对应现象讨论，不应该涉及复辅音或双辅音，应该针对单辅音间产生的错综复杂的对应现象展开。出于这一考虑，下面进行的单辅音对应现象分析，没有纳入复辅音或双辅音对应现象。另外，还需要进一步说明的是，下面的讨论中"单辅音"均用"辅音"做了取代。换句话说，在下面所说的"辅音"实际指的是在前面所说的"单辅音"。因为，分析辅音对应现象的范畴里，不涉及与单辅音相对而言的复辅音或双辅音间出现的对应实例,所以,讨论单辅音对应现象时,省去了"单辅音"之说,使用了"辅音"这一说法。在上面提到的"单辅音对应现象"之说是针对辅音对应现象研究的第二部分涉及的内容"零辅音对应现象"而言的。

1. 阿依努语辅音 p 与通古斯语辅音 p、b、w、g 间的对应规律

依据现已掌握的资料,阿依努语双唇音 p 可以与通古斯语的辅音 p、b、w、g、l 之间发生不同程度的对应关系。其中,阿依努语和通古斯语双唇音 p 与 b 间的对应出现得比较多,然后是 p 与 p 的对应,不过 p 与通古斯语的其他辅音间产生对应的实例比较少。另外,该系列的对应现象多数出现于词中,位于词首或词尾的实例不太多。

(1) 阿依努语和通古斯语双唇音 p 与 p 的对应

在词首或词尾音节,短元音 e、i、a、ə、u、o 之前,阿依努语和通古斯语双唇音 p 与 p 之间产生的对音现象。

①在词首或词尾音节,短元音 e、ə、i、a 之前,双唇音 p 与 p 间产生的对应现象。例如:

阿依努语	通古斯语	词义
peri	pəri	切割
pehkutu	pikaŋku	用草或树皮做的吹哨
nunpe	numpa	糊涂,黏糊

上例中阿依努语双唇音 p 均出现于短元音 e 的前面,而通古斯语的双唇音 p 则出现于短元音 ə、i、a 之前。另外,在词首出现的实例要多于在词尾音节的。

②在词首,短元音 u、o、i 之前,双唇音 p 与 p 间也可以产生对应关系。例如:

阿依努语	通古斯语	词义
putke	pukte	膨胀
potʃi~poki	pisa-	弄粉碎

从例①和例②可以看出，这两个语言双唇音 p 与 p 间的对应，主要出现于词首，在词尾音节出现的较少。另外，在具有对应现象的辅音 p 后面出现的一般是短元音 e、ə、i、u、a、o 等，其中 o、i、u 等短元音出现的多一些。

（2）阿依努语和通古斯语双唇音 p 与 b 的对应

在词的不同部位，短元音 a、o、u、ʉ、e、ə 及辅音 t、k 等的前面，阿依努语双唇音 p 与通古斯语双唇音 b 之间产生对应关系。而且，该对应现象有其一定的出现率。

①在词首，短元音 a、o、e、ə 的前面，双唇音 p 与 b 间产生对应关系。例如：

阿依努语	通古斯语	词义
patek	barig	大约
poj	bog	土地
pe	bəj	人
pa	ba	岁数

②在词的第二音节或词尾，短元音 i、e 的后面，双唇音 p 与 b 间产生对应关系。例如：

阿依努语	通古斯语	词义
ipe	jib-	吃
iperekut	bilagatta＜bilagakta	食道
tʃip	jeb	船

此项对应在词的第二音节的出现率高于词尾的,在短元音 i 后面出现的实例多于短元音 e 后面的。另外,该对应后面出现的是短元音 e 或 i。

③在词中,短元音 o、u、ʉ、i 的后面,双唇音 p 与 b 间产生对应关系。例如:

阿依努语	通古斯语	词义
ukopoje	hʉkkʉbʉ-	搅动
apo	tabi-	打
tapu	jabu-	抓

④在词首音节,短元音 a、ə、i、e 的后面,也有双唇音 p 与 b 之间产生对应的实例。例如:

阿依努语	通古斯语	词义
tʃepkoni	hibki-	肚子饿、肚子瘪
taptar	dəbkərə-	跳舞

有意思的是,在此项对应现象后面出现的都是舌面音 k 及舌尖音 t 等辅音,其中辅音 k 的出现率较高。

从例①至例④可以看出,阿依努语双唇音 p 与通古斯语双唇音 b 之间产生的对应现象,多数是位于词首、词首音节和词中,在词尾很少出现。而且,基本上出现于短元音 a、o、u、ʉ、e、ə 及辅音 t、k 等的前面,以及短元音 i、e、a、ə 的后面。

(3)阿依努语双唇音 p 与通古斯语双唇音 w 的对应

在词中和词尾,短元音 e、u、o、ɵ、ə 前后,双唇音 p 与 w 之间也会产生对应现象。但是,此项对应实例出现率比较低。例如:

阿依努语	通古斯语	词义
hepoki	əwəhi-	行礼
hup	həwə-	肿

（4）阿依努语双唇音 p 与通古斯语舌面音 g 及舌尖音 l 的对应

据资料显示，在以阿依努语双唇音 p 为核心出现的辅音对应现象里，还有阿依努语的辅音 p 与通古斯语的舌面音 g 及舌尖音 l 之间产生对应的例子。而且，一般出现于词的第二音节首或词首音节末的短元音 u、a 及长元音 ᴜᴜ 后面。例如：

阿依努语	通古斯语	词义
upun	ᴜᴜgᴜŋ	大风
apkas	algaʃi->aggaʃi-	步行

我们从前面的分析得知，阿依努语双唇音 p 与通古斯语辅音 p、b、w、g、l 间发生的对应关系中，出现率最高的是辅音 p 与 b 的对应，其次是辅音 p 和 p 的对应，像辅音 p 与 w 及 p 同 g、l 间的对应现象出现得不多。而且，在词首和词首音节及词中出现的居多。再者，在对应现象后面出现的一般是短元音 a、o、u、e、i、ᴜ、ə、ɵ 和辅音 k、t 等，同时位于对应现象前面的也都是短元音 i、e、a、ə、ɵ、u 和长元音 ᴜᴜ 及辅音 l 等。除此之外，在个别词里，阿依努语辅音 p 也有与通古斯语的舌尖音 n、舌面音 h 等之间产生对应现象。比如说，"到"，阿依努语称 sirepa，通古斯语则谓 ehena；"稍微"，阿依努语叫 ponno，通古斯语却说 hondo。这一系列的对象现象都出现的不多，也很不规范，而且在词的任何位置均可出现。

2. 阿依努语辅音 m 与通古斯语 m、n、ŋ 间的对应规律

从阿依努语和通古斯语的同源词中，可以看出阿依努语的辅音 m 与通古斯语的辅音 m、n 之间会产生语音对应现象。尤其是阿依努语的辅音 m 与通古斯语的辅音 m 之间的对应现象较为丰富，并且在词的任何位置都会出现。

(1) 阿依努语和通古斯语双唇音 m 与 m 的对应

在辅音对应现象中，阿依努语和通古斯语辅音 m 与 m 对应现象有相当高的出现率，且可位于词的不同部位。然而，基本上被使用于短元音 a、u、o、i 的前后，与其他短元音很少直接发生关系。

①在词首，短元音 a 的后面，双唇音 m 与 m 之间产生的对应现象。例如：

阿依努语	通古斯语	词义
maŋka	manga	厉害的
mana	manaŋ	雾
makan	masan	往上爬、登山
matunki	matuŋka	菜果木盘

②在词中，短元音 a 的后面，以及短元音 a、e、u、o、ə 之前，双唇音 m 与 m 之间产生的对应现象。例如：

阿依努语	通古斯语	词义
emakas	amaggu	北
tumama	darama	腰
homarajki	əmərərəŋ	庇护

③在词中或词尾，短元音 a 的后面，以及短元音 u、i 之前，双唇音 m 与 m 之间产生的对应现象。例如：

阿依努语	通古斯语	词义
amun	amu	谷物
koramisanka	galumiʃiran	小看
am	aam	睡

④在词首或词中，短元音 u 或辅音 n 的后面，以及短元音 u 之前，双唇音 m 与 m 之间产生的对应现象。例如：

阿依努语	通古斯语	词义
mun	amuŋ	垃圾、粪便
munin	mʉnʉ-	发霉的
muntara	mundaraŋ	割草
numnum	imo-	喝

⑤在词首或词中，短元音 o 或辅音 ŋ 的后面，以及短元音 o 之前，双唇音 m 与 m 之间产生的对应现象。例如：

阿依努语	通古斯语	词义
mokoro	mogoroŋ	困、受难
komo	homi-	弄弯曲
komomse	hompesuŋ	皱纹
tomon	tomiŋ	乳头
onmo	əmmə	母亲

⑥在词首、词中或词尾，短元音 i 后面，以及短元音 u、i 和舌叶音 ʃ 之前，双唇音 m 与 m 之间产生的对应现象。例如：

阿依努语	通古斯语	词义
kimunajna	himunagsa	鬼神
ʃimʃiskar	ʃimʃig-	干咳
kim	immə	针
miki	migi-	刀切

以上①至⑥的实例，充分显示出阿依努语和通古斯语的双唇音 m 与 m 之间产生的对应现象之丰富性和规律性。也就是说，以上对应实例，虽然均可出现于词的不同位置，但在词首和词中出现时居多，其次是词首音节的出现率，不过在词尾出现的不多。另外，在这些对应前后出现最多的是短元音 a，其次是短元音 o 和 u，短元音 i 在这些对应前后虽然也保持了一定的使用率，但是没有短元音 a、o、u 的出现率高。

（2）阿依努语双唇音 m 与通古斯语舌尖音 n 的对应

在词首和词中，短元音 o 的前后，阿依努语辅音 m 与通古斯语辅音 n 之间产生对应现象。例如：

阿依努语	通古斯语	词义
hontomta	hoddondo	中间
mosa	noho	接吻、吻

此项对应现象在这两个语言里出现的不多。而且，这些对应实例除了出现于短元音 o 前后之外，还有位于舌尖音 t、d 等辅音前面的情况。

（3）阿依努语双唇音 m 与通古斯语舌面音 ŋ 的对应

在词首音节末或词尾，短元音 u、ʉ、o 后面，以及舌面音 k、g 等辅音的前面，阿依努语辅音 m 与通古斯语辅音 ŋ 之间产生对应现象。例如：

阿依努语	通古斯语	词义
kumkutiki	huŋgutirəŋ	轰鸣
jum	təŋkə	力气

总之，阿依努语双唇音 m 与通古斯语的辅音 m、n、ŋ 的对应大都出现于短元音 a、o、ə、u、i 的前后。与此同时，该系列的对应现象中，辅音 m 与 m 的出现率最高、使用面最广，其次是辅音 m 和辅音 n、ŋ 之间的对应实例。除

了上面谈到的阿依努语辅音 m 与通古斯语辅音 m、n、ŋ 的对应现象以外，阿依努语辅音 m 在一些词里，也会见到和通古斯语辅音 r、t、k、p 等产生对应的例子。比如说，"腰""喉咙""握""皱纹"等词，在阿依努语里分别叫 tumama、kuttom、kimsa、komomse，而在通古斯语中则说 darama、hθθmθttə、himkala-、hompesuŋ 等。毫无疑问，这些词内就出现了辅音 m 与辅音 r、t、k、p 之间的对应现象。但是，这些对应的出现率很低。

3. 阿依努语辅音 w 与通古斯语 w、m、n、ŋ 间的对应规律

这两种语言里出现的辅音 w 与 w、m、n、ŋ 间建立的对应关系，其数量都不多，但均有一定的内在规律可循。毫无疑问，以上出现的对应，主要是指阿依努语双唇音 w 与通古斯语的相关辅音间产生的对应现象。其中，双唇音 w 与 w 间产生对应的实例相对要多一些，其他对应现象出现的都不多。并且，这一系列的对应一般出现在词中和词尾。

（1）阿依努语和通古斯语双唇音 w 与 w 的对应

在词中，短元音 a 或 ə 之前，阿依努语和通古斯语辅音 w 同 w 产生对应关系。例如：

阿依努语	通古斯语	词义
pewar	əwər	身体弱
kawawke	jawagraŋ	裂痕
iwanke	giwaŋga	健康的
kuwa	huwaraŋ＞huaran	坟墓

以上对应中阿依努语辅音 w 无一例外地位于短元音 a 之前，十分整齐。当然，通古斯语的辅音 w 也基本上处于短元音 a 的前面，只有个别实例的后面使用了短元音 ə。不过，在这些对应前面出现了 a、i、e、ə、u 等较为复杂的短元音系统。

（2）阿依努语双唇音 w 与通古斯语舌面音 g 的对应

在词中，短元音 e 或舌面音 k 和舌尖音 s 的前面，以及短元音 a、u 或舌面音 t 的后面，阿依努语辅音 w 与通古斯语辅音 g 产生对应关系。例如：

阿依努语	通古斯语	词义
tuutuwehke	tuutge	鸽子
kawawke	jawagraŋ	裂痕
okewe	hogiraŋ	赶出

综上所述，在阿依努语辅音 w 与通古斯语的以上辅音对应中，出现率最高的是 w 同 w 间产生的对音现象，其次是辅音 w 与 g 的对应实例。另外，在这些对应前出现的是短元音 a、i、e、ə、o、u 及舌尖音 t 等，同时在其后面出现的是短元音 a、ə、e、i 及舌尖音 r 等。此外，主要出现在词中或词尾音节，在词首不出现。

4. 阿依努语辅音 t 与通古斯语辅音 t、d、l、k 间的对应规律

资料显示，阿依努语舌尖音 t 与通古斯语的不同辅音间产生的对应现象较为丰富，对应关系也表现出一定的复杂性。也就是说，阿依努语辅音 t 与通古斯语辅音 t、d、l、k、g 之间均可产生对应关系。不过，其中最为丰富、数量最多、对应关系最为复杂多变的是阿依努语和通古斯语舌尖音 t 与 t 之间产生的对应实例，其次是属舌尖音 t 与 d 的对应现象。不过，像舌尖音 t 与 l 及舌面音 k 之间出现的对应都不多。

（1）阿依努语和通古斯语舌尖音 t 与 t 的对应

辅音 t 与 t 的对应，在以阿依努语辅音 t 为主的辅音对应现象中，占有十分重要的比重，进而达到相当高的出现率。而且，这些对应实例可以出现于词的不同部位。同时，与短元音 a、i、u、e、o 及相关辅音等直接产生接触关系。

①词首，短元音 u、o 及长元音 oo 的前面，舌尖音 t 与 t 产生的对应现象。例如：

阿依努语	通古斯语	词义
tusare	toslaraŋ	帮助
tuhse	tokko-~tukka-	猛扑
tur	toorol	尘埃
tuhsetuhse	tuksahila-~ tuktʃahila-	反复跳

以上词首对应实例中，阿依努语辅音 t 均出现在短元音 u 之前，而通古斯语辅音 t 则位于短元音 u、o 及长元音 oo 的前面。在这里，需要说明的是，通古斯语内对于"猛扑"和"反复跳"等词均有 tokko- 或 tukka-、tuksahila- 或 tuktʃahila- 两种说法。

②词首，短元音 a、o 的前面，舌尖音 t 与 t 产生的对应现象。例如：

阿依努语	通古斯语	词义
takar	tokkar	梦
takina	tahinan	祈祷
tokihi	toŋki	点
tomon	tomiŋ	乳头

在该项对应现象里，阿依努语和通古斯语辅音 t 虽然都出现于短元音 a、o 之前，但通古斯语实例出现于短元音 o 前的比较多。

③词中，短元音 u、o、a 及舌面音 g 的前面，舌尖音 t 与 t 产生的对应现象。例如：

阿依努语	通古斯语	词义
kututur	hotgor	凹地
antus	hantas	上衣
matunki	matuŋka	盛野菜器具

在这里，词中发生对应关系的阿依努语辅音 t 无一例外地出现于短元音 a 的前面，可是通古斯语辅音 t 却分别出现于短元音 u、a 及舌面音 g 的前面。与此同时，这些对应基本上出现于短元音 u、a、o 及舌尖音 n 的后面。

④词中，短元音 a、e、i、o、ə 的前面，舌尖音 t 与 t 产生的对应现象。例如：

阿依努语	通古斯语	词义
kotan	hotaŋ	市、村
itanki	taŋgur	碗
kite	iigtə	齿儿
nankante	nandabti	美丽的
kumkutiki	huŋgutirəŋ	轰鸣

可以看出，上述对应产生的语音环境相对复杂。也就是说，阿依努语辅音 t 出现于短元音 a、e、i、o 及舌尖音 n 的后面，而通古斯语的辅音 t 却位于短元音 a、ə、i、o、ʉ 及舌面音 g 和双唇音 b 的前面。

⑤词中，短元音 u、a 及舌面音 k 的前面，舌尖音 t 与 t 产生的对应现象。例如：

阿依努语	通古斯语	词义
huttʃi	utaatʃi＜utatʃi	祖先
iperekut	bilagatta＜bilagakta	食道
satke	hatga-	晒干

该项对应实例，主要在词首音节末或词尾出现，但前者出现得多一些。同时，基本上出现于短元音 a 或舌面音 k、g 后面。另外，对于上例中的"祖先""食道"两个词，通古斯语有 utaatʃi 和 utatʃi、bilagatta 和 bilagakta 等不同的两种说法。但一般认为，utatʃi 与 bilagatta 是 utaatʃi 和 bilagakta 的演化形式。

总之，阿依努语和通古斯语舌尖音 t 与 t 的对应现象，在词中或词首有较高的出现率，在词尾或词尾音节出现的不多，并且一般出现于短元音 a、i、u、e、o 和长元音 oo 或舌面音 k 的前面，以及短元音 u、o、a 和长元音 oo 或舌尖音 n、舌面音 k 或 g、双唇音 b 等的后面。

（2）阿依努语舌尖音 t 与通古斯语舌尖音 d 的对应

这两种语言中舌尖音 t 与 d 的对应也有一定出现率，且主要出现于词首、词首音节或词中，以及短元音 a、o、u、e 的前后。

①在词首，短元音 a、u、ə 的前面，舌尖音 t 与 d 产生的对应现象。例如：

阿依努语	通古斯语	词义
taptar	dəbkərə-	跳舞
tumama	darama	腰
terke	dəkkəri-	跳

以上对应现象中，出现于词首的阿依努语辅音 t 出现于短元音 a、u、e 的前面，而通古斯语辅音 d 却出现于短元音 a、ə 的前面。

②在词中、词首音节和词尾音节，短元音 a 的前面，舌尖音 t 与 d 产生的对应现象。例如：

阿依努语	通古斯语	词义
muntara	mundaran	割草
hontaro	hondar	酒杯
ataje	hadaja	价格
hontomta	hoddondo	中间
etara	adaraŋ	扎刺

可以看出，这些对应在词中出现的居多，词首音节和词尾音节出现得少。同时，在短元音 a 前出现率远远高于短元音 o 的出现率。另外，此项对应现象一般出现于短元音 a 或 e 以及舌尖音 n、双唇音 m 等的后面，其中，在短元音 a 前后及舌尖音 n 后面出现的占多数。

③在词尾音节，短元音 u、o 的前面，舌尖音 t 与 d 产生的对应现象。例如：

阿依努语	通古斯语	词义
ijetu	iildə	癣、疖子
akhato	akkadu	对方、对过

这是一个出现率较低的对应现象，主要位于短元音 u、o 前面，以及短元音 a、e 及舌尖音 l 的后面。

①至③的对应实例充分说明，阿依努语和通古斯语舌尖音 t 与 d 的对应，在词中、词首及词尾音节的出现率较高。另外，主要出现于短元音 a、u、o、ə 的前面，但在 a 前出现的居多。同时，一般位于短元音 a 或 e 以及舌尖音 n 和 l、双唇音 m 等的后面。

（3）阿依努语舌尖音 t 与通古斯语舌尖音 l 的对应

在词中和词尾，阿依努语的辅音 t 与通古斯语的辅音 l 之间产生对应现象。而且，这种对应出现在短元音 a、i 前的实例较多。例如：

阿依努语	通古斯语	词义
surata	sulala-	放开
utar	ular	人们
etaras	iliran	起立

该项对应，主要出现于短元音 a 之前及短元音 u、e、a 的后面。

（4）阿依努语舌尖音 t 与通古斯语舌面音 k 的对应

依据资料，在词中或词尾音节，阿依努语辅音 t 与通古斯语辅音 k 之间也产生对应关系。例如：

阿依努语	通古斯语	词义
pehkutu	pikaŋku	用草或树皮做的吹哨
taptar	dəbkərə-	跳舞
putke	pʉkte	膨胀

上述对应，在词尾音节出现得多一些。另外，基本上出现于短元音 u、a、ə 及舌面音 k 之前，以及短元音 u 或舌面音 h、k、ŋ 和双唇音 p、b 或舌尖音 t 等的后面。

总而言之，以阿依努语舌尖音 t 为主的一系列对应现象中，t 与 t 的对应实例表现出很高的出现率，其次是舌尖音 t 与 d 的对应现象。然而，像辅音 t、l 及 t、k 的对应出现得不多。而且，这些对应基本上出现于短元音 a、i、u、e、o、ə 和长元音 oo 或舌面音 k 的前面，并在短元音 a 前保持了较高的出现率。与此同时，以上对应现象基本上位于短元音 u、o、a、e 和长元音 oo 或舌尖音 t、n、l，舌面音 k、g、h、ŋ，双唇音 m、p、b 等的后面。由此可知，该系列对应后面出现的语音环境显示出一定的复杂性。另外，阿依努语辅音 t 还可与通古斯语的舌面音 h、g、j 和舌尖音 r 或双唇音 m 之间发生对应关系。比如说，"倾斜""大约""喉咙""抓""凹地"等词，在阿依努语中叫 herewtapapa、patek、kuttom、tapu、kututur 等，而在通古斯语中则说 həlwehirəŋ、barig、hθmθttə、jabu-、hotgor 等。这其中就出现了阿依努语辅音 t 与通古斯语辅音 h、g、j、r、m 间的对应现象。并且，阿依努语与通古斯语间的这些对应在词中、词首出现的频率较高。

5. 阿依努语辅音 n 与通古斯语辅音 n、ŋ、m、r、d 间的对应规律

以阿依努语舌尖音 n 为主讨论的辅音对应现象中，出现率最高的是阿依努语和通古斯语舌尖音 n 与 n 间产生的对应实例。另外，辅音 n 与 ŋ 的对应也保持了一定的出现率。不过，像阿依努语辅音 n 与通古斯语辅音 m、r、d 之间产生对应现象不是太多。与此同时，这些对应现象更多的时候出现于词中，以及短元音 a、e、i、u、ʉ、ə 等的后面。

（1）阿依努语和通古斯语舌尖音 n 与 n 的对应

如上所述，舌尖音 n 与 n 之间的对应现象确实有一定出现率，并在以阿依努语舌尖音 n 为主的对应系列中占据重要位置。并且，该项对应主要出现于词首和词中，在词尾很少出现。另外，在这些对应前后出现的绝大多数是短元音 a、u、o、e、ə、i 及舌尖音 t 或舌面音 k 等。

①在词首，短元音 u、e、ə、a 及长元音 aa 的前面，舌尖音 n 与 n 之间发生对应关系。例如：

阿依努语	通古斯语	词义
nuje	nero-	画、写
naa	naaŋ	也、还
nejakka'an	nəjəgəŋ	经常
nunpe	numpa	糊涂、黏糊
nankante	nandabti	美丽的

②在词尾音节或词中，短元音 a、e 的前面，舌尖音 n 与 ŋ 之间发生对应关系。例如：

阿依努语	通古斯语	词义
kimunajna	himunagsa	鬼神
kina	heena	草料
takina	tahinan	祈祷
mana	manaŋ	雾
mina	ine	笑

以上对应实例，主要出现在词尾音节的短元音 a 的前面，在词中或短元音 e 的前面出现的很少。并且，这些对应主要出现于短元音 u、i、a 及长元音 ee 等的后面。

③在词中或词尾音节，短元音 u、e、i、ʉ、ə 的前面，舌尖音 n 与 ŋ 之间发生对应关系。例如：

阿依努语	通古斯语	词义
unu	əniŋ	母亲
ajnukoro	ajanuran	变好
munin	mʉnʉ	发霉的
eʃine	dihinə	藏起来
hoone	goni	松散、不紧

不难看出，上述 n 与 ŋ 的对应在词尾音节出现的居多。同时，在短元音 u、e、i 高于 ʉ、ə 前的出现率。另外，该项对应的前面出现的多为短元音 u、i、o、ə、ʉ 和长元音 oo 及舌面音 j 等。

④在词中，舌尖音 t、d 及舌面音 k 或短元音u后面，舌尖音 n 与 n 之间发生对应关系。例如：

阿依努语	通古斯语	词义
antus	hantas	上衣
muntara	mundaran	割草
hontaro	hondar	酒杯
onkekara	ənʉhʉgərəŋ	患病
urenkare	mʉrenkərəŋ	并列、排列

这些对应实例更多的时候出现于舌尖音 t 或 d 及其舌面音 k 的后面，在短元音u等后面出现的很少。并且，基本上用于短元音 a、u、o、e、ə 等的后面。

总之，舌尖音 n 与 n 的对应现象在这两个语言里确实有一定的出现率。而且，在词首、词尾音节和词中音节都出现得不少。并且，在这一系列对应一般出现于短元音 u、e、ə、a、i、ʉ、ə 和长元音 aa 及舌尖音 t、d 或舌面音 k 等，其中短元音 u、e、a、i 前面的出现率较高。再者，这些对应实例，主要出现于短元音 u、i、a、o、e、ə、ʉ 及长元音 ee、oo 及舌面音 j 等的后面。另外，在个别例子词尾里也出现舌尖音 n 与 n 的对应现象。比如说，"登山"，阿依努语叫 makan，通古斯语则说 masan 。很显然，该例词词尾就出现 n 与 n 的对应现象。还应该指出的是，通古斯语里由舌面音 ŋ 结尾的词，许多方言土语里也会发为舌尖音 n。比如说，这里出现的 amuŋ "垃圾"、ʉʉgʉŋ "大风"、tomiŋ "乳头"等例词，在一些方言土语中均发音成 amun、ʉʉgʉn、tomin 等。

（2）阿依努语舌尖音 n 和通古斯语舌面音 ŋ 的对应

在早期的通古斯语里词尾出现的鼻辅音一般发为舌面鼻辅音 ŋ，很少发作舌尖鼻辅音 n。正因为如此，在阿依努语和通古斯语的辅音对应现象中，出现一定数量词尾舌尖鼻辅音 n 与舌面鼻辅音 ŋ 之间发生对应关系的实例。

①在词尾，短元音 u 或 ʉ、o、i 后面，阿依努语舌尖音 n 与通古斯语舌面音 ŋ 之间发生的对应关系。例如：

阿依努语	通古斯语	词义
ahun	ahuŋ	太阳落下、遮盖
mun	amuŋ	垃圾、粪便
upun	ʉʉgʉŋ	大风
tomon	tomiŋ	乳头

以上例子表明，在词尾出现的舌尖音 n 或舌面音 ŋ 之前使用最多的是短元音 u，与此相对的是短元音 ʉ、o、i 的使用率都很低。

②在词尾音节或词中，舌面音 k、g 及短元音 o 前面，舌尖音 n 同 ŋ 之间发生对应关系。例如：

阿依努语	通古斯语	词义
hanko	soŋor	肚脐
ʃinka	saŋga	累
iwanke	giwaŋga	健康
itanki	taŋgur	碗
konkon	hoŋko	铃
matunki	matuŋka	盛野菜器具
oʃinkara	ooʃiŋkanaŋ	送

这些对应实例，在词尾音节出现的比词中的要多，在舌面音 k、g 前出现的要比短元音 o 前的多。另外，在这些对应前使用的一般是短元音 a、o、u、i 等。其中，短元音 a 出现率最高。

通过以上分析可以看出,阿依努语舌尖音 n 与通古斯语舌面音 ŋ 的对应现象有一定出现率,且主要出现于词尾和词尾音节或词中,在词首不出现。另外,在 n 与 ŋ 的对应实例前出现的短元音,主要有 u、a、i、o、ɯ 等。其中,出现率最高的是短元音 u,其次是短元音 a,再就是短元音 i、o 的出现率,短元音 ɯ 出现得最少。与此同时,在这些对应后面出现的基本上是舌面音 k、g 及短元音 a、o、u、i、ɯ 等。那么,像短元音 u 和舌面音 k、g,在对应实例后面保持了较高的出现率。

(3)阿依努语舌尖音 n 和通古斯语双唇音 m 的对应

我们掌握的资料表明,阿依努语的辅音 n 与通古斯语的辅音 m 间还存在对应关系。而且,其对应现象出现于词中双唇音 p、m 之前。例如:

阿依努语	通古斯语	词义
nunpe	numpa	糊涂、黏糊
onmo	əmmə	母亲

不难看出,该项对应后面使用的是 a、o、e、ə 等短元音。

(4)阿依努语舌尖音 n 和通古斯语舌尖音 r 的对应

在词中,短元音 a、i 前面及短元音 i 或双唇音 w 的后面,阿依努语辅音 n 与通古斯语辅音 r 之间产生对应现象。例如:

阿依努语	通古斯语	词义
ʃina	hira	连接
ʃiwnin	hiŋirin	黄的

总之,阿依努语舌尖音 n 与通古斯语舌尖音 n 和 r、舌面音 ŋ、双唇音 m 间发生对应关系。其中,出现率最高的是舌尖音 n 与 n 的对应,其次是 n 与 ŋ 的对应实例,像 n 与 m 及 n 与 r 的对应现象等都出现得很少。这些对应,在词首词尾均保持了较高的出现率。而且,在短元音 a、u、i、o 及辅音 t、k 前

后出现得较多，其他短元音或辅音前后出现的不多。特别是，在短元音ə或u前后出现得很少。另外，我们还发现个别词中，阿依努语舌尖音n与通古斯语舌尖音s及双唇音b之间产生对应的特殊现象。比如说，"鬼神"，阿依努语称 kimunajna，通古斯语则谓 himunagsa；"美丽的"，阿依努语说 nankante，通古斯语叫 nandabti。这两个词里，就出现舌尖音n与s及n与b之间的对应关系。但是，这些对应实例出现得都很少，只在个别例子中才能见到。

6. 阿依努语辅音 r 与通古斯语辅音 r、l、s 间的对应规律

在辅音对应中，阿依努语舌尖音r与通古斯语的辅音对应现象并不十分复杂，它的复杂性在于r与r之间发生的对应关系方面。事实上，阿依努语的舌尖音r只和通古斯语的舌尖音r、l、s等产生对应。这其中出现率最高、涉及面最广、对应关系最为复杂的是阿依努语和通古斯语舌尖音r与r的对应现象。与此相比，舌尖音r与l、s的对应就显得比较简单。

（1）阿依努语和通古斯语舌尖音 r 与 r 的对应

如上所述，这两个语言中出现的舌尖音r与r的对应是一个极其复杂的对应系统，它的复杂性取决于所处的不同语音环境、所需的不同语音条件，以及数量可观的对应实例和变化多样的语音对应结构类型等。而且，该系列对应除了词首基本不出现之外，词的其他各个部位均会出现。

①在词尾音节，短元音 a 的中间，舌尖音 r 与 r 产生对应实例。这里所说的短元音a的中间是指有对应关系的舌尖音r的前后都使用短元音a的语音现象。例如：

阿依努语	通古斯语	词义
etara	adaraŋ	扎刺
muntara	mundaraŋ	割草
huhkara	huhuhara	深绿色

在上述对应实例的前后都使用了a这个生命力很强的短元音。

②在词尾音节，短元音 i 或 a 的前面，舌尖音 r 与 r 发生的对应关系。例如：

阿依努语	通古斯语	词义
jorkori	bargeraŋ	准备
jarkari	jargaraŋ	受伤
okari	tohari	周围
peri	pəri	切割
tʃitʃari	sasuraŋ	撒

这里，词尾音节具有对应关系的阿依努语舌尖音 r 后面均使用了短元音 i，而通古斯语舌尖音 r 后面却出现短元音 a 和 i。同时，在这些对应实例的前面使用了 a、o、u、e、ə 等短元音，而短元音 a 的出现率居高。

③在词尾音节，短元音 e、a、ə 的前面，舌尖音 r 与 r 产生对应现象。例如：

阿依努语	通古斯语	词义
ʃikarire	səhəriəŋ	旋转
tusare	toslaraŋ	帮
urenkare	mʉrenkərəŋ	并列、排列
ure	dʉre	脚后跟

上述对应现象中，词尾音节出现的阿依努语舌尖音 r 无一例外地位于短元音 e 之前，而通古斯语的舌尖音 r 却位于短元音 a、ə、e 的前面。另外，在这些有对应关系的舌尖音 r 前面几乎都有 a、u、i、ə、ʉ 等短元音。

④在词尾音节，短元音 o、a 的前面，舌尖音 r 与 r 产生对应现象。例如：

阿依努语	通古斯语	词义
mokoro	mogoroŋ	困、受难
hontaro	hondar	酒杯
ajnukoro	ajamaharaŋ	讨好

有对应关系的阿依努语舌尖音 r 后面出现的都是短元音 o，通古斯语的舌尖音 r 后面使用的是短元音 a 或 o。并且，该对应实例的前置短元音都是 o 或 a。

⑤在词尾，短元音 a 或 ə 的后面，舌尖音 r 与 r 产生对应现象。例如：

阿依努语	通古斯语	词义
utar	ular	人们
takar	tokkar	梦
pewar	əwər	身体弱

以上，阿依努语舌尖音 r 整齐划一地位于短元音 a 的后面，通古斯语的舌尖音 r 同样多数位于短元音 a 之后，只有个别实例出现于短元音 ə 之后。

⑥在词尾，短元音 u 或 o、i 的前面，舌尖音 r 与 r 产生对应现象。例如：

阿依努语	通古斯语	词义
ur	hur	香、香草
kututur	hotgor	凹地
mukkur	ᴜᴜgur	自制的口琴
tʃikir	ʃigir＞ʃiir	蹄子

上述对应现象多数位于短元音 u 之后，只有少数实例出现于短元音 i 或 o 的后面。

⑦在词中，短元音 a 或 i、ɵ 的前面，舌尖音 r 与 r 产生对应现象。例如：

阿依努语	通古斯语	词义
homarajki	ɵmɵrɵrɵŋ	庇护
etaras	iliraŋ	起立
rariw	sari-	划船
kiraw	hira	角、尖

此项对应，绝大多数是出现于短元音 a 的前面，极少数位于短元音 i 或 ɵ 之前。另外，在这些对应现象后面出现的也都是 a、i、ɵ 等短元音。

⑧在词中，短元音 o 或 u、o、ʉ、ə 的后面，舌尖音 r 与 r 产生对应现象。例如：

阿依努语	通古斯语	词义
joruj	uru-	积累
oroke	orgi-	涌、溢
horkew	gʉrkə	狼
ekiroro'an	dəhilərəŋ	高兴

可以看出，上例对应中，阿依努语舌尖音 r 全部出现于短元音 o 的后面，而通古斯语舌尖音 r 的前面却使用了 u、o、ʉ、ə 等短元音。另外，这些对应实例后面出现有短元音 o、u 及舌面音 k 或 g 等辅音。

⑨在词首音节或词中，短元音 i 和 ə 及长元音 ii 的后面，舌尖音 r 与 r 产生对应现象。例如：

阿依努语	通古斯语	词义
ironne	dirama	厚的
ʃikkiruru	ʃikkiʃiraŋ	凝视
irijatʃi	iirittə	蚂蚁

上面的对应，几乎都出现在短元音 i 的后面，只有通古斯语的个别例子中出现了位于长元音 ii 后面的实例。另外，此项对应基本上出现于短元音 o、a、u、i、ə 等的前面。

总之，阿依努语和通古斯语舌尖音 r 与 r 的对应是一个极其复杂而有规律的辅音结构系统。但它们主要在词中和词尾出现，在词首几乎不出现。相比之下，在词尾或词尾音节出现的要比词中音节出现得多。另外，在短元音 a 前后保持了相当高的出现率，其次是在短元音 i、o、u 前后出现的实例，像 u、θ、ə、e 等短元音及舌面音 k 或 g 等辅音前后出现得不多。

（2）阿依努语舌尖音 r 和通古斯语舌尖音 l 的对应

在词中或词尾音节，短元音 a、o、e、u 及双唇音 w 的前面，阿依努语舌尖音 r 与通古斯语的舌尖音 l 之间产生对应现象。

①在词中，短元音 a 或 u 前面，舌尖音 r 与 l 间产生的对应关系。例如：

阿依努语	通古斯语	词义
koramisanka	galumiʃiraŋ	小看
surata	sulala-	放开
usaraje	uusalaraŋ	分

②在词中，短元音 e、o、a 之前及双唇音 w 的前面，舌尖音 r 与 l 产生的对应现象。例如：

阿依努语	通古斯语	词义
herewtapapa	həlwehirəŋ	倾斜
koro	hula-	占用
ekiroro'an	dəhiloroŋ	高兴

以上①和②的实例，基本上位于短元音 a、u、e、o 及双唇音 w 等的前面。同时，也出现于短元音 o、u、e、ə、i 等的后面。其中，在短元音 a、o 前后出现的实例较多。

（3）阿依努语舌尖音 r 和通古斯语舌尖音 s 的对应

这两种语言中，舌尖音 r 与 s 之间产生的对应现象不多。并且，主要出现于词中或词尾音节的短元音 a、u 和长元音 oo 的后面，以及短元音 o 或 i 的前面。例如：

阿依努语	通古斯语	词义
tur	tooso~ toorol	尘埃
rariw	sari-	划船

根据以上分析，阿依努语舌尖音 r 与通古斯语的辅音对应，主要涉及上述三种结构类型的对应现象。其中，出现率最高的是舌尖音 r 与 r 之间发生的对应关系，其次是舌尖音 r 与 s 及 r 和 l 之间产生的对应现象。这一系列的对应现象虽然词中和词尾都出现，但在词尾和词尾音节出现的居多，词中出现得不是太多，在词首几乎不出现。并且，这些对应在短元音 a 前后出现率最高，其次是短元音 i、o、u 前后的出现率，其他短元音或相关辅音前后出现得不多。另外，在这两个语言里，还有一些阿依努语舌尖音 r 与通古斯语辅音 n、k、ŋ、j 之间发生对应关系的特殊实例。比如说，"头发""跳"

"干咳""想"等词，在阿依努语里说 ruusis、terke、simsiskar、raanuh，而在通古斯语里则谓 nʉʉttʉ；、dəkkəri-、ʃimʃig-、ʤoonoŋ 等。但这些对应实例出现得很少，不能形成严格意义上的对应规律，只是属于极其特殊的个别对应现象，所以没有纳入前面的分析和讨论。

7. 阿依努语辅音 s 与通古斯语辅音 s、h 间的对应规律

根据资料，此项对应数量不多，对应结构类型也不太复杂。主要涉及阿依努语和通古斯语舌尖前音 s 与 s 的对应，以及阿依努语舌尖音 s 与通古斯语的舌面音 h 之间产生的对应现象。相比之下，这其中舌尖音 s 与 s 的对应相对复杂。另外，这些对应现象，可以出现于词的不同部位。

（1）阿依努语和通古斯语舌尖音 s 与 s 的对应

以阿依努语舌尖音 s 为主的辅音对应现象里，阿依努语和通古斯语舌尖音 s 与 s 的对应实例出现得较多。而且，该项对应可以出现于词首、词中及词尾等词的不同部位。

①在词首，在短元音 a、u、o、ə 的前面，舌尖音 s 与 s 之间发生的对应现象。例如：

阿依努语	通古斯语	词义
sahka	sabka	筷子
sokkar	səktər	褥子等
surata	sulala-	放开

②在词中或词首，短元音 a、u、o、ө、ə 及舌面音 k 的前面，舌尖音 s 与 s 之间发生的对应现象。例如：

阿依努语	通古斯语	词义
kojsun	hөөsəŋ	泡沫
kasuh	masu	木质小勺子

usaraja	uusalaran	分
oskekor	sohoŋko	舀子、容器

上述对应，绝大多数出现于词中，只有通古斯语的个别实例出现于词首。另外，在这些对应实例的前面出现的一般是短元音 a、u、o 或长元音 uu、ɵɵ 及舌面音 j 等。

③在词尾或词尾音节，短元音 e 或 u 的前面，以及短元音 a 和 u 及双唇音 m 的后面，舌尖音 s 与 s 之间发生对应现象。例如：

阿依努语	通古斯语	词义
komomse	hompesu	皱纹
antus	hantas	上衣

也就是说，舌尖音 s 与 s 的对应实例多数情况下出现于词中，词尾出现得很少。在此类对应现象前出现的多数是短元音 a、u、o 或长元音 uu、ɵɵ 及双唇音 m 等。同时，出现于这些对应实例后面的是短元音 a、u、o、e、ɵ、ə 及舌面音 k 等。

（2）阿依努语舌尖音 s 与通古斯语舌面音 h 的对应

分析表明，阿依努语的辅音 s 与通古斯语辅音 h 间的对应现象，可以出现于词首、词中或词尾音节。例如：

阿依努语	通古斯语	词义
mosa	noho-	接吻、吻
satke	hatga-	晒干

通过上例，我们可以认识到，阿依努语舌尖音 s 与通古斯语辅音 s 和 h 之间能够产生对应关系，但它们的出现率都较低。这些对应现象，虽然出现于词

的不同部位，然而都出现得不多。在具有对应关系的辅音前后出现的基本上是短元音 a、u、o、e、ɵ、ə 和长元音 uu、өө 及舌面音 j 或 k 等。除了以上分析的对应实例之外，阿依努语舌尖音 s 也有跟通古斯语辅音 l、t、m、g、ŋ 之间产生对应的个别现象。比如说，"关""头发""握""晒干"等词，在阿依努语里说 ʃiski、ruuʃis、kimsa、satke，而在通古斯语里则谓 likki-、nʉʉttʉ、himkala-、hatga- 等。但是，这些对应实例均出现得很少，都属于极其个别的对应现象。

8. 阿依努语辅音 k 与通古斯语辅音 k、g、h、t、r、s 间的对应规律

这两种语言中出现的阿依努语舌面音 k 与通古斯语的辅音间产生的对应现象极其丰富，其数量也十分可观，从而在阿依努语和通古斯语的辅音对应中占有重要地位，发挥着非常重要的作用。阿依努语舌面音 k 具有非常广泛的使用空间，自然导致与通古斯语不同辅音间的不同角度、不同层面、不同程度、不同语音环境和条件下的诸多对应现象及对应结构类型。依据我们现已掌握的第一手资料，阿依努语舌面音 k 主要跟通古斯语的舌面音 k、g、h 和舌尖音 t、r、s 等之间发生错综复杂的对应关系。其中，k 与 k、g、h 间的对应有相当高的出现率，其次是 k 同 t、r、s 间出现的对应实例。而且，这些对应现象可以出现于词的各个位置。

（1）阿依努语和通古斯语舌面音 k 与 k 的对应

一般说来，阿依努语舌面音 k 与通古斯语的辅音 k 间的对应现象，在更多的时候出现于词中，而在词首或词尾出现的不是太多。并且，该项对应的多数实例出现于短元音 a、i 的前后，在其他元音前后出现的较少。

①在词尾音节或者在词中，短元音 a 或 ə 之前，舌面音 k 与 k 之间产生对应现象。例如：

阿依努语	通古斯语	词义
sahka	sabka	筷子
kohka	togtʃa	中弹

oʃinkara	ooʃiŋkanaŋ	送
tʃikap	ʃiibkan＜ʃiikkaŋ	小鸟
urenkare	mʉrenkərəŋ	并列、排列

以上对应几乎都出现于短元音 a 之前，只有通古斯语的个别实例出现于短元音 ə 的前面。并且，在此对应实例前出现的是舌面音 h、g、ŋ，舌尖音 n，双唇音 b 及短元音 i 等。

②在词尾音节或词中，短元音 o 或 i 之前，舌面音 k 与 k 之间产生的对应关系。例如：

阿依努语	通古斯语	词义
oskekor	sohoŋko	水舀子
konkon	hoŋko	铃
tʃepkoni	hibki-	肚子饿、肚子瘪

此项对应，在词尾音节的出现率高于词中，且在短元音 o 前出现的实例占绝对多数。另外，这些对应实例前出现有舌面音 ŋ、双唇音 p 和 b、舌尖音 n 及短元音 e 等，其中辅音的使用率较高，短元音出现得很少。

③在词尾音节或词尾，短元音 e、i、a 之前，舌面音 k 与 k 之间产生对应关系。例如：

阿依努语	通古斯语	词义
horkew	gʉrkə	狼
matunki	matuŋka	盛野菜器具
eʃittek	əhittək	刚才

此项对应，在词尾音节出现的比词尾的要多。而且，一般出现于舌尖音 n、r 和舌面音 ŋ 及短元音 e、ə 之后。另外，上述实例中，通古斯语的 gɯrkə 及 əhittək 更多地使用于鄂温克语莫日格勒方言等，其他通古斯语里主要发音成 gʉskə 及 əʃittək ~əʃiktək~ əʃiktə 等。

以上例①至例③的讨论说明，阿依努语舌面音 k 与 k 间的对应现象，主要出现于词尾音节和词中，在词尾很少出现，词首一般不出现。同时，在短元音 a 和 o 前有较高的出现率，其次是 i、ə、e 等短元音的出现率。然而，在这些对应前出现的却是舌面音 h、g、ŋ，舌尖音 n、r，双唇音 p、b 及短元音 i、e、ə 等。

（2）阿依努语舌面音 k 与通古斯语舌面音 g 的对应

相比之下，阿依努语的辅音 k 与通古斯语的辅音 g 之间产生的对应现象，要比前面分析的辅音 k 与 k 的对应现象要显得丰富和复杂。而且，可以出现于词首、词中和词尾。同时与许多短元音，包括一些长元音或辅音都会发生直接接触关系。

①在词的不同部位，短元音 e、i、a、o、u、ʉ、ə 及舌尖音 t 等的前面，舌面音 k 与 g 之间产生的对应关系。例如：

阿依努语	通古斯语	词义
kettok	gəttig	冷冻，着凉发红
kite	iigtə	齿儿
koramisanka	galumiʃiran	小看
kumkutiki	hʉŋgʉtirəŋ	轰鸣
kojke	gojhe	歪

相较而言，此项对应在词首出现的居多，在词的其他部位出现得都不多。并且，基本上出现于短元音 o、i 和长元音 ii 及舌面音 ŋ 和 j、双唇音 m 等元音和辅音后面。

②在词尾音节或词中，短元音 a、e、i、u 及舌尖音 t 等前面，舌面音 k 与 g 之间产生的对应关系。例如：

阿依努语	通古斯语	词义
ʃinka	saŋga	累
maŋka	manga	厉害的
apkas	algaʃi->aggaʃi-	步行
iwanke	giwaŋga	健康的
itanki	taŋgur	碗

这些对应实例，在词尾音节比词中音节的出现率要高，短元音 a 的使用率高于 e、i、u 等及舌尖音 t 等的使用率。另外，这些对应现象基本上出现于舌尖音 n 和 l、舌面音 ŋ、双唇音 p 与 w 的后面。

③在词尾音节或词中，短元音 a、e、o 的前面，舌面音 k 与 g 之间产生的对应关系。例如：

阿依努语	通古斯语	词义
satke	hatga-	晒干
hotku	hotgo-	弯腰
jarkari	jargaraŋ	受伤
jorkori	bargeraŋ	准备

有意思的是，上述对应现象均出现于辅音后面，同时在其后面使用的却是 a、o、u、e、i 等短元音。

④在词尾音节或词中，短元音 u、a、o、ʉ 及舌尖音 r 的前面，舌面音 k 与 g 之间产生的对应关系。例如：

阿依努语	通古斯语	词义
iperekut	bilagatta＜bilagakta	食道
uku	ʉʉgʉ-	吹
opekus	soppogoŋ	漏
mokoro	mogoroŋ	困、受难

不难看出，这些位于词尾音节或词中的 k 与 g 的对应现象，在短元音 u、o 前表现出一定出现率，并且都出现在短元音 e、o、u、a 及长元音 ʉʉ 的后面。

⑤在词尾或词尾音节，短元音 i 和 e 的前面，舌面音 k 与 g 之间产生的对应关系。例如：

阿依努语	通古斯语	词义
patek	barig	大约
oroke	orgi-	涌，溢
miki	migi-	刀切

上述对应，在词尾音节比词尾出现的实例要多，根据实际掌握的资料在短元音 i 前的使用率也要高于短元音 e 前的。并且，这些对应前出现的一般是短元音 i、a、o 及舌尖音 r 等。

从例①到例⑤的对应现象可以看出，阿依努语和通古斯语舌面音 k 与 g

之间的对应，在词中或词尾音节有较高的出现率，但在词首或词尾出现得不多。并且，这些对应现象后面使用的是短元音 a、o、u、e、i、ʉ、ə 及舌尖音 t、r 等，而在对应现象前面使用的是舌尖音 n、r、l，舌面音 ŋ 与 j，双唇音 p、m、w 以及短元音 a、o、u、e、i 或长元音 ii、ʉʉ 等。其中，短元音 a、o、u、i 等保持相当高的使用率。

（3）阿依努语舌面音 k 与通古斯语舌面音 h 的对应

从使用率和出现率的角度来看，这两个语言中出现的舌面音 k 与 h 的对应现象似乎占据了最高频率。而且，这些对应现象所处的语音环境和条件十分复杂，且有自然而然形成的内部规则和内在原理。另外，它们在绝大多数情况下出现于词首或词中，很少在词尾出现。在那些对应现象前后出现的多数是短元音，同长元音或相关辅音直接接触的实例不多。

①在词首，短元音 o 或 u 及长元音 ɵɵ 的前面，舌面音 k 与 h 之间产生对应现象。例如：

阿依努语	通古斯语	词义
kotan	hotaŋ	市、村
komomse	hompesu	皱纹
kojke	gojhe	歪
konkon	honko	铃
komo	homi-	弄弯曲
koro	hula-	占用
kojsun	hɵɵsəŋ	泡沫

显然，以上对应实例中，阿依努语舌面音 k 无一例外地均位于短元音 o 之前，通古斯语的舌面音 k 绝大多数对应现象虽然也出现于短元音 o 的前面，但也有位于短元音 a 及长元音 ɵɵ 之前的情况。

②在词首，短元音 u 或 o、ʉ 及长元音 өө 的后面，舌面音 k 与 h 之间产生对应现象。例如：

阿依努语	通古斯语	词义
kututur	hotgor	凹地
kunne	honno-	黑的
kumkutiki	huŋgutirən	轰鸣
kuttom	hөmөttə	喉咙
kuwa	huwaraŋ＞huaran	坟墓

在这里，阿依努语舌面音 k 同样整齐划一地位于短元音 u 之前。不过，通古斯语的舌面音 k 却分别位于短元音 o、u、ʉ 及长元音 өө 等的前面。

③在词首，短元音 i 或 e 的前面，舌面音 k 与 h 之间产生对应现象。例如：

阿依努语	通古斯语	词义
kiraw	hira	角、尖
kimsa	himkala-	握、抓握
kimunajna	himunagsa	鬼神
kina	heena	草料

如前所述不只是阿依努语舌面音 k 全部出现于短元音 i 之前，而且在通古斯语里除了个别例子位于长元音 ee 前之外，其他实例同样出现于短元音 i 的前面。

④在词中，短元音 a 或 u 及舌尖音 r 的前面，舌面音 k 与 h 之间产生对应现象。例如：

阿依努语	通古斯语	词义
ʃikarire	səhərirəŋ	旋转
huhkara	huhuhara	深绿色
okari	tohari	周围

上例中，阿依努语舌面音 k 均使用于短元音 a 之前，通古斯语的舌面音 h 却使用于短元音 a、ə 的前面。并且，这些对应实例的前面使用的基本上是短元音 i、o、u、ə 及舌面音 h 等。

⑤在词中或者词尾音节，短元音 i 的前面，舌面音 k 与 h 之间产生对应现象。例如：

阿依努语	通古斯语	词义
paki	əhi	头
takina	tahinan	祈祷
ekiroro'an	dəhilərəŋ	高兴
hepoki	əwəhi-	行礼

此项对应，在词中要高于词尾音节的出现率。并且，在此项对应前出现的短元音基本上是 a、ə、e、o 等。

⑥在词中或词首，短元音 e、o、u、ə 与舌面音 k 的前面，舌面音 k 与 h 之间产生对应现象。例如：

阿依努语	通古斯语	词义
oskekor	sohoŋko	舀子、容器
onkekara	ənʉhʉgərəŋ	患病

kikehke	sahkigga	自然断裂
ikem	ilhə-	舔
kes	həʃi	岸边

上述对应现象，在词中出现的实例比词首的多。并且，阿依努语舌面音 k 全部出现于短元音 e 的前面，但通古斯语的舌面音 h 却分别使用于短元音 o、u、ə 及舌面音 k 的前面。另外，在这些对应前出现的几乎都是 o、u、a、ə、i 及舌尖音 l、n、s 等短元音及辅音。

总之，从例①至例⑥的阿依努语和通古斯语舌面音 k 与 h 的对应现象，在词首出现得最多，其次是在词中的出现率，在词尾出现的比较少。而且，这些对应实例要使用于短元音 o、u、i、a、e、ʉ、ə 及长元音 өө 以及舌面音 k 的前面或后面，舌尖音 r 的前面，或舌尖音 l、n、s，舌面音 h 等的后面。其中，在短元音 o、u、i 前后有很高的出现率。

（4）阿依努语舌面音 k 与通古斯语舌尖音 s 的对应

在词首和词中，短元音 a、i 的前面，阿依努语舌面音 k 也出现与通古斯语的舌尖音 s 产生对应的现象。例如：

阿依努语	通古斯语	词义
potʃi~poki	pisa-	弄粉碎
kikehke	sahkigga-	自然断裂
makan	masan	往上爬、登山

相对而言，k 与 s 的对应现象，在词首出现得多一些。而且，在此对应实例前后出现的基本上是短元音 a、i、o。其中，短元音 a 的出现率较高。

综上所述，可得出如下几点结论。①阿依努语舌面音 k 与通古斯语辅音间的对应现象主要有前面分析的四种情况。也就是涉及 k 与 k、k 与 g、k 与

h、k 与 s 的对应等四种。其中，结构类型最为复杂、使用率和出现率最高的是舌尖音 k 与 h 的对应，其次是属于舌面音 k 与 g 的对应，再就是舌面音 k 与 k 的对应实例，像舌面音 k 与舌尖音 s 的对应出现得非常少。②这些对应，在词首出现得最多，其次是词中的出现率，在词尾出现的比较少。③这些对应实例，基本上出现于短元音 o、u、i、a、e、ʉ、ə 及长元音 өө 以及舌面音的前面或后面，舌尖音 r 的前面，或舌尖音 l、n、s，舌面音 h 等的后面。其中，在短元音 o、u、i 前后有很高的出现率。除了以上分析和讨论的实例之外，也有一些阿依努语舌面音 k 与通古斯语的辅音 m、t、d、ŋ、j 间发生对应关系的个别现象。比如说，"勺子""膨胀""美丽的""点""裂痕""如果"等词，在阿依努语中说 kasuh、putke、nankante、tokihi、kawawke、kiki 等，而在通古斯语内则叫 masu、pʉkte、nandabti、toŋki、jawagraŋ、okki。毫无疑问，在这些词内就出现有 k 与 m、t、d、ŋ、j 间的对应现象。不过，这一系列的对应实例的出现率很低，只是属于极其个别的对应现象。

9. 阿依努语辅音 h 与通古斯语辅音 h、k、g 间的对应规律

我们的资料表明，阿依努语舌面音 h 与通古斯语的辅音 h、k、g、t、r、s 之间发生不同程度的对应。其中，舌面音 h 与 h 的对应有较高的出现率，其他对应现象的出现率都不高。并且，这一系列的对应现象可以出现在词首和词中，在词尾一般不出现。

（1）阿依努语和通古斯语的舌面音 h 与 h 的对应

这两个语言里，舌面音 h 与 h 的对应基本上在词首和词中出现，而且保持有一定的出现率。与此对应直接相关的短元音有 o、u、ө、a、e、ə 及舌尖音 s 等。

①在词首，短元音 o 或 ə 之前，舌面音 h 与 h 间发生的对应关系。例如：

阿依努语	通古斯语	词义
hotku	hotgi-	弯腰
hontomta	hoddondo	中间

hontaro	hondar	酒杯
hoku	həkkʉ	男的

上例中，阿依努语舌面音 h 全部出现于短元音 o 之前，通古斯语的舌面音 h 除了个别实例用于短元音 ə 前之外，其他实例也都用于短元音 o 的前面。

②在词首，短元音 u 或 ɵ、e、ə 之前，舌面音 h 与 h 间发生的对应关系。例如：

阿依努语	通古斯语	词义
huhkara	huhuhara	深绿色
hup	hɵwɵ-	肿
herewtapapa	həlwehiraŋ	倾斜

可以看出，这些对应现象多数位于短元音 u 之前，出现于 e、ɵ、ə 等短元音前的实例比较少。

③在词中，短元音 u、a 前后及舌尖音 s 之前，舌面音 h 与 h 间发生的对应关系。例如：

阿依努语	通古斯语	词义
ahun	ahuŋ	太阳落下、遮盖
tuhsetuhse	tuksahila-~ tuktʃahila-	反复跳

从①到③的对应实例中我们可以清楚地看出，h 与 h 的对应主要出现于词首，在词中出现得比较少，在词尾几乎不出现。并且，在此类对应后面用的都是短元音 o、u、ɵ、a、e、ə 及舌尖音 s 等，在对应实例前面使用的是短元音 a 和 u 等。其中，短元音 o 和 u 的使用率最高。

（2）阿依努语舌面音 h 与通古斯语舌面音 k 的对应

在词中或词尾音节，短元音 a、i 及舌尖音 s 的前面，阿依努语和通古斯语的舌面音 h 与 k 产生对音现象。例如：

阿依努语	通古斯语	词义
tokihi	toŋki	点
akhato	akkadu＜arkadu	对方、对过
tuhsetuhse	tuksahila-～tuktʃahila-	反复跳

上面的对应现象多数出现于词中，在词尾音节出现得比较少，词首一般不出现。并且，这些对应现象的前面出现的是短元音 i、u 及舌面音 ŋ、k 等。

（3）阿依努语舌面音 h 与通古斯语舌面音 g 的对应

在词首和词中或者在词尾音节中，阿依努语和通古斯语的舌面音 h 与 g 之间产生对应现象。例如：

阿依努语	通古斯语	词义
horkew	gʉrkə	狼
tʃohtʃa	togtʃa	中弹
hoone	goni	松散、不紧

上述对应现象在词的第一音节出现的占多数。并且，位于短元音 o 前后的实例居多，短元音 u 及长元音 oo 等前后出现得较少。

总之，阿依努语舌面音 h 与通古斯语舌面音 h、k、g 间的对应现象出现的不多。相比之下，h 与 h 的对应比 h 与 k、h 与 g 的对应实例出现得要多。并且，这些对应主要出现于词首或词首音节，在词中也有一定出现率，但在词尾几乎不出现。另外，在此类对应实例后面出现的基本上是短元音 o、u、ө、a、e、ə、i 和长元音 oo 及舌尖音 s 等，位于对应实例前面的是短元音 o、 a、i、u、ʉ 及舌面音 ŋ、k 和舌尖音 s 等。其中，短元音 o 和 u 有相当高的使用率。再者，阿依努语舌面音 h 还可与通古斯语的辅音 r、ŋ、s、b 之间发生对应关系。比如说，"不好""想""肚脐""筷子"等词，在阿依努语里叫 ajkah、raanuh、hanko、sahka 等，而通古斯语则谓 ajagur、jooноŋ、soŋor、sabka 等。这些例子中就出现了 h 与 r、ŋ、s、b 间的对应现象。同样，这些对应均属个别现象。

10. 阿依努语辅音 j 与通古斯语辅音 j、g、r 的对应规律

这两种语言里，也有舌面音 j 与 j 和 g，以及舌面音 j 与舌尖音 r 等之间产生的对应现象。相较而言，j 与 j 间要比 j 和 g、j 与 r 间的对应现象出现得多。不过，这些对应出现得都不多。并且，一般出现于词首和词中音节。

（1）阿依努语和通古斯语舌面音 j 与 j 的对应

舌面音 j 与 j 的对应现象，基本上位于词首或词中短元音 a、e、u、ʉ、i、ə 和长元音ʉʉ 及辅音 h、k、r、n 等的前后。

①词尾音节或词中，短元音 e、a、i 及舌面音 k、h 的前面，舌面音 j 与 j 间产生的对应现象。例如：

阿依努语	通古斯语	词义
ataje	hodaja	价格
muje	ʉji-	系上
kojke	gojhe	歪

可以看出，上述对应现象在词尾音节比词中的出现率高，在短元音 e 前比短元音 a、i 及舌面音 k、h 前的出现率高。另外，在这些对应现象前面出现的一般是短元音 a、o、u、ʉ 等。

②在词首或词中，短元音 a、ə 和长元音ʉʉ及舌尖音 n 的前面，舌面音 j 与 j 间产生的对应现象。例如：

阿依努语	通古斯语	词义
jarkari	jargaraŋ	受伤
jan	jʉʉ-	上
nejakka'an	nəjəgən	经常
ajnukoro	ajamaharaŋ	讨好

这些对应在短元音 a 前保持了较高的出现率，在短元音 ə 和长元音ʉʉ及舌尖音 n 前的出现率均很低。并且，此类对应出现于短元音 a、e、ə 等的后面。

从以上例①和例②中出现的对应现象，我们了解到阿依努语和通古斯语舌面音 j 与 j 的对应，主要出现于词首及词首音节和词尾音节，在词中的出现率比较低，词尾一般不出现。并且，此项对应后出现的基本上是短元音 e、a、i、ə 和长元音ʉʉ及舌尖音 n 或舌面音 k、h 等。其中，短元音 a、ə 有相当高的出现率。那么，在该系列对应现象前面使用的一般是短元音 a、o、u、ʉ、e、ə 等。其中，短元音 a 有较高的使用率。

（2）阿依努语舌面音 j 与通古斯语舌面音 g 的对应

依据资料，舌面音 j 与 g 之间发生的对应关系出现的不多。并且，主要出现于词尾或词中短元音 o、u、i、e 的前后。例如：

阿依努语	通古斯语	词义
poj	bog	土地
tuje	ugi	切割

（3）阿依努语舌面音 j 与通古斯语舌尖音 r 的对应

此项对应现象的出现率很低，且主要出现于词尾音节短元音 a、o、u、e 的中间。例如：

阿依努语	通古斯语	词义
usaraja	uusalaran	分
nuje	nero-	画、写

以上分析表明，阿依努语舌面音 j 与通古斯语舌面音 j、g 及舌尖音 r 间出现的对应现象，一般位于词首、词首音节、词尾音节或词尾，在词中和词尾音节有较高的出现率，词尾的出现率很低。并且，在该系列的对应现象，基本上出现于短元音 e、a、o、u、i、ə、e 和长元音 ʉʉ 及舌尖音 n 或舌面音 k、h 等前面。其中，出现率最高的是短元音 a 和 ə。然而，在这些对应实例前面出现的一般是短元音 a、o、u、ʉ、i、e、ə 等。其中，短元音 a 出现得最多，其次是短元音 e、u、o 的出现率，但像短元音 ʉ、i、ə 等的出现率都较低。另外，阿依努语舌面音 j 与通古斯语辅音 l、t、h、b 间也会产生对应关系。比如说，"疖子""蚂蚁""男孩""准备"等词，在阿依努语里叫 ijetu、irijaki、okkajo、jarkori 等，而在通古斯语里则称 iildə、iirittə、ʉkkəhəŋ、bargeraŋ 等。不过，这些对应实例均很少出现，是属于极个别而特殊的对应现象。总之，这两个语言中，以阿依努语舌面音 j 为中心的对应现象均出现得不多，不像其他辅音的对应现象那么复杂而丰富。

11. 阿依努语辅音 ʧ 与通古斯语辅音 ʧ、ʃ、ʤ、s 间的对应规律

这两种语言里均有舌叶音 ʧ，且在通古斯语里的 ʧ 有一定使用面和使用率，但在阿依努语中 ʧ 的使用率比较低。所以，在这两个语言内，舌叶音 ʧ 的对应结构类型不是很复杂。根据资料，阿依努语舌叶音 ʧ，可以跟通古斯语的舌叶音 ʧ、ʃ、ʤ 及舌尖音 s 间发生对应关系。其中，ʧ 与 ʧ 或ʧ 与 s 之间产生的对应现象占有较大比重。而且，此类结构类型的对应实例，基本上出现于词首、词首音节、词中或词尾音节。另外，与这些对应现象接触关系的音素是 i、e、a 等短元音。

（1）阿依努语和通古斯语舌叶音 ʧ 与 ʧ 的对应

在词中或词尾音节，短元音 a 或 i 之前，阿依努语和通古斯语的舌叶音

tʃ 出现对应现象。例如：

阿依努语	通古斯语	词义
atʃa	atʃa	父亲、叔父
tʃohtʃa	togtʃa	中弹
huttʃi	utaatʃi	祖先
etʃikkiri	atʃigtʃaŋ	老鼠

相较而言，上述对应现象在词尾音节出现的比词中的多，在短元音 a 前也要比短元音 i 及长元音 aa 之前出现的多。并且，这些对应前使用的基本上是短元音 a、e 及舌面音 h、g 或舌尖音 t 等元音和辅音。

（2）阿依努语和通古斯语舌叶音 tʃ 与 ʃ、ʤ 的对应

在词首，短元音 i 或 e 之前，阿依努语舌叶音 tʃ 与通古斯语的舌叶音 ʃ、ʤ 之间发生对应关系。例如：

阿依努语	通古斯语	词义
tʃikap	ʃiibkan＜ʃiikkaŋ	小鸟
tʃepkoni	ʃibkinəŋ	肚子疼、饿
tʃip	ʤeb	船

可以看出，舌叶音 tʃ 与 ʃ、ʤ 间的对应现象里，tʃ 与 ʃ 比 tʃ 和 ʤ 的对应出现得多。而且，在短元音 i 比短元音 e 前的出现率要高。另外，通古斯语里，将"船"也可以发音成 ʤib 或 ʤiw 等，把"小鸟"也会发音作 ʃibkan 或 ʃikan 等。不过，这些发音形式不具代表性。

（3）阿依努语舌叶音 tʃ 与通古斯语舌尖音 s 的对应

在词首或词中，短元音 a、i、u 的前面，阿依努语舌叶音 tʃ 与通古斯语的舌尖音 s 之间发生对应关系。例如：

阿依努语	通古斯语	词义
tʃawawke	sawawke	出现裂纹
tʃitʃari	sasuraŋ	撒
tʃikehke	sahigga	自然断裂
potʃi	pisa-	弄粉碎

辅音 tʃ 与 s 的对应现象，在词首出现的居多，词中音节出现的较少，在词尾不出现。并且，在此项对应中，阿依努语的舌叶音 tʃ 基本上出现于短元音 i 前面，用于短元音 a 前的不多。然而，通古斯语的舌尖音 s 却基本上用于短元音 a 的前面，只有个别实例里出现于短元音 u 之前。

总之，阿依努语舌叶音 tʃ 与通古斯语舌叶音 tʃ、ʃ、dʒ 以及舌尖音 s 间出现对应现象。其中，出现率最高的是辅音 tʃ 与 tʃ 的对应，其次是辅音 tʃ 和 s 的对应实例，排行第三的是辅音 tʃ 跟 s 的对应现象，但辅音 tʃ 和 dʒ 的对应出现得比较少。并且，这些对应虽然都出现于词首和词中音节，然而位于词首的实例要多于词中的。另外，它们都出现于短元音 i、a、e 之前，以及用于短元音 a、e、i、o 及舌面音 h、g 或舌尖音 t 等的后面。在这里，还需要说明的是，除了我们在前面分析的情况之外，也有阿依努语舌叶音 tʃ 与通古斯语的舌面音 j 或 k 等发生对应关系的一些特殊现象。比如说，"出现"一词，在阿依努语里叫 tʃawawke，而通古斯语则说 jawagraŋ；"对过"一词，在阿依努语中谓 atʃhato，而通古斯语则称 aktʃadu > atʃtʃadu。毫无疑问，这两个例词中，就出现有阿依努语辅音 tʃ 与通古斯语的舌叶音 j 或 k 间产生对应的现象。

12. 阿依努语与通古斯语辅音 ʃ 与 ʃ 的对应规律

这两个语言中出现的舌叶音 ʃ 几乎都用于短元音 i 或 e 和长元音 ii 或 ee 后面，以及由这些短元音开头的复合辅音后面，很少出现于其他元音后面。但我们也不能完全否定例外现象的存在，辅音 ʃ 用于其他辅音后面的一些个别而特殊情况。或许受特定语音环境和条件的影响，辅音 ʃ 的使用面显得十分有限，进而导致使用率也很低。根据我们现已掌握的资料，阿依努语舌

叶音 ʃ 绝大多数情况下只能与通古斯语的舌叶音 ʃ 间产生对应关系。而且，基本上出现于词首或词的第二音节，以及短元音 i 的前面。

①在词首，短元音 i 之前，阿依努语和通古斯语的舌叶音 ʃ 与 ʃ 之间产生对应关系。例如：

阿依努语	通古斯语	词义
ʃina	ʃira-	连接
ʃikkiruru	ʃikkiʃirəŋ	颤抖
ʃiwnin	ʃiŋiriŋ	黄的
ʃimsiskar	ʃimʃig-	干咳
ʃikkiruru	ʃikkiʃiraŋ	凝视

毫无疑问，上面的舌叶音 ʃ 与 ʃ 的对应整齐划一地出现于词首或词中短元音 i 的前面。而且，该项对应现象有较高的出现率。

②在词的第二音节，同样在短元音 i 的前面，阿依努语和通古斯语舌叶音 ʃ 与 ʃ 之间产生对应关系。例如：

阿依努语	通古斯语	词义
aʃini	iʃinəŋ	看
aʃikibit	uʃigta ~ uʃigibta	指甲
eʃittek	əʃittək	刚才
oʃinkara	ooʃiŋkanaŋ	送行

这里出现的对应现象，无一例外地出现在词的第二音节的短元音 i 的前面。并且，在此项对应之前使用的基本上是短元音 a、i、e、ə、o、u 及长元

音 oo 等。其中，短元音 a 出现的较多。在这里，还需要说明的是，"指甲"一词在通古斯语里除了发音成 uʃigta 之外，也有说成 uʃikta ~uʃibta~uʃitta~ uʃigibta 或 oʃigta 的现象。

总而言之，阿依努语舌叶音 ʃ 更多的时候和通古斯语舌叶音 ʃ 之间发生对应关系。而且，几乎都出现在词首或词的第二音节，同时也都位于短元音 i 的前面。不过，在词的第二音节出现的对应实例前使用的元音比较复杂，涉及 a、i、e、ə、o、u 及 oo 等短元音和长元音。另外，还有一些前面没有论及的特殊实例。也就是说，在个别词里，阿依努语舌叶音 ʃ 与通古斯语的舌尖音 s 或 l 及舌面音 h 等发生对应关系。比如说，"累"，在阿依努语中叫 ʃinka，而在通古斯语里则说 saŋga-la- 或 tʃaŋga-l-；"关"，在阿依努语中谓 ʃiski，而通古斯语里则称 likki-；"藏起来"，阿依努语说 eʃine，通古斯语则叫 dihinəŋ~ dihinən ~ dikinən 等。这三个例词中，出现了阿依努语辅音 ʃ 与通古斯语的舌尖音 s 或 l 及舌面音 h 之间的对应现象。但是，这些对应实例的出现非常有限，均属于个别对应现象

（二）单辅音与零辅音的对应现象

这里所说的单辅音与零辅音的对应现象是指阿依努语单辅音和通古斯语零辅音间出现的对应现象，以及通古斯语单辅音同阿依努语零辅音间发生的对应关系等两个不同角度、不同内容、不同结构类型的辅音对应实例。比较而言，阿依努语单辅音和通古斯语零辅音间出现的对应现象，要比通古斯语单辅音同阿依努语零辅音间发生的对应关系复杂而数量大，所涉及的结构类型也要多一些。另外，我们的资料表明，单辅音与零辅音的对应现象，可以出现于词的不同部位。在我们看来，在这两个语言里发生的单辅音与零辅音间的对应关系，有可能是由于其中某一个语言的某一个词出现辅音脱落或增加现象等所致。其中，比较重要的原因是，伴随人们时空概念的不断优化和提高，使那些占有一定时间和空间的多音节长条结构类型的词，不断被浓缩、简化、省略，淘汰生命力不强的音素或音节，或者使那些多音节长条词的一些音素或音节所承载的词义概念被淡化、虚化、模糊化，进而被精练或精简等有其必然的内在联系。

所有这些，自然导致了不同语言不同程度的语音缩合或精简现象。其结果，就出现了词中保存下来的单辅音同被省略或丢失原有辅音而出现的零辅音产生对应的现象。除此之外，还有一种可能是，同某一个词发音原理的变异，或某一语言的语音自身发展变化的需要出现的新增辅音现象有关。

1. 阿依努语单辅音 s、r、n、h、k、m、p、w、j 与通古斯语零辅音间的对应规律

如上所述，阿依努语短辅音与通古斯语零辅音间的对应现象，也是一个相当复杂的语音对应结构系统。其中，主要涉及阿依努语单辅音 s、r、n、h、k、m、p、w、j 等与通古斯语的零辅音间建立的不同角度、不同层面、不同程度的对应关系及对应规律。

（1）阿依努语舌尖音 s 与通古斯语零辅音的对应

在词尾，短元音 a、u 的后面，阿依努语舌尖音 s 与通古斯语零辅音之间发生对应关系。例如：

阿依努语	通古斯语	词义
emakas	amaggu	北
us	sʉʉ-	消灭、熄灭

（2）阿依努语舌尖音 r 与通古斯语零辅音的对应

在词尾，短元音 o 的后面，或在单音节词的长元音 uu、ʉʉ 的前面，阿依努语舌尖音 r 与通古斯语的零辅音间产生对应现象。例如：

阿依努语	通古斯语	词义
oskekor	sohoŋko	舀子、容器
ruu	ʉʉ-	溶化

（3）阿依努语舌尖音 n 与通古斯语零辅音的对应

在词首，短元音 u、i 的前面，或在词尾短元音 u、o 的后面，阿依努语舌尖音 n 与通古斯语的零辅音产生对应关系。例如：

阿依努语	通古斯语	词义
numnum	imo-	喝
amun	amu	谷物
konkon	hoŋko	铃

（4）阿依努语舌面音 h 与通古斯语零辅音的对应

在词首，短元音 i、e、u、o 或 ə、ɵ 及长元音 ʉʉ 之前，阿依努语舌面音 h 与通古斯语零辅音之间发生对应关系。例如：

阿依努语	通古斯语	词义
hepoki	əwəhi-	行礼
hussa'omante	ʉʉkkimətrəŋ	操心
homarajki	ɵmərɵrəŋ	庇护

可以看出，舌面音 h 同零辅音的对应现象，出现于词首的比词中的实例要多。

（5）阿依努语舌面音 k 与通古斯语零辅音的对应

在词中或词尾，短元音 a、o 之前，阿依努语舌面音 k 与通古斯语的零辅音之间产生对应现象。例如：

阿依努语	通古斯语	词义
kahkawe	akkibu-	扎
kiki	okki	如果
hanko	soŋor	肚脐

（6）阿依努语双唇音 m 与通古斯语零辅音的对应

在词首，短元音 i、u 的前面，阿依努语双唇音 m 与通古斯语的零辅音之间产生对应现象。例如：

阿依努语	通古斯语	词义
mina	ine-	笑
muje	ʉji-	系上

（7）阿依努语双唇音 p 与通古斯语零辅音的对应

在词首，短元音 a、e 的前面，阿依努语双唇音 p 与通古斯语的零辅音之间产生对应现象。例如：

阿依努语	通古斯语	词义
paki	əhi	头
pewar	əwe	身体弱

（8）阿依努语双唇音 w 与通古斯语零辅音的对应

在词首或词中，短元音 a、e 的后面，阿依努语双唇音 w 与通古斯语的零辅音之间产生对应现象。例如：

阿依努语	通古斯语	词义
kiraw	hira	角、尖
horkew	gʉrkə	狼

（9）阿依努语舌面音 j 与通古斯语零辅音的对应

在词首和词中，短元音 u、o 及长元音 oo 的后面，阿依努语舌面音 j 与通古斯语的零辅音产生对应关系。例如：

阿依努语	通古斯语	词义
joruj	uru-	积累
kojsun	hoosoŋ	泡沫

上述九种结构类型的短元音与零辅音间产生的对应现象充分说明，这些对应实例在词首或词首音节保持了相当高的出现率，其次是在词尾出现的对应现象，但在词中出现得不是太多。而且，主要出现于短元音 o、u、a、i、e、ə、ɵ、ʉ 及长元音 uu、uu、oo 等的前后。其中，短元音 o、u、a、i 前后出现得比较多。另外，除上面论及的阿依努语辅音 s、r、n、h、k、m、p、w 与通古斯语零辅音间产生对应现象的实例之外，还有在一些词里出现阿依努语某一辅音音素与通古斯语的零辅音产生对应的个别现象，但由于其对应现象十分复杂而没有纳入这里的讨论。

2. 阿依努语零辅音与通古斯语单辅音 ŋ、h、r、t、m、g、j 间的对应规律

前面我们分析了阿依努语单辅音与通古斯语零辅音间产生的对应现象。与此相反，也有阿依努语零辅音与通古斯语单辅音产生对应的实例，但其对应形式和内容，也就是我们所说的对应结构类型，不像前面刚刚讨论的阿依努语单辅音与通古斯语零辅音的对应那么复杂。尽管如此，此类对应现象同样有它的结构性特征和复杂性。根据我们已掌握的资料，阿依努语零辅音主要与通古斯语的单辅音 ŋ、h、r、t、m、g、j 之间产生对应关系。并且，这些对应现象，同样出现于词的不同部位。

（1）阿依努语的零辅音与通古斯语舌面音 ŋ 的对应

在词尾或个别词的词中，短元音 a、e、o、i、u 及长元音 uu 的后面，阿依努语零辅音与通古斯语舌面音 ŋ 之间发生对应关系。例如：

阿依努语	通古斯语	词义
mana	manaŋ	雾
komomse	hompesuŋ	皱纹
unu	əniŋ	母亲
naa	naaŋ	也、还
oskekor	sohoŋko	水舀子

上述对应主要出现于词尾,在词中很少出现。同时,在短元音 a、u、e、o 后面出现的较多,像短元音 i 及长元音 uu 后面出现的很少。

(2)阿依努语零辅音与通古斯语舌面音 h 的对应

在词首,短元音 u、a、o 之前,阿依努语零辅音与通古斯语舌面音 h 之间产生的对应现象。例如:

阿依努语	通古斯语	词义
ur	hur	香草
ataje	hodaja	价格
antus	hantas	上衣
okewe	hogiraŋ	赶出
ukopoje	hukkubu-	搅动

(3)阿依努语零辅音与通古斯语的舌尖音 r 的对应

在词尾,短元音 o、u、i 后面,阿依努语的零辅音与通古斯语的舌尖音 r 之间产生对应现象。例如:

阿依努语	通古斯语	词义
hanko	soŋor	肚脐
itanki	taŋgur	碗

(4)阿依努语零辅音与通古斯语舌尖音 t 的对应

在词首,短元音 o 或 a 的前面,阿依努语的零辅音与通古斯语舌尖音 t 之间发生的对应现象。例如:

阿依努语	通古斯语	词义
okari	tohari	周围
apo	tabi-	打

（5）阿依努语零辅音与通古斯语的辅音 m、g、j 的对应

在词首或词尾，短元音 i、u、ʉ 的前面或短元音 e、ə 的后面，阿依努语零辅音分别与通古斯语双唇音 m、舌面音 g 和 j 间产生对应现象。例如：

阿依努语	通古斯语	词义
urenkare	mʉrenkərən	并列、排
iwanke	giwaŋga	健康
ipe	jib-	吃
pe	bəj	人

从以上分析可以看出，阿依努语零辅音与通古斯语的不同辅音间产生的对应现象并不复杂，主要涉及上述几种结构类型的对应现象。比较而言，阿依努语零辅音与通古斯语舌面音 ŋ 和 h 之间产生的对应实例比较多，其他对应现象均出现的比较少。而且，词首出现居多，其次是在词尾的出现率，在词中出现得很少。并且，这些对应实例基本上出现于短元音 a、i、e、o、u、ə 及长元音 uu 的后面，以及短元音 a、o、u、i、ʉ的前面。其中，在 a、o、u、i 前后出现的比较多。从某种角度来讲，以上分析和讨论的都是较为整齐而清楚且有规律的零辅音对应现象。除此之外，还有不少对应结构类型比较复杂，其对应规律模糊不清的零辅音对应实例。比如说，"厚的"，阿依努语叫 ironne，通古斯语说 dirama；"扔掉"，阿依努语称 aki，通古斯语谓 lakki-；"漏"，阿依努语里说 opekus，通古斯语则谓 soppogroŋ。毫无疑问，在这些词内出现了阿依努语零辅音与通古斯语舌尖音 d、l、s 间的对应现象。同样，这些对应现象都属于个别实例。

在这一节里，对于阿依努语和通古斯语语音对应原理展开的讨论，主要分析了这两个语言的共有词中出现的元音对应和辅音对应现象。那么，元音对应原理的讨论，着重论述了阿依努语短元音 a、e、i、o、u 与通古斯语短元音 a、 ə、i、e、o、u、ɵ、ʉ 间存在的对应规律，阿依努语短元音 i、u、a、o 与通古斯语长元音 ii、aa、oo、uu、ɵɵ、ʉʉ 间形成的对应规律，阿依努语长元音 oo、uu 与通古斯语短元音 o、ʉ 间出现的对应规律，阿依努语长元音 uu 与通古斯语长元音 ʉʉ 间存在的对应规律，阿依努语零元音与通古斯语短元音 i、o 间的对应规律及通古斯语短元音 i、a、o、ə、ʉ 与阿依努语零元音间产生的对应规律等。在辅音对应原理的讨论中，重点论述了阿依努语单辅音 p、m、w、t、n、r、s、k、h、j、ʧ、ʃ 与通古斯语单辅音 b、o、m、d、t、n、l、r、s、ʥ、ʧ、ʃ、j、g、h、ŋ 间出现的对应规律。阿依努语单辅音 s、r、n、h、k、m、p、w、j 与通古斯语零辅音间出现的对应规律，以及阿依努语零辅音与通古斯语单辅音 ŋ、h、r、t、m、g、j 间存在的对应规律等。不过，我们在前面做过交代，在阿依努语与通古斯语的元音对应和辅音对应中不讨论复元音和复辅音及叠辅音的对应现象，但在这两个语言里均不同程度地使用叠辅音，也就是重叠形式出现的辅音音素。然而，在我们已经搜集整理到的语音对应资料里，确实有不少单辅音与叠辅音，或叠辅音与叠辅音之间产生对应的实例，我们简要列在下面。

通古斯语叠辅音 kk、gg、tt、mm 与阿依努语单辅音 k、g、t、m 间的对应。例如：

阿依努语	通古斯语	词义
aki	lakki-	扔掉
hoku	həkkʉ	男的
ʧikap	ʃiikkaŋ	小鸟
takar	tokkar	梦
emakas	amaggu	北
iperekut	bilagatta	食道
opekus	soppogroŋ	漏
kim	immə	针

阿依努语叠辅音 kk、tt、nn 与通古斯语单辅音 g、t、m 间的对应。例如：

阿依努语	通古斯语	词义
nejakka'an	nəjəgəŋ	经常
kuttom	hɵəmɵttə	喉咙
ironne	dirama	厚的

阿依努语叠辅音和通古斯语叠辅音 kk、tt、nn 的对应。例如：

阿依努语	通古斯语	词义
ʃikkiruru	ʃikkiʃirəŋ	颤抖
okkajo	ʉkkəhəŋ	男孩
kettok	gəttig	冷冻、着凉发红
eʃittek	əʃittək	刚才
kunne	honno-	黑的

　　从以上实例我们可以看出，阿依努语单辅音与通古斯语叠辅音的对应现象出现率最高，其中最多的是叠辅音 kk 与单辅音 k 的对应，像叠辅音 gg、tt、mm 与单辅音 g、t、m 间的对应实例均出现得不多。其次是叠辅音 kk、tt、nn 的对应现象，而且叠辅音 kk 与 kk、tt 与 tt 比叠辅音 nn 与 nn 的对应现象要多。出现率较低的是阿依努语叠辅音 kk、tt、nn 与通古斯语单辅音 g、t、m 间的对应。另外，所谓叠辅音的对应，基本上出现于词中，在词首或词尾一般不出现。对此对应现象在这里做个简单交代，以后条件成熟的时候，可以再进行深入系统的比较研究。

第二章
阿依努语与阿尔泰语系语言词汇比较研究

  在这一章里，我们主要依据已搜集整理的第一手词汇资料，对日本阿依努语和阿尔泰语系语言中存在的共有词展开比较研究。就如大家所知，这些语言的词汇里，阿依努语及阿尔泰语系蒙古语族、突厥语族、满通古斯语族语言之间，存在一定数量的共有词。这些所谓的共有词，实际上是指这些语言里被共同使用的词语，由于对这些词的历史来源还没有进行过更加深入的比较研究，是否属于同一个历史来源的同源词，现在还未做出十分清楚的科学回答，尽管其中的不少词在其语音和词义方面已经表现出诸多共同历史来源关系，但还需要更加深入、系统、全面、客观翔实的科学研究，我们才能够下定论。正因为如此，我们现阶段的研究，还是将这些词暂定为共有词，并从共有词角度展开比较研究。那么，在下面的讨论中，从阿依努语和阿尔泰语系语言中语音词义方面共性最强，且具一定代表性、历史性、固有性的共有词入手，以阿依努语和阿尔泰语系语言共有代词、阿依努语及突厥语族语言共有词及阿依努语和鄂温克语共有词为题，着重分析它们的共有关系。从下面的讨论所涉及的角度、范围、内容来看，不仅关系到名词、代词、数词、形容词和动词等词类，还关系到一些虚词类词。其中，与名词类词相关的内容占有一定比例，其次是动词类词所占的比例。比较而言，关系到虚词类词的分析内容比较少。

第一节　阿依努语和阿尔泰语系语言共有代词

阿依努语和阿尔泰语系语言类词之间存在相当多的共性，代词表现出的共性较为突出。在这里，我们从历史比较语言学以及语言学对比研究、词汇类型学研究等角度，对阿依努语和阿尔泰语系语言代词里出现的共有现象进行学术讨论，进而实事求是地阐述这些共有代词在语音和词义——甚至在构词等方面存在的共有关系。代词在词汇学研究领域，尤其是在名词类词的研究中，占有相当重要的地位。在我们看来，无论对哪一种语言来说，代词都有非常高的使用率。虽然阿依努语从 20 世纪 30 年代以后逐渐失传，已成为消失了的民族语言，但日本早期的语言学家——尤其是从事阿依努语调查研究的专家学者——留下了相当丰富的口语资料、语言资料、词汇资料及相关研究成果等。该项研究中使用的阿依努语资料，也都来自他们的资料、词典和著作。阿尔泰语系语言资料主要源自中国的阿尔泰语系突厥语族语言、蒙古语族和满通古斯语族语言。那么，下面的分析和讨论，重点放在代词范畴的指示代词、疑问代词、人称代词、样态代词、位置代词等方面。

一　阿依努语和阿尔泰语系语言的共有指示代词

在这些语言的指示代词里关系最为密切的是远指代词。我们的资料表明，阿尔泰语系语言中均有跟阿依努语远指代词 ta "那" 在语音结构方面相同或十分相近的例证。比如说，阿依努语的八云方言、宗谷方言、名寄方言、沙流方言表示远指的说法有 tan(ta-n) "那"、tam(ta-m) "那个"、tanun(ta-nun) "那边" "那儿"、tata(ta-ta) "那儿"，桦太方言为 taranpe(ta-ranpe) "那"，宗谷方言为 tata'an (ta-ta'an) "那个"，千岛方言为 tampe(ta-mpe) "那个"、ten(te-n) "那"[①]。与此相关的说法及实例，阿尔泰语系满通古斯语族中有鄂温

[①] 阿依努语材料来自知里真志保著《阿依努语分类词典》（三册），东京，冈书院 1953—1954 年版；金田一京助著《阿依奴语概论》，东京，岩波书店 1936 年版；村崎恭子著《桦太阿夷奴语》，东京，国书刊行会 1975 年版。

克的 tari(ta-ri)"那""那个"、tatʃtʃil(ta-tʃtʃil)"那些"、tajja(ta-jja)"那""那个"、tali(ta-li)"那边"、tala(ta-la)"那""那儿",鄂伦春语的 tara(ta-ra)～tari(ta-ri)"那"、tala(ta-la)"那儿"、targi(ta-rgi)"那边",赫哲语的 tati(ta-ti)"那个"、tar(ta-r)"那",锡伯口语的 ter(te-r)"那个"及书面语的 tər(tə-r)"那",满语的 tərə(tə-rə)"那个"等;阿尔泰语系蒙古语族里也有保安语的 taŋ(ta-ŋ)"那"、taŋla(ta-ŋla)"那儿",蒙古语的 tərə(tə-rə)"那个",东部裕固语的 tere(te-re)"那",土族语的 te～ter(te-r)"那""那个",达斡尔语的 tər(tə-r)"那",东乡语的 tən(tə-n)"那"等[①];阿尔泰语系突厥语族的维吾尔语吐鲁番鲁古沁话的 ta"那"[②],柯尔克孜语的 teti(te-ti)"那个"、tigil(ti-gil)"那",塔塔尔语的 tɨgɨ(tɨ-gɨ)"那"[③]。另外,阿依努语内表示远指"那"概念的另一种说法是 ne～neja(ne-ja)～nəʼan(ne-'an)。有意思的是,这一说法同阿尔泰语系蒙古语族达斡尔语的 neja(ne-ja)"那个",以及与满通古斯语族鄂温克语的 nugaŋ(nu-gaŋ)～nuʼaŋ(nu-'aŋ)～neʼaŋ(ne-'aŋ),鄂伦春语的 nugan(nu-gan)～nuwan(nu-wan)～niʼan(ni-'an),还有突厥语族维吾尔语的 u、撒拉语的 u、乌孜别克语的 u 等表示远指的"那"等说法也有一定联系。如果说,*nu 是指示代词"那"的另一种早期语音结构形式的话,那么上例中出现的阿依努语的 ne、ne-,同指示代词"那"或作为该词词根的达斡尔语 ne-、鄂温克语和鄂伦春语 nu-、ne-、ni-,维吾尔语和撒拉语及乌孜别克语的 u 等都有可能同早期的 *nu 有联系。

阿依努语的指示代词里,还有用音长表示所指距离远近关系的现象。并且,该音长一般落在指示代词的第一音节或第二音节的元音上。比如说,指示代词 tan"那"就有 tan"那"(近指)、taan"那"(远指)两种说法。除此之外,还有 tata"那个"(近指)、taata"那个"(远指),tampe"那"(近指)、taampe"那"

---

① 蒙古语族语言材料主要来自《中国少数民族语言简志丛书·蒙古语族语言简志》(民族出版社 1982—1983 年版);内蒙古大学编著的《蒙古语族语言方言研究丛书》(内蒙古人民出版社 1983—1987 年版);孙竹主编《蒙古语族语言词典》(青海人民出版社 1990 年版)。
② 社科院民族所突厥语组雅森吾守尔博士提供的资料。
③ 突厥语材料来自《中国少数民族语言简志丛书·突厥语族语言简志》(民族出版社 1985—1986 年版)和《中国突厥语族语言词汇集》,民族出版社 1990 年版。

(远指)等指示代词。对此语音现象，一些阿依努语专家认为，在上述远指代词的长元音 aa 中间应该有喉音，由此应该将该长元音发音或记写成 a'a。不过，在有些阿依努语词典里却没有写入喉音，以长元音形式进行了记录或转写。①有意思的是，在阿尔泰语系语言的某些口语中，也能见到用音长表示远近距离的现象。比如说，满通古斯语族通古斯语支的鄂温克语和鄂伦春语就有 tari "那"(近指)、taari "那"(较远)，突厥语族的维吾尔语也有 u "那"(近指)、uu "那"(远指)及柯尔克孜语的 te "那"(远)、tee "那"(较远)，蒙古语族蒙古语的 tər "那"(近指)、təər "那"(远指)等。另外，阿依努语里也用 to、tonun(to-nun)、toan(to-an)、tonta(to-nta)、toon(to-on)等说法表示远指代词 "那"之概念。同样，在蒙古语族东乡语的 totu(to-tu) "那么多"的词根 to-，蒙古口语中的 todii(to-dii) "那些个"的词根 to-，以及东部裕固语的 tun(tu-n) "那"及 tumu(tu-mu) "那样"的词根 tu- 等有其必然的联系。而且，蒙古语族的 to- 或 tu- 基本上是由 ta- 演变而来的。由此看来，阿依努语远指代词中出现的 to(to-)也有可能是指示代词 ta(ta-) "那"的一种变体。

近指代词 "这"，在阿依努语里有几种说法。其中，同阿尔泰语系语言有关系的说法是 ene(e-ne)。日本一些阿依努语专家学者认为，该语言的近指代词词首出现的元音 e 是前加成分，也就是属于近指代词 ene "这"的前缀成分。比如说，日本阿依努语专家村崎恭子在她的《桦太阿依努语》（语法分册）中分析桦太地区的阿依努语代词时指出，该地区的阿依努语有 ene'an (e-ne'an) "这样的"、ene'oka(e-ne'oka) "这么些"等近指代词，进而还特别注明只有老年人才使用这些近指代词，其他人表示这些近指概念时要把词首元音 e 省略掉②。由此可见，阿依努语桦太方言中，近指代词词首使用元音 e 而形成的 ene'an 或 ene'oka 等说法是属于比较早期的语音结构形式。又比如，著名阿依努语专家知里真志保博士在其《阿依努语分类词典》里也提出，该语言的近指代词词首有元音 e-或 ee-，并解释其表达的词义是 "这"或 "这个"等近指概念。因此，我们认为，阿依努语近指代词 ene(e-ne)、ene'an(e-ne'an)、

---

① 萱野茂：《阿依努语辞典》，东京，三生堂 1996 年版。
② 村崎恭子：《桦太阿依努语——语法篇》，东京，国书刊行会 1979 年版，第 86—87 页。

ene'oka(e-ne'oka)等的词首出现的元音 e 恐怕不是前缀成分,或许是阿依努语早期近指代词的词根成分。与此相关的例子,在阿尔泰语系语言中也有不少。比如说,蒙古语族里出现的东部裕固语的 ene(e-ne)"这个",保安语的 enə(e-nə)"这个",蒙古语的 ənə (ə-nə) "这"和 əgun(ə-gun)"这个",达斡尔语的 ən(ə-n)"这个",土族语的 ne"这" 等①近指代词词首的 e-<ə-,以及满通古斯语族的锡伯口语的 er(e-r) 或 eva(e-va)"这个",满语的 ərə(ə-rə)"这",鄂温克语的 ərə(ə-rə)~əri(ə-ri)"这", 鄂伦春语的 əri(ə-ri)~ər(ə-r)"这个",赫哲语的 əji(ə-ji)~əj(ə-j)"这" 等近指代词词首的 e-<ə- 均和阿依努语近指代词词首出现的 e- 有关。不过,阿尔泰语系突厥语族语言以及蒙古语的某些方言土语中使用的近指代词"这"的说法,刚才举例说明的情况有所不同。比如说, 突厥语族维吾尔语的 mu~munu(mu-nu)"这",哈萨克语的 munə(mu-nə)mənа(mə- na) ~ mənaw(mə-naw)"这个",乌孜别克语的 mænæ(mæ-næ)"这",撒拉语为 mu"这"等,以及蒙古语喀喇沁土语的 muni(mu-ni) ~ mun(mu-n) ~ məni(mə-ni)"这",还有蒙古语的 mono(mo-no)"这"等近指代词。不过,在突厥语族里,这些近指代词词根在不接任何后缀的前提下,词根 mu 的语音结构形式被使用,并表示近指代词"这"之词义。尽管如此,mu- 更多的时候,在词根后面接相关词缀之后才用于句子。这里提到的近指代词词根 mu,看上去好像跟阿尔泰语系语言里出现的复数第一人称代词 bu 有一定历史来源方面的关系,似乎是某一特定时期受语言发展演变影响,或者是受语音变化规律的直接影响而产生的语用形式,也就是说,近指代词词根 mu- 有可能是 bu 的一种变体。因为 bu 可以在不接任何词缀的情况下单独使用,而 mu- 在更多的时候,只有接某一词缀后才可以用于句子。这使我们怀疑,是否在 bu 后面接诸多后缀导致 mu 音变。当然,对此问题,现在还很难明确下结论。根据比较分析,代词词根 bu 和 mu- 在阿尔泰语系不同语言内表示的词义,以及不同语言中使用的具体情况也有所不同。就如前面所说,有的语言里 bu 和 mu- 均表示人称代词。尤其是在满通古斯语族语言里 bu 和 mu- 都指复数第一人称

---

① 土族语近指代词 ne"这"是属于词首元音 e 脱落以后出现的语音结构形式。

"我们"，其中 bu 要用词根形式，而 mu- 要在接不同词缀的前提下才能够使用。与此相反，有的语言里 mu 也可以在不接任何词缀的情况下，以词根形式使用于句子。而且，要表示近指代词"这"的概念。假设 mu 来自 bu 的话，bu 是属于最早期的语音形式，它的演变过程应该是 *bu ＞mu＞mə＞ə~e。通过以上比较，可以看出这一假说跟阿依努语和阿尔泰语系语言近指代词的演化规律比较吻合。

从阿依努语资料来看，该语言的一些方言土语里近指代词和远指代词，不像阿尔泰语系语言区分得十分清楚而严格。比如说，阿依努语八云方言里 taan (ta-an)不仅表示近指的"这"的词义，同样也表示远指的"那"之意。又比如，阿依努语千岛方言中 ten(te-n)、tan(ta-n)也同样表达近指的"这"和远指的"那"双重词义。阿依努语中出现的这种情况，是否在暗示人类早期使用的指示代词根本就没有近指和远指的区分。也就是说，人类早期使用的指示代词，根本就不具备区分近指或远指的功能和作用。甚至，像第三人称代词一样，人类早期使用的代词，根本就不具备指人或指物的区别功能和作用。后来伴随人类语言的进步和发展，早期使用的代词产生分化而出现人称代词和指示代词时，给予最早使用的代词不同的内涵或概念，进而出现不同的使用关系、不同的使用角度。而且，在历史来源有关系的语言，或属于同一个语系、同一个语族的语言，都有可能出现类似现象。这些分析和假定，或许和阿尔泰语系突厥语族语言里 bu 表示近指的"这"、ʃu＜su 表达远指的"那"，同阿尔泰语系满通古斯语族语言里 bu 指复数第一人称代词"我们"、su 表示复数第二人称代词"你们"等区别性使用有其必然的内在联系。总之，在阿依努语方言里，出现的近指代词与远指代词在使用上没有明显区分，自然给阿尔泰语系语言与阿依努语指示代词的比较研究，以及对于近指代词和远指代词的早期语音结构进行区别分析和构拟都带来一定困难。

我们把上面分析和讨论的在阿依努语和阿尔泰语系语言中出现的那些存在共有关系的指示代词概括为以下三种结构类型：

(1) *ta＞ta、te、ti、tə、to、tu、to "那"；

(2) *nu＞nu、ne、ni、i "那"；

(3) bu＞mu、mə、me、e、ə"这"。

二 阿依努语和阿尔泰语系语言的共有疑问代词

在这里，我们只是分析那些在语音结构，以及词义结构等方面相同或基本一致的疑问代词。说实话，在阿依努语和阿尔泰语系语言里出现的代词确实有不少，其中语音和词义上有密切相关的也不少。不过，很多实例来源于同一个词根，也就是从某一疑问代词词根派生出若干个意义上相互关联的其他疑问代词。有意思的是，派生这些疑问代词的构词词缀，相互间也有不同程度的内在联系。下面，我们把从阿依努语和阿尔泰语系语言中收集整理到的所有共有关系的疑问代词，分类为 ne、he、qa、i 四种结构类型，展开比较分析和讨论。

第一，阿依努语的疑问代词中最为常见的是 ne，它主要表示"什么""哪个"等疑问概念。而且，在阿依努语里由 ne 构成的疑问代词确实不少。比如说，nee(ne-e)"哪个"、nen(ne-n)"谁"、ne'eta(ne-'eta)"哪一位"、nep(ne-p)"什么"、nei(ne-i)"哪里"、nekon (ne-kon)"如何"、ne'erohkehe (ne-'erohkehe)"几个"、neera'an(ne-era'an)"怎样"、nehwa'an (ne-hwa'a)"哪边"、nemanu(ne-manu)"哪儿"等。与此相关，在阿尔泰语系语言中跟阿依努语疑问代词 ne 相同或相近的疑问代词也有不少，尤其是在突厥语族和满通古斯语族语言内出现的比较多。比如说，有突厥语族哈萨克语的 ne~nemene (ne-mene)"什么"、neʃe(ne-ʃe)"几个""多少'、nege(ne-ge)"为什么"，撒拉语的 nehdʒe(ne-hdʒe)"几个"、neʁe (ne-ʁe)"为何"，柯尔克孜语的 ne"哪儿"、netʃe(ne-tʃe)"多少"，西部裕固语的 neʁe(ne-ʁe)"为什么"、ni"哪儿"、nime(ni-me)"什么"、nidʒi (ni-dʒi)"多少"，维吾尔语的 ne"哪儿"、nɛr(nɛ-r)"何"、netʃtʃe(ne-tʃtʃe)"几个"、nime(ni-me)"什么"、nimiʃqa(ni-miʃqa)"为什么"，塔塔尔语的 nɛrsɛ(nɛrsɛ)"什么"、nɛrsɛgɛ(nɛ-rsɛgɛ)"为什么"、ni"什么"、nigɛ(ni-gɛ)"如何"，乌孜别克语的 nɛ"哪儿"、netʃɛ(nɛ-tʃɛ)"几个"、nimɛ(ni-mɛ)"什么"、nimɛgɛ(ni-mɛgɛ)"为什么"、nitʃɛntʃi(ni-tʃɛntʃi)"第几"。另外，满通古斯语族语言内同阿依努语疑问代词 ne 相关的疑问代词也有不少。比如说，赫哲语 ni"谁"，鄂温克语 ni"什么"、"谁"，鄂伦春语 ni"谁"

等。还应该提到的是，在突厥语族的柯尔克孜语中出现有 emne(em-ne)"什么"和 emnege (em-ne-ge) "为什么"两个疑问代词。根据该语族语言疑问代词的语音结构类型，以及基本结构原理来看，这两个词词首出现的音节 em- 好像属于前缀成分。因为，在突厥语族诸语言内 ne 一般表示"什么"，而 nege 主要表示"为什么"之意。

第二，阿依努语里由疑问代词词根 he 派生而来的疑问代词也有不少。比如说，hem (he-m)"什么"、hemanu(he-manu)"哪个"、hempah(he-mpah)"几个"、hemata(he-mata)"什么"、hemanta(he-manta)"哪里"、hemanuh (he-manuh)"如何"、hempak(he-mpak)"什么样的"、hempar ＜he-mpar"何时"等。那么，同样与该疑问代词词根 *ke->he 相关的疑问代词，在阿尔泰语系蒙古语族里也有不少。比如说，东部裕固语的 ken(ke-n)"谁"、kedzə (ke-dzə) "何时"、kedəhəŋə(ke-dəhəŋə)"怎么"，蒙古语卫拉特方言的 ke~kem(ke-m)~ken (ke-n)"谁"、kedi(ke-di)"多少"，蒙古语巴尔虎布利亚特方言的 xəŋ(xə-ŋ)"谁"，达斡尔语的 kən(kə-n)"谁"、kər(kə-r)"怎样"、kədi(kə-di)"几个"、kədʒə(kə-dʒə)"何时"等。再者，突厥语族语言内也有相关疑问代词。比如说，撒拉语的 kem(ke-m)"谁"，维吾尔语、哈萨克语、柯尔克孜语、乌孜别克语的 kim(ki-m)"谁"，西部裕固语的 kəm (kə-m)"谁"，图瓦语①的 kɤm(kɤ-m)"谁"等。前面谈到的阿依努语疑问代词 hem 的变体 hum (hu-m)也有表达"谁"之意。同时，该疑问代词 hum 还能够表示"什么"或"哪个"等疑问概念。从以上一系列例子，我们可以看出，阿依努语疑问代词 hem(he-m)同阿尔泰语系突厥语族的 kem(ke-m)＞kim(ki-m)＞kən(ke-n)，还有与蒙古语族的 kem(ke-m)＞ken(ke-n)＞xən(xə-n)等的词根 he- 与 ke＞ki-＞kə- 之间，以及前面所提到的阿依努语和阿尔泰语系语言诸多疑问代词词根 he- 与 ke＞ki-＞kə-＞kɤ- 或 he-＞hu- 间存在的深层次而极其亲近的历史来源关系。

第三，在阿依努语里，由疑问代词词根 qa、ka、ha、a 构成的疑问代词也有一些。其中，最具代表性的有 kan(ka-n)"怎么"、ka-nak(ka-nak)"怎样"、

---

① 图瓦语也作土瓦语。

kanakan(ka nakan)"哪边"等。与阿依努语这些疑问代词相关的实例在阿尔泰语系语言里也有不少。比如说，突厥语族图瓦语的 kajʁ(ka-jʁ)"哪里"、kajsʁ(ka-jsʁ)"哪个"、kandʁx(ka-ndʁx)"怎样"、kaʃanbir(ka-ʃanbir)"任何时候"、kadʒan(ka-dʒan)"何时"，维吾尔语的 qajsi(qa-jsi)"哪个"、qandaq(qa-ndaq)"怎样"、qatʃan(qa-tʃan)"何时"、qantʃɛ(qa-ntʃɛ)"多少"，哈萨克语的 qajsə(qa-jsə)"哪个"、qaʃan(qa-ʃan)"何时"、qanʃa(qa-nʃa)"多少"、qandaj(qa-ndaj)"怎样"，柯尔克孜语的 qajer(qa-jer)"哪里"、qantʃa(qa-ntʃa)"多少"、qajsə(qa-jsə)"哪个"、qatʃan(qa-tʃan)"何时"、qandaj(qa-ndaj)"怎么"，塔塔尔语的 qajda(qa-jda)"哪儿"、qantʃa(qa-ntʃa)"多少"、qajsə (qa-jsə)"哪个"、qandaj(qa-ndaj)"怎样"、qajtʃan(qa-jtʃan)"何时"，西部裕固语的 qaʂ(qa-ʂ)～Gahʂ(Ga-hʂ)"多少"、qahdzan(qa-hdzan)～Ga-hdzan(Ga-hdzan)"何时"、Gajdan(Ga-jdan)"无论怎样"、Gajdaʁ(Ga-jdaʁ)"怎样"，撒拉语的 Gada(Ga-da)"哪里"、Gajsi (Ga-jsi)"哪个"、Gadʒaŋ (Ga-dʒaŋ)"何时"等。另外，还有蒙古语族东乡语的 qala(qa-la)"哪里"，达斡尔语的 kaida (ka-ida)～haida(ha-ida)"哪里"、kaana(ka-ana)～haana(ha-ana)"哪儿"、ani(a-ni)"谁"、ali (a-li)"哪个"，蒙古语的 ha "哪里"、haʃi(ha-ʃi)"往哪儿"、hanasa(ha-nasa)"从哪儿"、hamiga(ha-miga)"哪儿"，东部裕固语的 xana(xa-na)"哪里"，保安语 hala(ha-1a)"哪里"等。再者，满通古斯语族内也有与此相关的实例，如鄂伦春语的 kaida(ka-ida)"往哪里"、awu (a-wu)"谁"、aali(a-ali)"何时"，鄂温克语的 hajda(ha-jda)"往哪里"、adi(a-di)"几个"、awu (a-wu)"谁"、aali(a-ali)"何时"。在这里有必要解释的是，在满通古斯语族通古斯语支的鄂伦春语和鄂温克语中，前面列举的有关时间的疑问代词 aali "何时"一词词首长元音是 aa-，是由于原有词 agali 的第一个音节末辅音 g 出现脱落而形成的长元音形式。然而，疑问代词 agali 一词是由 a- "什么"和 gali "时代""尘寰" 联合构成的。还有，鄂温克语黑龙江讷河地区的鄂温克族老人，也会把像 adi(a- di)"几个"、awu(a-wu)"谁"、aali(a-ali)"何时"等疑问代词，发音成 hadi(ha-di)、hawu(ha-wu)"谁"、haali(ha-ali)"何时"等现象。除此之外，满

通古斯语族通古斯语支的赫哲语里也有 hai(ha-i)"什么"、hadi (ha-di) "几个"、hadu(ha-du) "多少"等说法。总之，以上所举的实例无可怀疑地说明，阿依努语和阿尔泰语系语言的这些疑问代词均来自词根 qa＞ka＞ha＞a，从而构成有关时间、地点、样态方面的一系列疑问代词。

第四，我们掌握的资料还显示，在阿依努语中还有由词根 i 构成的疑问代词。比如说，ine(i-ne)"怎样"、inan(i-nan)"怎么"、inki(i-nki)"哪个"等。在我们看来，词根 i 同阿尔泰语系蒙古语族和满通古斯语族语言里，由词根 ja 开头的疑问代词有关系。比如说，蒙古语族蒙古语的 jagu(ja-gu)"什么"、jamar(ja-mar)"什么样的"、jagahigad(ja-gahigad)"怎么"，保安语的 jaŋ(ja-ŋ)"什么"、jamtəg(ja-mtəg)"什么样的"，达斡尔语的 jamar(ja-mar)"怎样"，joo(jo-o)"什么"①、juuguu(juu-guu)"为何"②，东部裕固语的 jan(ja-n)"什么"、jamar(ja-mar)"怎样"、imagar(i-magar)"怎样的"③，土族语的 jaaɢa(ja-aɢa)"怎么"、jaan(ja-an)"什么"，东乡语的 jama(ja-ma)"怎样的"、imar(i-mar)"怎么"、ian(ia-n)"什么"等。在满通古斯语族语言里同样有相关实例，如满语支的满语的 ja"什么""谁"、jaba(ja-ba)"几个"、jaha(ja-ha)"多少"、aba(a-ba＜jaba)"几个"、ana(a-na＜jana)"为什么"，锡伯语的 ja"什么"、jask(ja-sk)"多少"、jank(ja-nk)"几个"、an(a-n＜jan)"为什么"，赫哲语的 ja"什么"，鄂温克语的 joodo(jo-do)"为何"、johoŋ ~ ohoŋ(jo-hoŋ~o-hoŋ)"什么"④，鄂伦春语的 jarn(ja-rm)"什么"、jokun ~ ikun(jo-kun ~ i-kun)"什么"。总之，在阿依努语和阿尔泰语系语言中，由疑问代词词根 ja-＜jo~-a~o~-i- 等派生而来的这些疑问代词，虽然在语音结构上出现一系列不同程度的演变，但经过比较研究仍可以找到它们共同的早期语音形式。

我们将以上阿依努语和阿尔泰语系语言内有共有关系的疑问代词，在语音方面出现的不同程度的演变及其规律，可以用以下四种结构类型进行概括：

---

① 该疑问代词 joo "什么" 的形成原理应该是：ja +go=jago＞jao＞joo。
② juuguu "为何" 的形成原理应是：ja+gundu=jagugundu＞jaugunnu＞juugunu＞ juuguu。
③ imagar "怎样的" 的形成原理应是：ja+magar=jamagar＞iamagar＞imagar。
④ 鄂温克语疑问代词 joodo "为何" 和 johoŋ "什么"，应该分别来自 ja+ohondu=jaohondu＞joohodu＞joohdu＞joodo＞joodo，ja+ohoŋ= jaohoŋ＞johoŋ。

(1) *ni＞ni、ne、nɛ、e；
(2) *qa＞qa、ɢa、ka、ha、xa、a；
(3) *qe＞ke、ki、kə、kɤ、he、hə、xə；
(4) *ja＞ ja、jo、a、i。

三 阿依努语和阿尔泰语系语言的共有人称代词

在人称代词范畴，阿依努语和阿尔泰语系语言中也一定程度地表现出共有关系。但是，人称代词内出现的共有关系，或者说共同要素，不像指示代词和疑问代词那么多、那么丰富。而且，在语音的结构性特征，包括结构类型上出现不同程度的区别关系和异同现象。比如说，阿依努语的复数第一人称代词"我们"基本上用 a- 来表示。但是，在阿依努语桦太方言则使用 an(a-n) 这一说法。该语言的这些实例，同阿尔泰语系蒙古语族蒙古语的 man(ma-n)、达斡尔语的 ba~man(man)、土族语的 ma-~man-(ma-n)、保安语的 ma- 似乎有所联系。因为，在达斡尔语的某些方言土语里将 ba 或 ban 及 man 等也说成 an。然而，达斡尔语里被简化语音形式的人称代词 an，其内涵却显得十分复杂，不仅可以表示"我们"，同时也可以表示"我"，甚至在个别语言环境里还可以表达"他"或"他们"的不同人称代词概念。由此看来，同阿依努语的 a-~an-(a-n-) "我们"相关的说法，主要出现在蒙古语族诸语言中。再者，单数第二人称代词"你"，在阿依努语里一般叫 e-。与此相关，在阿尔泰语系突厥语族的维吾尔语、哈萨克语、柯尔克孜语、乌孜别克语、撒拉语等中也把"你"说成 sen(se-n)，塔塔尔语中说成 sin (si-n)。另外，在满通古斯语族通古斯语支语言内把"你"几乎都说成 ʃi 或 ɕi~i。再比如，蒙古语族蒙古语的 tʃi、保安语的 tɕi、东乡语的 tʂi~tʂɯ、达斡尔语的 ʃa~ʃe~ʃi、土族语的 tɕə～tɕən(tɕə-n) 等。从以上实例可以看出，阿依努语单数第二人称代词词根 e-"你"，同突厥语族语言的 se-、sɛ-、si，满通古斯语族语言的 ɕi、ʃi、i，蒙古语族语言的 tʃi、tɕi、tʂi、ʃi、tʂɯ、tɕə、ʃe、ʃa 均有不同程度的内在联系。若是假定 se 是单数第二人称代词"你"的早期语音结构形式的话，那么它的演变形式和规律应该是 *se＞se (ʃe、e)、sɛ(tʂɯ、tɕə)、si(tʃi、tʂi、tɕi、ʃi、ɕi)、i。

资料还显示,阿依努语在有关单数第三人称代词"他"的说法上,却跟阿尔泰语系语言保持不同程度的共属关系。比如说,阿依努语的 i"他",同阿尔泰语系蒙古语族达斡尔语的 in(i-n)①、东部裕固语的 ene(e-ne),以及满通古斯语族赫哲语的 ini(i-ni)、满语 i 等相同或相近。并且,阿依努语桦太方言把"他"说成 ø>*u。该说法,也跟突厥语族说"他"的叫法相关。比如说,有维吾尔语、乌孜别克语、撒拉语的 u、哈萨克语和塔塔尔语的 ol(o-1) <*ul(n-1)等。再如,阿依努语的 oka,以及阿依努语桦太方言的 okaj 等说法,也和满通古斯语族鄂温克语的 nugaŋ、鄂伦春语的 nugan,以及蒙古语族保安语的 odʐan 和达斡尔语的 nugan～nogan～nowan 等也有一定关系。

尽管阿依努语和阿尔泰语系语言里,有关人称代词共属关系方面的例子出现得不多。但是,经过以上所掌握的资料进行对比和比较研究,我们从不同角度已经不同程度地了解到这些语言在人称代词中存在的共属关系。不过,在此方面还需要进一步深入讨论。可以看出,上面分析和讨论的人称代词,在语音结构方面,也就是在语音结构类型上,出现了一系列不同程度的变化。毫无疑问,这给人称代词的比较研究带来一定困难。然而,通过以上比较研究,我们还是一定程度上了解或把握了其中存在的深层次的早期的一些共有关系。其实,在阿依努语口语资料及方言土语里,包括阿尔泰语系语言的诸多方言土语资料中,还有不少很有学术价值的人称代词方面的语言资料,在以后的研究中应该更全面系统地开发利用。在此基础上,不断科学阐释阿依努语和阿尔泰语系在人称代词方面存在的共有关系。

四 阿依努语和阿尔泰语系语言的共有样态代词②

这里所说的样态代词,就是指代替人或事物的样子或状态的词,如汉语的

---

① 达斡尔语的 in(i-n)"他"可能来源于 ənə (ə-nə) "这",因为,该语言里 ənə 也指单数第三人称近指的"他"。例如,在达斡尔语海拉尔方言里,把蒙古语的 ənə hiri "这个程度"、əiʃi(ə-iʃi) "往这边"、əimurhu (ə-imurhu) "这样的"、əimu bol(ə-imu bol) "这样的" 等,均叫 ikə(i-kə)、idə (i-də)、imur(i-mur)、ikən(ikən)、ikisə(i-kisə) 等。在我们看来,《蒙古秘史》的"亦纳"的"亦"也与此有关。

② 样态代词,在一般词法书上也叫指示代词。本文只把指距离的叫指示代词,把指样态的叫样态代词,把指位置的叫位置代词。

"那样的"和"这样的"都属于样态代词。事实上,阿依努语和阿尔泰语系语言里,有其一定数量的样态代词,且均有相当广泛的使用面和相当高的使用率。毫无疑问,这完全跟使用这些语言者具备的极其丰富的形象思维有必然联系。从某种角度来讲,人们的形象思维越发达,语言中使用的样态代词越多越丰富。那么,根据分析,阿依努语虽然有相当数量的样态代词,但它们的绝大多数是由近指代词词根 e-,以及远指代词词根 ne- 或 ta->to 后面接缀构词词缀 -ne'an ~ -no'an ~ -oneno'an ~ -aneno'an 等派生而来的。而且,其内部根据样态代词词根的不同,还可以分类出近指样态代词和远指样态代词等。比如说,阿依努语八云方言、幌别方言、沙流方言等,其中就有近指样态代词 ene'an(e + -ne'an ＜ e + nugan)"这样的"。其中,词根部分的 e- 是属于近指代词"这"的词根,它后面接缀的所谓构词词缀 -ne'an 可能由样态助词 *nugan "一样" >*nu'an>ne'an 演化而来。阿依努语八云方言内,也有与此密切相关的近指样态代词 ano'an(a + -no'an)"这样的"。毫无疑问,该样态代词词根显然是 a-,而该 a- 原本就属于单数第一人称代词词根。也就是说,近指样态代词 ano'an "这样的"是在单数第一人称代词词根 a- 后面接缀由样态助词 *nugan>*nu'an>no'an 词缀化而来的构词词缀 -no'an 而构成的。那么,构词词缀 -no'an 同 -ne'an 同样源自样态助词 *nugan "一样"。另外,在阿依努语名寄方言中,还有用 neno'an(ne + -no'an)表示"这样的"之意的现象。我们在前面讨论指示代词时,把 ne 解释为远指代词"那"。然而,在阿依努语名寄方言里的 ne 同样能够表示近指代词的"这"之概念。在阿依努语桦太方言中,只有老年人说 ene'an(e-ne'an)"这样的",而中青年人则发音作 nahan ＜ *enugan。这恐怕是 enahan(<e-nugan)词首的近指代词词根 e- 出现脱落而造成的发音形式。该方言中,远指样态代词"那样的"要用 na'ahan(na-'ahan) 来表示。我们认为,na-'ahan 是由 *nanugan(na-nugan) 演变而来的。而词首出现的 na- 在阿依努语桦太方言中,不只是表示远指的"那"之意,同时也能够表示近指的"这"之概念。阿依努语沙流方言里,还有一种与此有关的说法是 taaneno'an "这样的"。该词词首音节 taan 是指"这",而 eno'an 就如前面的论述,它是属于近指代词 e- "这"接缀构词词缀 -no'an (<*nugan)"一样"的

结果。如此看来，沙流方言的样态代词 taaneno'an "这样的"的语音结构类型应该是，在以连缀形式使用的两个近指代词 taan "这"和 e "这"后面，再接缀构词词缀 -no'an(＜*nugan) "一样"而派生的新词。严格意义上讲，该样态代词所表示的应该是"这这一样的"之义。这或许是样态代词"这样的"之意的强调使用形式，要么是样态代词"这样的"的复数性质的语音结构类型。与此相关，阿依努语其他方言中表示"那样的"之意时，同样用 taneno'an 或 taaneno'an 及 tooneno'an 等说法来表达。毋庸置疑，这些说法在语音结构类型上跟刚刚提到的 taaneno'an 保持了完全一致或基本相一致。由此看来，taan 或 tan 及 toon 在阿依努语方言中不仅表达远指代词的"那"，同时也可以表示近指代词的"这"。有意思的是，沙流方言里指代词词根 e- 派生而来的近指样态代词 ene'an，同样也可以用于表示远指"那"之概念。事实上，在这里讨论的样态代词 taaneno'an(taan "那" + e "那" + no'an ＜*nugan "一样")表现出的是"那那一样的"之词义。从这些样态代词在语言中使用的实际情况来看，绝大多数实例是从近指样态代词角度使用于句子。与此同时，我们也发现，这些所谓近指样态代词在阿依努语里，同样可以从远指样态代词"那样的"之意被使用。也就是说，像样态代词 taaneno'an、taneno'an、na'ahan、neno'an、ene'an、ano'an、nahan 等均具有表示"这样的"和"那样的"双重词义的功能和作用。

阿依努语有关样态代词的使用方面出现的这一特殊现象，与阿尔泰语系满通古斯语族语言的样态代词使用情况十分相近，甚至在语音结构类型上也保持高度一致。比如说,通古斯语支鄂温克语和鄂伦春语里就有 ərinəgən "这样的"、tnri-nagan "那样的"等样态代词。那么，这两个样态代词构成原理，同样是属于近指代词 əri(ə-ri) "这个"和远指代词 tari(ta-ri) "那个"与由样态助词演变而来的词缀形式 nugan＞nəgən 构成的。鄂温克语和鄂伦春语中的 nugan 是属于样态助词，而 nəgən 是受前置词根 əri 强力影响而出现的 nugan 之变体性语音结构形式。具体讲，样态助词 nugan "一样"出现于近指代词 əri "这"、远指代词 tari "那"后面时，词中元音 u 和 a 受 əri 词首元音 ə 和 tari 第一音节元音 a 的影响，根据元音和谐规律演变为元音 ə 和 a。此外，在鄂温克语和鄂伦春语中常见的样态代词 ənnəgən"这样的"、tannagan"那样的"词首出现的 ən- 或 tan- 也是由近指代词 əri、远指代词 tari 演变而来的语音形式。换句话说，指示代词 əri 和 tari 同样态助词 nugan "一样"的词缀化形式相结合时，词尾元音 i 发生脱落的同时，元音 i 前面的辅音 r 也被后缀 -nugan 词首辅音 n 逆同化成 n 音。在满通古斯语族语言的方言土语里，也将样态代词 ənnəgən"这样的"、tannagan"那样的"发音成 ənʉwən ~ ənɵ'ən"这样的"、tanuwan ~ tano'an"那样的"等现象①。这些样态代词也是，在近指代词词根 ə- 后面接缀 nuwən ~ no'ən，以及远指代词词根 ta- 后面接缀 nuwan ~ no'an 而构成。然而，无论是 nuwən ~ no'ən，还是 nuwan ~ no'an 均属于样态助词 nugan "一样"演变而来的词缀结构形式。类似情况，在蒙古语族达斡尔语里也能够见到。比如说，ənnuwan ~ ənu'an "这样的"、tənnuwan ~ tənu'an"那样的"等，同样是指示代词 ənə(ə-nə)的词根 ə-"这"、tərə(tə-rə) 的词根 tə-"那"跟样态助词 *nugan＞nuwan＞nu'an "一样的"构成的实例。再者，在突厥语族的乌孜别克语中也出现与此相关的样态代词。比如说，unεqε(u-nε-qε)"那样的"、bunεqε(bu-nε-qε)"这样的"。根据资料，乌孜别克语的样态代词 unεqε 的词首 u 是属于远指代词"那"，同样 bunεqε 一词的词首音节 bu- 也是属于近指代词"这"。而且，接在 u- 或 bu- 后面的 -nεqε 有可能是样态助词 *nugan"一样"的变体。

尽管在这里我们把 nugan"一样"自始至终地解释为样态助词，但是，也不得不认真考虑样态助词 nugan 在起源上与满通古斯语族通古斯语支语言的远指代词 nugan"那"②是否有关联的问题。也就是说，早期人们是否同时利用不同语音结构类型的指示代词之缩合形式表示不同事物间的比较或对比，进而派生出不同词义内涵的样态代词。比如说，近指样态代词 ərinugan＞ərnugan＞ənnugan＞ənugan＞ənu'an＞ənu'ən，以及远指样态代词 tarinugan＞tarnugan＞

---

① 鄂温克语巴彦嵯岗土语就有此说法。
② 这里所说远指代词 nugan 属于阿尔泰语系满通古斯语族通古斯语支语言最为古老的词语之一，主要表示"那""那个"以及单数第三人称代词"他""她"，对于该代词是先表示的"那"还是"他"学术界有不同看法。一部分人认为，先有了"那"，后有了"他"。与此相反，也有人认为，先是有了"他"，后来才有了"那"。对此的看法，至今还未完全统一。

tannugan＞tanugan＞tanu'an 等。这些由近指代词 əri"这"或其词根 ə- 与远指代词 nugan"那"，以及由远指代词 tari"那"或其词根 ta- 同远指代词 nugan"那"构成的样态代词，起初所表示的应该是"这和那一样"及"那跟那一样"等词义，后来在词义上又发生新的变化和发展，进而孕育出具有"这一样的"或"这样的"，以及"那一样的"或"那样的"之义的样态代词。其结果，词首的指示代词保留了原义，后面以黏着形式使用的指示代词 nugan 自然而然地演变为表示"一样"之意的附属性成分，或者说变成了样态代词的一种构词性结构形式。这就是说，自从远指代词 nugan 具有了样态助词"一样"的功能和作用以后，在这一特殊的语用环境和条件下，逐渐失去了它作为远指代词"那"（或"他"）这一原意，演变为表示"一样"之意的样态助词。或许是受其影响，满通古斯语族通古斯语支语言里，将 nugan 用单数第三人称代词"他"的角度使用的变得越来越少，只有一些老人在他们的口语中使用 nugan 的"他"之概念。与此相反，除了那部分老年人之外，其他人几乎无一例外地把 nugan 作为样态助词的"一样"来使用。

总之，通过以上分析和讨论，我们已经较清楚地认识到，阿依努语中使用的样态代词 taaneno'an、taneno'an、na'ahan、neno'an、ene'an、ano'an、nahan 等，阿尔泰语系语言内出现的近指样态代词 ərinugan＞ərnugan＞ənnugan ~ ənnəgən＞ənugan＞ənu'an ~ ano'an＞ene'an ~ ənu'ɛn 和 bu-nɛ-qɛ 等，以及远指样态代词 tarinugan＞tarnugan＞tannugan＞tanugan＞tanuwan＞tanu'an＞tano'an 和 tənnuwan＞tənu'an 或 unɛqɛ 等均属于指示代词和样态助词的词缀化语音结构形式构成的。不过，阿依努语的样态代词，几乎都具备近指样态代词和远指样态代词双重词义的功能和作用。

五 阿依努语和阿尔泰语系语言的共有位置代词

位置代词所说的就是指称位置的代词。在阿依努语和阿尔泰语系语言里，一般是由近指代词词根 e- 或 ə-、远指代词词根 ta- 或 te- 及 tə- 后面接位格词缀 -da＞-də＞-d ~ -ta＞-tə＞-t 等而构成的。毫无疑问，位置代词所表示的是某人某事物所处的位置。我们掌握的资料表明，在阿依努语和阿尔泰语系语言中，位置代词不仅有一定数量，且有相当高的使用率。比如说，阿依努语里常用的位置代词有 ete(ete) ～ teta(te-ta)"这里"、tata(ta-ta)"那里"、tanta(ta-n-ta)"那里"、tonta(to-n-ta)"那里"（最远指）。另外，阿依努语不同方言里也有与此相关的一些说法。比如说，阿依努语名寄方言的 tanta(ta-n-ta)"这里"、taanta(ta-an-ta)"那里"，八云方言的 toanta(to-an-ta)"那里"①，带广方言的 toonta(to-on-ta)"那里"② 等。

与上述阿依努语实例相关，在阿尔泰语系语言中也有相关位置代词。比如说，有蒙古语族蒙古语的 ende(e-n-d)"这里"、tende(te-n-de)"那里"，达斡尔语的 ənd(ə-n-d)"这里"、tənd(tə-n-d)"那里"，保安语的 endə(e-n-də)"这里"、tendə(te-n-də)"那里"，东乡语的 ənd(ə-n-d)"这里"、tənd(tə-n-d)"那里"，东部裕固语的 end(e-n-d)"这里"、tend(te-n-d)"那里"，土族语的 tənde(tə-n-de)"那里"等。同样在突厥语族里，由指示代词和位格词缀构成位置代词。比如说，有维吾尔语的 buniŋda(bu-niŋ-da)"这里"、uniŋda(u-niŋ-da)"那里"、awuniŋda(awu-niŋ-da)"那里"（最远指），裕固语的 məndə(mə-n-də)"这里"、ondə(o-n-də)"那里"，撒拉语的 bundə(bu-n-də)"这里"、undə(u-n-də)"那里"，塔塔尔语的 munda(mu-n-da)"这里"、ʃunda(ʃu-n-da)"那里"、tiginda(tigi-n-da)"那里"，乌孜别克语的 bunde(bu-n-de)"这里"、unde(u-n-de)"那里"，柯尔克孜语的 məndə(mə-n-də)"这里"、oʃondo(oʃo-n-do)"那里"、tiginda(tigi-n-da)"那里"，哈萨克语的 munda(mu-n-da)"这里"、onda(o-n-da)"那里"等。不过，突厥语族语言里，构成位置代词时，在指示代词和位格词缀之间还要使用 -n 这一领格词缀。毋庸置疑，此类结构类型的位置代词，在满通古斯语族语言里也会出现，同样有较高的使用率。比如说，满语的 ədə(ə-də)"这里"、tədə(tə-də)"那里"，锡伯语的 əvad(ə-va-d)"这里"、təvad(tə-va-d)"那里"，赫哲语的 ədu(ədu)"这里"、tadu(ta-du)"那里"，鄂伦春语的 ədʉ(ə-dʉ)"这里"、tadu(ta-du)"那里"，鄂温克语的 ədʉ(ə-dʉ)"这里"、tadu(ta-du)"那里"等。从上述例子可以看出，

---

① 阿依努语八云方言里 toan 属于远指代词，表示"那个"之意。
② 阿依努语带广方言中 toon 同样表示远指代词的"那"之意。

构成位置代词的位格词缀 -da~-ta 中的元音 a 虽然多数情况下用它的语音结构形式出现，但使用于近指代词词根 ə-"这"后面时会出现 ə 音变，进而位格词缀成为 -də 或 -tə。另外，阿依努语的 ta 在实际语言中经常被发音为 da，阿尔泰语系突厥语族的位格 -da 也有 -de～-do～-də 三种变体，满通古斯语族的位格 -da 派生位置代词时也有 -du～-dʉ～-də～-d 四种变体形式，蒙古语族语言的位格 -da 派生位置代语时同样有-de～-də～-d 三种变体现象等。

不难看出，以上讨论的阿依努语内表示近指或远指的位置代词 ete、teta、tata、tanta、taanta、toanta、tonta 等，同阿尔泰语系蒙古语族语言的近指位置代词 ende、endə、ənd 和远指位置代词 tende、tendə、tend、təndə、tənd 等，跟满通古斯语族语言的近指位置代词 əvad、ədu、ədʉ、ədə 和远指位置代词 tadu、təvad、tədə 等，以及与突厥语族语言的近指位置代词 buniŋda、bunde、bundə 或 munda、məndə 及远指位置代词 uniŋda、unde、undə、onda、ondə 等，不论在构词原理还是在语音结构类型（包括词义和使用关系等方面）均有一定内在联系和共性化特征。另外，在这些语言里派生位置代词时，在指示代词词根和位格词缀之间都使用领格词缀 -ni 的变体 -n 之语音形式。

综上所述，以上讨论了日本阿依努语和阿尔泰语系语言中代词间产生的共有关系。通过以上分析，我们可以一定程度上了解这些语言的代词范畴存在的相当复杂、丰富、有学术价值的一系列代词实例，且涉及代词范畴的指示代词、疑问代词、人称代词、样态代词、位置代词等中出现的不同程度的共有现象。在我们看来，在这些代词中表现出的构词原理、语音结构类型、词义结构特征、使用关系等方面的诸多共性，似乎都同它们的历史来源有亲密关系。相比之下，跟阿依努语的代词间产生的诸多复杂多变而有规律的代词结构性共有关系，在阿尔泰语系不同语言内出现的情况也有所不同。比如说，在指示代词范围里同阿依努语关系最为密切的是满通古斯语族语言，其次是蒙古语族语言，与突厥语族语言的关系一般；在疑问代词范围，突厥语族语言同阿依努语的关系，要比跟满通古斯语族语言和蒙古语族语言密切；在人称代词范围内突厥语族语言和蒙古语族语言同阿依努语的关系，似乎要比满通古斯语族语言的关系复杂而丰富；在样态代词范围，同阿依努语关系最为密切的是满通古斯语族的通古斯语支语言；在位置代词范围，阿依努语同阿尔泰语系的不同语言间的关系基本相等。无论怎么说，以上比较研究使我们对阿依努语和阿尔泰语系语言代词方面存在的共性，进而不同程度地从不同角度或层面间接了解到这些语言间在语音、语法、构词等方面存在的一些弥足珍贵的共有现象。

　　当然，我们在这里讨论的是共有代词或代词共性的一部分，或者说只讨论了在构词结构、词的形成原理、语音结构类型、词义结构关系、使用特征等方面存在极强的共性，甚至可以说完全的共同性，当然也有共有关系或共同性不是很强，甚至处于模糊不清状态的现象。这就是说，一些共有现象，特别是在语音结构类型不很一致，或者在语音结构类型表现出相同或十分相近而词义结构关系上出现一定分歧，使人很难从直观上看清它们在深层存在的共有关系等学术问题，还需进一步深入细致而全面系统地开展学术研究。比如说，在突厥语族语言里，bu～mu 是近指代词"这"、ʃu<*su 是远指代词"那"、awu、ana、ani 也都属于远指代词"那"。然而，在满通古斯语族语言里 bu～mu 则是复数第一人称代词"我们"，su 是复数第二人称代词"你们"或敬指的"您"，awu 是疑问代词"谁"，ana～ani 不只在满通古斯语族语言，包括蒙古语族某些语言在内均指疑问代词的"谁"之概念。另如，阿依努语里的 ku，主要表示单数第一人称代词"我"，而在蒙古语族语言中则指"人"之意。与此相关，突厥语族的 ular 表示复数远指代词"那些"，而在阿尔泰语系除突厥语族之外的语言及阿依努语中则指"人们"之意。比如说，满通古斯语族通古斯语支语言的 ular～olar 和蒙古语族的 ulas～ulus～walar，以及阿依努语的 utar～otar 等，无一例外地表示"人们"这一名词复数概念。对此，突厥语专家学者认为，该语族语言的 ular 是由远指代词词根 u-"那"后面接 -lar 这一构词词缀而构成的。那么，阿依努语的 utar、满通古斯语族的 ular、蒙古语族的 ulus 等词的词首出现的 u- 是否都跟 *ku"人"有关，以及 u- 后面接的 -lar～-las～-tar 是否均属于复数形态变化语法词缀等一系列问题还需进一步深入探讨。

第二节　阿依努语及突厥语族语言共有词比较研究

阿依努语和阿尔泰语系突厥语族语言里有一定数量的共有词，不过这些共有词不像阿依努语和蒙古语族语言的共有词那样多，更没有阿依努语及满通古斯语族语言的共有词丰富。从这个意义上讲，阿依努语同突厥语族语言之间的关系，要比阿依努语和满通古斯语族语言及蒙古语族语言的共有关系显得相对简单。尽管如此，我们也不能忽略突厥语族语言同阿依努语间的比较研究，以及忽视它们间存在的共有词的学术讨论。分析表明，阿依努语和突厥语族语言间的共有词确实有其独特而弥足珍贵的学术研究价值，其中有的共有词在满通古斯语族语言与阿依努语的共有词中，包括蒙古语族语言和阿依努语的共有词里都很难见到。由于社会发展和生存环境及地理位置的不同，加上语言的自我发展及外来语言的影响等因素，使这些共有词虽然出现不同程度的语音差异，但还是保存了不少令人深思的共有关系、共有特征、共有现象。比如说，"声音""十""人们""人""什么""来"等词，在阿依努语里分别说成 hum、wan、utar、aino、nim、eke 等，而维吾尔语却叫 un、on、ular、adem、nime、ke- 等。不难看出，它们间表现出除词义之外的语音方面的共性。而且，阿依努语和突厥语族语言间的共有词内，除有名词类词和动词类词之外，还有一些虚词类词。比较而言，名词类词要多于动词类词，名词类词里名词还要多于其他类词。但是，虚词类词要比动词类词少。在此还有必要说明的是，我们将要讨论的阿依努语和突厥语族语言的共有词，只是诸多共有词的一部分，并不是全部包括在其中，还有许多共有词在这里没有涉及，也许有更多更有价值的共有词实例被我们忽略。对此密切相关的学术问题，我们在以后的科研实践中，会不断有计划、有步骤地展开更有广度、更有深度、更有学术价值的研究和探讨。

下面的讨论，主要以阿尔泰语系突厥语族的维吾尔语为代表，展开同阿依努语共有词的学术讨论。当然，也会涉及阿依努语的一些方言，以及突厥语族的除维吾尔语之外其他语言或相关方言土语的一些例词。并且，不论是阿依努语的实例还是维吾尔语及其他语言的例子等的语音标记形式，基本上使用了宽式记音法。也就是前面的章节里使用的记音形式和手段。另外，还有必要交代的是，如下讨论程序或者说上下排序中，第一层面是共有词的假定形式或拟定的早期语音结构类型，第二层面是阿依努语例词，第三层面是以维吾尔语为中心的突厥语族语言实例。另外，在具体分析时，把名词的讨论放在了首位，下面是以数词、形容词、代词、动词的顺序展开了讨论。

1. "雾" ⇨ *mana-

阿依努语 mana。

突厥语族语言除西部裕固语说 manan(mana-n) 之外，像维吾尔语、哈萨克语、柯尔克孜语、乌兹别克语、塔塔尔语等均说 tuman。不过，突厥语族语言的一些方言土语中，也有将"雾"叫 manan 的现象。

2. "泡沫" ⇨ *kupu-

阿依努语 kojsun；

维吾尔语 kөpyk。

哈萨克语和塔塔尔语为 kөpik。其他突厥语族语言里，基本上也都叫 kөpik。

3. "岸边" ⇨ *kas

阿依努语 kes。

柯尔克孜语、乌兹别克语、塔塔尔语、哈萨克语为 kas；维吾尔语为 kaʃ。

4. "尘埃" ⇨ *turun ~ *tusun

阿依努语 tur；

图瓦语为 tosun~ toosun，哈萨克语、柯尔克孜语、乌兹别克语、塔塔尔语为 tozan，维吾尔语 tozaŋ，撒拉语和西部裕固语为 toz~doz。与此相关，在阿尔泰语系蒙古语族语言和满通古斯语族语言内把"尘埃"就叫 tuaral ~ toorol ~ tooso 等。

5. "点" ⇨ *toki-
阿依努语 tokihi(toki-hi);
维吾尔语 tʃekit(tʃeki-t)。
而在突厥语族的哈萨克语却说 ʃekit, 图瓦语叫 ʃek 或 toʃkə。

6. "夜" ⇨ *ku
阿依努语 kunne;
维吾尔语 ketʃe。
不过，像突厥语族的乌兹别克语、塔塔尔语、哈萨克语等说 keʃ，柯尔克孜语谓 ketʃ。

7. "老鼠" ⇨ *atʃika-
阿依努语 etʃikkiri(etʃikki-ri);
维吾尔语 tʃaʃkan(tʃaʃka-n)。
突厥语族柯尔克孜语为 tʃatʃkan, 哈萨克语为 təʃkan, 乌兹别克语为 tiʃkan, 塔塔尔语为 tətʃkan 等。

8. "狗" ⇨ *seta ~*esta
阿依努语 seta;
维吾尔语 it。
除了维吾尔语之外，像哈萨克语、柯尔克孜语、乌兹别克语、塔塔尔语等也说 it。然而，图瓦语却叫 ət, 西部裕固语说 əʃt 等。

9. "鹿" ⇨ *buga
阿依努语 juk;
维吾尔语 buga。
突厥语族的乌兹别克语为 buge, 柯尔克孜语、撒拉语为 bugu, 塔塔尔语与哈萨克语为 bugə 等。

10. "蝴蝶" ⇨ *kapa-

阿依努语 kapaxka(kappa-xka);

维吾尔语 kepinek(kepi-nek)。

突厥语族的塔塔尔语称 kebelek(kebe-lek),哈萨克语及图瓦语称 kɵbelek (kɵbe-lek),柯尔克孜语称 kɵbɵlɵk(kɵbɵ-lɵk),乌兹别克语称 kefelek(kefe-lek)等。

11. "头" ⇨ *pa ~*ba

阿依努语 pake(pa-ke);

维吾尔语 baʃ (ba-ʃ)。

如同维吾尔语,像柯尔克孜语、乌兹别克语、塔塔尔语、图瓦语、撒拉语等也说 baʃ (ba-ʃ)。然而,哈萨克语说 bas(ba-s)。阿依努语的 paki 除了表示"头"之外,还表示"首领""英雄"等词义。突厥语族语言里 baʃ 或 bas 主要指"头"之意,当然也表达"头部"的意思。

12. "父亲" ⇨ *atʃa

阿依努语 atʃa;

突厥语族 ata。

不过,在撒拉语中称 aba,西部裕固语谓 ava。我们认为,阿依努语的 atʃa 和突厥语族语言的 ata 有历史渊源关系。与此相关,在蒙古语族语言内也有将"父亲"说成 atʃa 或 adʒa 等的现象。

13. "母亲" ⇨ *huna

阿依努语 unu;

维吾尔语 ana。

另外,突厥语族语言的哈萨克语、塔塔尔语、西部裕固语也说 ana,但乌兹别克语叫 ane,柯尔克孜语说 ene 等。

14. "男孩" ➪ *hugu- ＞ *huku-＞ *uku-＞ *uka-

阿依努语 okkajo；

维吾尔语、西部裕固语、撒拉语 ogul。

不过，也有 ukajo(uka-jo) 之说。突厥语族的西部裕固语和撒拉语等也说 ogul 或 ogol。

15. "人" ➪ *a-

阿依努语 aino；

维吾尔语 adem。

哈萨克语、柯尔克孜语说 adam。然而，突厥语族语言里，也有说 aidem 或 edem 的实例。

16. "人们" ➪ *ular~*utar

阿依努语 utar；

维吾尔语 ular。

其他突厥语族语言也都说 ular。蒙古语族语言叫 ulus 或 ulas，满通古斯语族语言称 ular。

17. "血" ➪ * ka ＞*ke

阿依努语 kemi ＞ kem；

维吾尔语 kan。

另外，在突厥语族的哈萨克语、柯尔克孜语、乌兹别克语、塔塔尔语、西部裕固语也都说 kan，只有图瓦语说 xan。

18. "声音" ➪ *hu-

阿依努语 hum；

突厥语族 un。

如突厥语族西部裕固语说 un，撒拉语说 unə，柯尔克孜语说 yn。

19. "筷子" ⇨ *sahka ~ *sakaba

阿依努语 sahka；

哈萨克语 sakpə。

另外，阿依努语里也有叫 sakha 的实例。突厥语族语言内除了哈萨克语说 sakpə 之外，图瓦语还说 sarba。然而，维吾尔语中却说 tʃoka。

20. "勺子" ⇨ *kosuku

阿依努语 kasuh；

维吾尔语 koʃuk~kosuk。

21. "铃" ⇨ *koŋ

阿依努语 konkon(kon-kon)；

维吾尔语 koŋgurak(koŋ-gurak)。

突厥语族的哈萨克语说 koŋraw(koŋ-raw)，柯尔克孜语说 qoŋguro(qoŋ-guro)，乌兹别克语说 qoŋgirak(qoŋ-girak)，塔塔尔语说 qoŋgəraw(qoŋ-gəraw)，图瓦语说 qoŋga(qoŋ-ga)。与此相关，蒙古语族语言和满通古斯语族语言也都说 koŋko 或 hoŋko 等。

22. "村""市" ⇨ *kotan

阿依努语 kotan。

维吾尔语有的方言土语里 kotan 也指"乡镇"。另外，图瓦语叫 kodu。

根据我们掌握的资料，阿依努语的 kotan 主要指"村"，后来也指人口较多的乡镇。

23. "十" ⇨ *wan > on

阿依努语 wan。

突厥语族语言内均说 on。此外，也有说 won 或 wən 的现象。

24. "深绿色" ⇨ *kukukara＜*kuku

阿依努语 huhkara ＞ *kuku + kara = kukukara＞ kuhkara ＞ huhkara；

维吾尔语 kɵk＜*kuku＜kɵkɵ。

25. "黄的" ⇨ *ʃiwi- ~ ʃira-

阿依努语 ʃiwnin(ʃiw-nin)；

维吾尔语 serik(seri-k)。

突厥语族的乌兹别克语也说 serik，而哈萨克语、柯尔克孜语、塔塔尔语、撒拉语等说 sarə，图瓦语叫 sarəh。突厥语族语言的该形容词也跟阿尔泰语系蒙古语族和满通古斯语族的 ʃira 或 ʃera "黄的" 之形容词有关。

26. "这个" ⇨ *ene ~ *mene

阿依努语 ene；

突厥语族 mene。

在突厥语族的乌兹别克语与塔塔尔语说 mene，哈萨克语说 mine，柯尔克孜语说 məna，维吾尔语说 mana 等。不过，突厥语族语言里 mene 更多的时候表示 "这就是" 之意。

27. "那个" ⇨ * ta-

阿依努语 ta-；

维吾尔语 ta。

我们掌握的资料表明，在阿依努语里，由 ta- "那个" 构成的指示代词有不少。比如说，tam(ta-m) "那个"、tanun(ta-nun) "那边"、tata(ta-ta) "那儿" 等。另外，桦太方言也说 taranpe(ta-ranpe) "那"，宗谷方言谓 tata'an (ta-ta'an) "那个"，千岛方言叫 tampe(ta-mpe) "那" 或 "那个" 等。毫无疑问，它们的词根应该都是 ta-，主要表示 "那" 之意。

突厥语族维吾尔语吐鲁番鲁古沁话里也把指示代词的 "那" 说成 ta。其他如柯尔克孜语的 teti(te-ti)、tigil(ti-gil)，以及塔塔尔语的 tigi (ti-gi) "那" 等都要表示"那个"或"那"等词义。

有意思的是,在阿依努语和突厥语族语言内还有一些由 k (q) ＞ h 开头的表示"那"之意的指示代词。比如说,阿依努语里以 he 构成的指示代词或疑问代词 hem(he-m)"那个"、hemanu(he-manu)"哪个"、hempak(he-mpak)"多少"、hemanta(he-manta)"什么"、hemanuh(he-manuh)"如何"、hempara(he-mpara)"何时"、hetap(he-tap)"如此吗", 以及 hunne(hun-ne)"谁""什么""哪个"等。在突厥语族中也有类似现象, 如撒拉语的 kem(ke-m)"谁", 维吾尔语、哈萨克语、柯尔克孜语、乌孜别克语的 kim(ki-m)"谁", 西部裕固语的 kəm(kə-m)"谁"等。从以上例子, 我们可以看出阿依努语疑问代词 hem(he-m)同突厥语族的 kem(ke-m)＞kim(ki-m)＞kəm(ke-m)等之间存在一定深层历史来源关系。

28. "哪儿""哪个" ⇨ *ka

阿依努语 kan(ka-n);

维吾尔语 kajsi(ka-jsi)。

在阿依努语内还有 ka-nak(ka-nak) "怎样"、kanakan(ka-nakan)"哪边"等说法。同阿依努语疑问代词 kan(ka-n)"哪里"的词根 ka- 相关的实例, 在突厥语族语言里也有不少。比如说, 维吾尔语 kandaq(ka-ndaq)"怎样"、kajsi (ka-jsi) "哪个"、katʃan(ka-tʃan)"何时"、kantʃe(ka-ntʃe)"多少", 图瓦语 kajə(ka-jə) "哪里"、kajsə(ka-jsə)"哪个"、kandəh(ka-ndəh)"怎样"、kaʃanbir(ka-ʃanbir) "任何时候"、kadʒan(ka-dʒan)"何时", 哈萨克语 qajsə＜ kajsə(ka-jsə)"哪个"、qaʃan＜kaʃan(ka-ʃan)"何时"、qanʃa＞kanʃa(ka-nʃa)"多少"、qandaj＜ kandaj(ka-ndaj) "怎样", 柯尔克孜语 qajer＜kajer(ka-jer)"哪里"、qantʃa＜kantʃa(ka-ntʃa)"多少"、qajsə＜kajsə(ka-jsə)"哪个"、qatʃan＜katʃan(ka-tʃan)"何时"、qandaj＜kandaj(ka-ndaj)"怎么", 塔塔尔语 qajda＜kajda(ka-jda)"哪儿"、qantʃa＜kantʃa(ka-ntʃa)"多少"、qajsə＜kajsə(ka-jsə)"哪个"、qandaj＜kandaj(ka-ndaj)"怎样"、qajtʃan＜kajtʃan(ka-jtʃan) "何时", 乌兹别克语 qajda＜kajda(ka-jda) "哪儿"、qejer＜kejer(ke-jer)"哪里"; 西部裕固语 qaʂ＜kaʃ (ka-ʃ)"多少"、

qahdʑan＜kahdʑan(ka-hdʑan)"何时"、qajdan＜kajdan(ka-jdan)"无论怎样"；撒拉语 Gada＜kada(ka-da)"哪里"、Gajsi＜kajsi(ka-jsi)"哪个"、Gadʑaŋ＜kadʑaŋ(ka-dʑaŋ)"何时"等。

29. "什么" ⇨ *ne-
阿依努语 nep(ne-p)；
维吾尔语 ne。

另外，阿依努语内有不少由 ne- 构成的疑问代词或指示代词等。比如说，nei(ne-i) ~ nejta(ne-jta)"哪里"、nemanu(ne-manu)"哪儿"、nehwa'an(ne-hwa'an)"哪边"、ne'eta(ne-'eta)"哪一位"、nejwa(ne-jwa)"从哪里"、neun(ne-un) ~ neera'an(ne-era'an)"怎样"、nekon(ne-kon)"如何"、nejun(ne-jun)"为何"、nejka(ne-jka)"什么也"、nehi(ne-hi)"何时"、neja(ne-ja) ~nea(ne-a)"那个"、neakusu(ne-akusu)"那么多"、neno(ne-no)"那样的"、nenkane(ne-nkane)"倘若那样"、ne'erohkehe(ne-'erohkehe)"几个"、nen(ne-n)"谁"等。

突厥语族语言的维吾尔语、哈萨克语、柯尔克孜语把"什么"也说成 ne。然而，在塔塔尔语、乌兹别克语、西部裕固语等却发音成 ni。除此之外，我们的资料还表明，该语族语言的代词内，由 ne＜ni 派生而来的疑问代词，也同阿依努语一样有不少。比如说，哈萨克语 neʃe (ne-ʃe)"多少"、nege(ne-ge)"为什么"，撒拉语 nehdʑe(ne-hdʑe)"几个"，nege(ne-ge)"为何"；柯尔克孜语 netʃe(ne-tʃe)"多少"，西部裕固语 nege(ne-ge)"为什么"、ni"哪儿"、nime(ni-me)"如何"、nidʑi (ni-dʑi)"多少"，维吾尔语 ner(ne-r)"何"、netʃtʃe(ne-tʃtʃe)"几个"、neme(ne-me)"什么"、nimiʃqa(ni-miʃqa)"为什么"，塔塔尔语 nerse(nerse)"什么"、nersege(ne-rsege)"为什么"、nige(ni-ge)"如何"，乌孜别克语 ne"哪儿"、netʃe(ne-tʃe)"几个"、nime(ni-me)"什么"、nimege(ni-mege)"为什么"、nitʃentʃi(ni-tʃentʃi)"第几"等。

30. "你" ⇨ *se-
阿依努语 e-。

突厥语族语言基本上叫 sen(se-n)。不过，塔塔尔语却说 ʃin (ʃi-n)。

31."他" ⇨ *u

阿依努语 u；

维吾尔语 u。

突厥语族的乌孜别克语和撒拉语也说 u，而哈萨克语及塔塔尔语却说 ol (o-1)＜*ul(u-1)。

32."吃" ⇨ *ji-

阿依努语 ipe(i-pe) ~ee；

突厥语族 ji-

在突厥语族的撒拉语和西部裕固语就说 ji-，而维吾尔语及乌兹别克语说 je-。

33."发现" ⇨ *ba-

阿依努语 pa；

维吾尔语 bajka-(ba-jka)。

34."撒" ⇨ tʃatʃa-

阿依努语 tʃitʃari~ʃatʃari；

维吾尔语 tʃatʃ-。

突厥语族的柯尔克孜语也说 tʃatʃ-，而乌兹别克语叫 tʃatʃ- ~ satʃ-，塔塔尔语谓 satʃ-，撒拉语说 sadʒ，哈萨克语叫 ʃaʃ 等。

35."送行" ⇨ *osi- ~ *uzi-

阿依努语 oʃinkara(oʃi-nkara)；

维吾尔语 uziti-(uzi-ti) ~ uzat-(uza-t)。

36. "受伤" ⇨ jara-

阿依努语 jarkari(jar-kari)；

维吾尔语 jara。

突厥语族的塔塔尔语也说 jara-，而哈萨克语及柯尔克孜语却说ʤara-。

37. "熄灭" "消失" ⇨ *usi

阿依努语 us；

维吾尔语 øtʃ-<*utʃ <*uʃ- <*us-。

另外，在突厥语族的哈萨克语及图瓦语里说 øʃ- 或 uʃi-。不过，在该语族内，这些动词更多的时候表示"消失"或"过去"等词义。

38. "藏起来" ⇨ *esi- ~ *jeʃi-

阿依努语 eʃina(eʃi-na)；

突厥语族 jeʃir-(jeʃi-r) ＞jaʃin-(jaʃi-n) ＞joʃir-(joʃi-r)。

在突厥语族的塔塔尔语说 jeʃir-，撒拉语说 jaʃin-，西部裕固语说 jahs-，乌兹别克语说 joʃir-，维吾尔语说 joʃur- 等。

39. "来" ⇨ eke ~ *ke-

阿依努语 eke；

突厥语族 kel-(ke-l)。

根据资料，突厥语族多数语言说 kel-。然而，图瓦语和撒拉语及其西部裕固语叫 gel-。我们认为，该语族语言里，kel- 之说也许出现得比 gel 要早。

40. "跳" ⇨ *ter- ~ *ser-

阿依努语 terke；

维吾尔语 sekre。

突厥语族的哈萨克语、柯尔克孜语、塔塔尔语说 sekre 或 sekir，乌兹别克语则说 erki-~ergi- 等。

41."凝视" ⇨ *sike- ~ *tiki-
阿依努语 sikkiruru ~ sikiruru(siki-ruru)；
突厥语族语言均叫 tikil-(tiki-l)。

通过以上的分析，我们一定程度上认识到，日本阿依努语和阿尔泰语系突厥语族语言间存在共有词关系。这些共有词的讨论，对于把握它们间的历史关系，甚至可以说它们的历史渊源的探索，特别是对于阿依努语及阿尔泰语系语言隶属关系的论证均有极其重要的学术理论价值。在这里，我们具体涉及的共有词虽然为数不多，但涵括了名词、代词、形容词、数词及动词等词汇范畴。可以看出，对于共有代词明确设定的条目并不多，可是在具体分析时却涉及一系列同根同源而表示不同词义关系的指示代词和疑问代词。正因为如此，阿依努语和突厥语族语言共有词的讨论中，与代词相关的实例达到60%左右，其次名词也有23%，另外还有动词占比12%。相比之下，这次讨论涉及的形容词和数词概率十分低，只占共有词的2%和1%。就如前面的交代，阿依努语和突厥语族语言内的共有词还有不少，这次只涉及其中的一小部分。因为这些语言受不同语言环境及不同社会发展的不同程度的影响，在语音、词汇及语法等方面出现了不同程度的变化。其结果，不少共有词不论在语音形式方面还是在词义结构方面都产生了不同程度的变化与变异。所以，对于它们的研究，要花费更多时间搜集整理更多更扎实、更基础、更全面、更有代表性和说服力的实例。可能还需要现已出版的词典等成果里没有收入的那些词条之外，还需要包括一些方言土语在内的口语词汇资料，以及对于词条或词汇意义所做的更加详细、精确、客观实在而全面系统的科学阐释的资料。这是因为，我们查找或阅读这些语言的词汇资料时，有时会遇到同一个词在不同词典或词汇集里，有不同解释或说明，使人很难把握其核心词义。另外，在不同词典、词汇集或与词汇研究相关的成果内，对于具体某一词的记音或语音转写方式也有一些出入，甚至是作为转写符号的语音系统都有所差异。所有这些，都给阿依努语和突厥语族语言共有词比较研究带来一定困难和问题。尽管如此，我们仍要在此学术研究领域展开更多、更有价值的学术探讨。

第三节　阿依努语和鄂温克语共有词比较研究

其实，对于阿依努语和阿尔泰语系满通古斯语族通古斯诸语，尤其是同鄂温克语之间的共有词开展过一系列富有成效的科研工作，有的成果在国内外相关学术刊物上公开发表，由此引起国内阿依努语及阿尔泰语系语言专家学者的极大关注。但是，由于阿依努语资料的不完整性和复杂性，在前期的研究中确实留下不少问题，甚至个别实例出现一定分歧和不统一的现象等。在以后的研究中，我们尽管不断进行修改补充和完善，但还是觉得存在的问题不少。特别是，由于阿依努语语音系统里 p 与 b、t 和 d、k 与 g、tʃ 和 dʒ 之间不具备区分词义的功能和作用，而将这四套发音部位相同而发音方法不同的音素都用 p、t、k、tʃ 来替代，对于该语言的送气和不送气音做了统一记音或转写。其结果，人们难以分清语言中实际存在的送气和不送气的区别特征，进而不论对于语音的分析还是词汇比较研究都带来一定的麻烦和困难。所以，我们也只能将鄂温克语具有送气和不送气区别关系的辅音音素，放在与阿依努语辅音音素同等层面和角度开展比较研究工作。当然，这种比较研究不十分严谨，但还是一定程度上能够论证这两种语言间存在的共有关系，以及一些深层次的历史来源问题。

在这里，我们只是对于那些现已搜集整理的共有词做比较研究。根据我们掌握的资料，阿依努语和鄂温克语里确实有相当数量的共有词。其中，动词和名词占比较大，也有一些代词、形容词、数词和副词，甚至有些虚词等。不过，许多共有词，在漫长的历史进程中，不论在阿依努语里还是在鄂温克语里都产生了不同程度的变化，包括语音和词义等方面都出现较大区别性特征或异同现象。甚至，有些共有词的共性或共同要素、共有特征变得十分模糊，使人很难从表面上看清其原有的共性或共同特征。使人感到高兴的是，有的共有词迄今为止较好地保存了它们的共有关系，这也是人们还有理由在此学术领域开展相关比较研究或对比研究的主要前提条件。特别是，阿依努语早已成为死亡语言，以及国内外通古斯诸语全范围进入濒危或严重濒危的关键时期，这两种语言的语音、词汇等方面的比较研究更加显示出它的困难程度、复杂程度及其重要性。在我们看来，阿依努语和鄂温克语间的比较研究有十分重要的学术价值和意义，因为从清代或许更早的时候开始，中国东北、日本北海道、俄罗斯西伯利亚及远东沿海地区都属于早期通古斯人的活动场所，也是他们沿海交易的市场，是他们海上商业通道的落脚点。那时，通古斯人利用海上交易，同日本北海道的日本人，包括北海道的阿依努人，以及早期在北海道生活的通古斯语族的乌依勒塔人之间开展过易货贸易。主要是我国东北沿海地区生活的通古斯人用自制船只，托运珍奇毛皮产品、丝绸、陶瓷制品，同北海道的诸民族开展商贸活动，并从日本买来生活所需的金属产品、制造枪支用具、渔猎用具及相关狩猎用具等。那时，在日本北海道网走地区沿海岛屿生活的通古斯语族乌依勒特人，给当初通古斯人以日本海为中心与日本开展海上自由贸易给予了很大支持，注入了很大活力。同时，也给通古斯人在北海道沿海岛屿进行商贸活动提供了诸多方便，进而自然成为通古斯人在当时海上跟日本北海道做易货贸易或商贸活动的一个支撑点。不过，这部分被称为乌依勒塔的通古斯人，也是属于日本北海道的原住民，早在20世纪30年代已全部被日本人同化，成为当今北海道日本人的组成部分。正因为如此，我们觉得日本北海道阿依努语与鄂温克语间的比较研究，有十分重要的历史意义和现实意义，同样有重要的学术价值。

如前所说，阿依努人也是北海道原住民，阿依努人几乎有史以来就跟通古斯诸民族有交往交流。他们不只和日本北海道网走地区的乌依勒塔人有历史性的交流，同时跟海上做交易的通古斯诸民族也有十分深刻而广泛的接触和交流。实际上，直到19世纪初在日本北海道生活的不同民族中，阿依努人和乌依勒塔人一直占据着重要地位，自从19世纪60年代日本当时的政府开始开发北海道之后，才使日本人从内地岛屿不断迁入该地区。特别是19世纪80年代中后期以后，日本政府开始从本州岛大规模向北海道移民，同时对北海道原住民强行实施同化政策，这就是不到半个世纪的时间，日本北海道的原住民阿依努人和乌依勒塔人完全被同化的根本原因。尽管如此，在现有的阿依努语口语及其相关词汇集、辞书及研究资料里，仍留下不少与鄂温克语密切相关的共有词，对此我们应该进行认真比较研究和深入讨论。其实，对于那些还未完全开发研究的相关语言之间，进行全面系统的比较研究或对比研究，对于这些语言的历史问题的科学阐述，包括对于他们历史来源的研究均会产生积极推动作用。当然，对于那些原始词语、固有词语、基本词的比较研究或对比研究，同样产生不可否定的重要学术价值和意义。

出于以上考虑，我们在过去的时间里，查找了不少阿依努语和鄂温克语共有词资料，从而搜集到不少在语音和词义方面关系密切的词。众所周知，鄂温克语是在阿尔泰语系语言里语法形态变化现象最为复杂、系统、完整的语言，也是语言词汇最具代表性的语言。更为重要的是，在满通古斯语族语言里它是最具生命力的语言，与俄罗斯西伯利亚及远东地区诸民族语言和日本北海道乌依勒塔语等均有十分密切的关系。不过，这里使用的鄂温克语词汇资料，基本来自中国境内的鄂温克语及其方言土语。并且，阿依努语词汇资料，几乎都来自服部四郎、金田一京助、知里真志保、山田修三、萱野茂、长岛善郎、中村龙一、山村七郎、村崎恭子及田村先生为代表的阿依努语著名专家学者搜集整理、撰稿出版的语言资料、词汇资料及科研成果。

实际上，在以下分析所中涉及的共有词，只是在阿依努语和鄂温克语中存在的诸多共有词的一小部分。除此之外，还有大量共有词在此没有涉及，我们在以后的研究中会逐渐刊发相关成果。以下讨论，虽然分成阿依努语和鄂温克语共有动词、共有名词、共有形容词、共有代词、共有副词和助词六个部分，但重点还是放在共有动词和共有名词，但涉及此类的内容都比较少。

一　阿依努语和鄂温克语共有动词

在日本语言学界看来，阿依努语同阿尔泰语系语言没有多大关系，更没有发生学方面的关系。然而，笔者在学习阿依努语和阅读阿依努语资料时，却发现该语言与阿尔泰语系语言，特别是满通古斯语族语言间存在相当多的共同因素，这些因素涉及语音、词汇、语法等诸多语言学领域。而且，词汇方面的共有成分更为显著，关系到词汇领域的各个范畴，尤其是在名词和动词的共有词表现得十分突出。在这里，我们从阿依努语和满通古斯语族通古斯语支的鄂温克语中，现已搜集整理的一系列共有关系的动词中，选定具有一定代表性而语音和词义结构上相当一致或相同的 96 个动词展开比较分析，进而阐述阿依努语与鄂温克语动词内存在的共有关系。这里出现的，带有"*"符号的例词是我们根据词的原始语音结构特征及语音演变规律，假定的早期词及其语音结构形式。根据我们掌握的第一手资料，阿依努语和鄂温克语间的共有词，绝大多数属于早期基本词，更多的是跟人的动作行为或自然界现象及自然物动作有关。下面的讨论中，引用的阿依努语词汇资料，主要来自服部四郎等编写的《阿依努语方言词典》，金田一京助和知里真志保合编的《阿依努语概论》，知里真志保的《阿依努语方言词典》《阿依努语入门》《阿依努语地名小词典》，萱野茂的《阿依努语词典》等资料。当然，也有来自其他阿依努语资料的实例。不过，对于原有的个别记音形式进行了统合或用宽式记音法做了调整。比如说，有些资料或著作里，附上了词首出现的喉音符号，有的资料或著作中却没有记录这些词首喉音符号。这种情况，以权威性和代表性资料或成果为据，将词首附上的所有喉音符号全部省略。但是，在很大程度上遵从了原来的记音方式及规则。

1. "吹" ⇨ *ugu-
阿依努语 ugu~uguu；
鄂温克语 uugu-。

在鄂温克语的某些方言土语里，也有把动词uugu- 词首长元音 uu 发音作半长元音或短元音 u 的现象。例如，巴彦嵯岗鄂温克语将 uugu- 说成 uguu，杜拉尔鄂温克语也说 ugu- 等。

2. "上升" ⇨ *jaga->aga-
阿依努语 jan(ja-n)；
鄂温克语 aga->aa-。

鄂温克语里的该动词，一般表示烟雾自然往上升腾的现象。不过，也表达人们生气后出现的"怒气冲天"的行为。恐怕这种说法同蒙古语的 agar"空气""大气""天空"有必然的内在联系。

3. "旋转" ➪ *sigari- ＞sigəri-

阿依努语 sikarire(ʃikari-re) ~ sikari(ʃikari)；

鄂温克语 *sigəri-＞ʃigəri- ~ səgəri-＞səgri-。

而且，阿依努语不同方言土语里，都有与此相关的说法。比如说，阿依努语宗谷话 sikari，巴云话 sikari ~ sikarikari，幌别话 sikari ~ sikarinpa，带广话 sikari ~ sikannatki，名寄话 sikar ~ sikan，沙流话 sikannatki，桦太话 sikaʃi ~ sikonkaʃi ~ sikaʃikaʃi 等。

另外，在农区鄂温克语里却说 tʃigəri- ~ tʃəgri- ~ tʃəkəri- 等。

4. "倾斜" ➪ *hawe-

阿依努语 hewe(hew-e) ~ heuke (keu-ke)；

鄂温克语 haawe- ~ hawe-。伊敏鄂温克语也有 hewe- 之说。

与此相关，在阿依努语里，还用 herewtapapa 之说表示"倾斜"之意的现象。然而，该说法跟鄂温克语的 həlweʃiwʊrəŋ 恰巧相吻合。

5. "溶化" ➪ *rugu- ~ ʉʉ

阿依努语 ruu ~ ru；

鄂温克语 ʉʉ。

不过，在农区鄂温克族老人的发音中也会出现 ugunən(ugu-nən) ~ u'unən (u'u-nən) 等形式。毫无疑问，它们的词根是 ugu-＞u'u-＞uu-。

6. "膨胀""膨大" ➪ *putuke- ~ pukute- ~ puguti-

阿依努语 putke；

鄂温克语 pʉkʉte-＞pʉkte-。

鄂温克语中还用 puguti->pugti- 之说来表达"膨胀"或"膨大"等词义。毫无疑问，他们把 pugti- 也可以发音作 pugte-。

7."满溢" ⇨ *orogi-
阿依努语 oroke；
鄂温克语 oroge->orge->ogge->oggela-。
该动词，在阿依努语里一般指海水"满溢"或"满潮"的意思，可在鄂温克语中则表示海水、河水"满溢"或者是壶、桶、锅里的水"溢出来"等词义。

8."注入" ⇨ *jəgumu- ~ jəguru-
阿依努语 ijomare(ijoma-re) ~ iomare(ioma-re ~ ioma-re)；
鄂温克语 jəgumu->juumu- ~ jəgurə->juurə- ~ jugurə-。
除此之外，鄂温克语里还有用动词 juukku- 或 juukkubu- 表示"注入"之意的现象。

9."自然断裂" ⇨ *ojigamu-
阿依努语 oikehke；
鄂温克语 ojiggɑ-。

10."漏" ⇨ *solopo-
阿依努语 opekus；
鄂温克语 soppog-。

11."湿透""淋透" ⇨ *nəbutə->epeta-
阿依努语 epetatʃirir(epeta-tʃirir)；
鄂温克语 nəputə->nəbtə->nəttə-。
根据资料，鄂温克语的该动词主要表示"湿透"之意。当然，有时也表示"淋透"之概念。不过，鄂温克语里一般用动词 dəbutə->dəbtə->dəttə- 表示"淋透"

之意。不论是从语音形式还是从词义结构来看，鄂温克语动词 nəbtə- 或 dəbtə- 等说法，同阿依努语动词 epetatʃirir(epeta-tʃirir)间保持有十分密切的联系。

12."发干" ⇨ *sata- ~ hata-
阿依努语 satke(sat-ke);
鄂温克语 hat-＜hata-＜*kata-。

其实，在通古斯诸语里，将词首辅音 s 和 h 交替使用的现象有不少。比如说，莫日格勒鄂温克语方言里也将"索伦"和"别扭的"等词的原有的发音形式 solon、solgi 发音成 holon、holgi 等。蒙古语族语言也有类似现象，比如说，蒙古语的 sain "好"，在布里亚特蒙古语里就说成 hain 等。

13."弯曲" ⇨ *gojike->*kojke-
阿依努语 kojke；
鄂温克语 gojke->gokke-。

除此之外，鄂温克语里还有与此相关的 gokoro->gokor- "弯腰萎缩"等说法。

14."折弯" ⇨ *komo-
阿依努语 komo；
鄂温克语 *komo>komi->homi。

与此相关，在这两种语言里，把"折角"或"弄弯曲"等词义，分别要用 konpa（阿依努语）和 kompe->hompe-（鄂温克语）等来表达。显而易见，无论是阿依努语的 konpa 还是鄂温克语的 konpke- 均经过 komopa>kompa>konpa 和 komope->komope->kompe-<hompe- 等语音演变，是由动词词根 komo- 派生演化而来的。

15."断掉" ⇨ *tʃika->*tʃike-
阿依努语 tʃike-;

鄂温克语 tʃika-。

鄂温克语的不同方言土语中，也有 tʃaka- 之说，该动词主要用于农区鄂温克语，或者出现于早期鄂温克语资料。

16."脱离" ➪ *aŋaki-

阿依努语 amke；

鄂温克语 aŋker-。

该词的早期发音形式应该是 *aŋaki-。因为，鄂温克语里将脱离群体或大家而成为孤独者就叫 aŋadʒiŋ(aŋa-dʒiŋ)，意为"脱离群体者"或"孤独者"。又如，aŋakir(aŋa-kir)"善于脱离群体的"等实例。另外，在得力其尔鄂温克语里也有将 aŋker- 发音成 amker-的现象。

17."堵塞" ➪ *sigsi- ~ sisgi-

阿依努语 siski(ʃiski) ~ seske；

鄂温克语 *sigsi->ʃigtʃi- ~ ʃetʃtʃe-。

现在的鄂温克语说 ʃitʃtʃi- 的居多，同时，在尹敏和巴彦查岗等地区鄂温克语里，将该词发音成 ʃetʃtʃi- 的人也不少。

18."散开" ➪ *sasu-

阿依努语 ʃisari ~sarpa ~ sari；

鄂温克语 sasu->sasa->sas-。

另外，农区鄂温克语里也有说 tʃatʃa-~tʃitʃa- 的现象。过去我们认为，该词最早的发音形式应该是 tʃatʃa- 或 tʃitʃa-。但后来发现，这两种语言中，较早的说法基本上跟 sasu-~ sasa- 有关系。另外，阿依努语的某些方言中，还有用 satʃari(tʃatʃa-ri) 或 satʃarpa(tʃatʃa-rpa)等的说法，表示"分散开"之意的现象。

19."变味" ➪ *hurat-

阿依努语 hurat-；

鄂温克语 hurat-。

阿依努语动词 hurat- 表示"变味""发臭"等词义，甚至还表达"腐烂"之意。那么，在早期鄂温克语里 hurat- 除表示食物放置时间长而出现的"变形""变味"之外，还可以表达"变坏"或"变质"等意思。

20."腐臭" ⇨ *munu-

阿依努语 munin(muni-n)；

鄂温克语 *munu->mʉnʉ->mʉnə->mʉn-。

阿依努语桦太语里表示"鱼肉等食品发臭"之概念时，要使用 on 之说。另外，该动词在阿依努语中，有相当广泛的相同或相近的说法。比如说，阿依努语巴云话、幌别话、沙流话、带广话、美幌话、旭川话及宗谷话里均说 munin，桦太话说 munin～muninius，千岛话里则用 muni 之说表示该词义。再者，鄂温克语的方言土语内 mʉnʉ->mʉnə->mʉn- 同样被广泛使用。比如说，讷河鄂温克语里有 munu-～muna-，林区鄂温克语里有 muna- 及 mʉnʉ-～ʉʉnən，辉方鄂温克语的 mʉnʉ-，伊敏鄂温克语的 mʉn- 等不同说法。

21."轰鸣" ⇨ *humgu-

阿依努语 humkutiki(humku-tiki)；

鄂温克语 hʉŋgʉti-。

毫无疑问，这两种语言里的该动词都是由拟声词 hum~hʉŋ 派生而来的。主要表示洪涝灾害发生时，出现的自然灾害的强大声音等。不过，在现代鄂温克语里也表示飞机、货轮、汽车等发出的"轰鸣"声。

22."熄灭" ⇨ *sigu- ~ *usi

阿依努语 us；

鄂温克语 ʃigʉ->ʃiwʉ->sʉʉ->sʉ-。

比如说，鄂温克语里表示"火熄灭了"这一概念时，就说 sʉʉsə>sʉsə。在我们看来，阿依努语 us 与鄂温克语的 sʉsə 之间有一定联系。

23. "粉碎" ⇨ *pota-

阿依努语 potʃi；

鄂温克语 pota-。

在阿依努语桦太话中表示"挤坏""压坏"之意的动词还有 poʃi(potʃi)等。有意思的是，该词恰好同鄂温克语动词 putʃig- ～ pitʃig->pitʃag- 或 pisak- 等，无论在语音还是在词义方面都十分相近。那么，鄂温克语的这些动词一般指物品被"挤坏"或"挤碎"等概念。

这里还应该提到的是，早期发音特征保存较好的通古斯鄂温克语内，将硬性物质弄得"粉碎"时就会使用 pota- 一词，当然也有说 putala- 等的现象。然而，现在说 bota- 或 butala- 的人多了起来。也就是说，将该词词首辅音由 p 变成了 b 音。其实，在鄂温克语里像这样将词首辅音 p 发音成 b 的实例确实有不少。比如说，paltar "矮胖的"、pilta- "抹墙"等后来就演变为 baltar、bilta- 等。

24. "发出声响" ⇨ *sariki-

阿依努语 sarke(tʃarke)；

鄂温克语 sarikira->sarkira->sakkira-。

以上鄂温克语动词也会发音为 tʃarikira->tʃarkira->tʃakkira->tʃakkir-。另外，农区的一些方言土语里也会说成 sarker- ～ tʃarker- 或 tʃarke-～sarke- 等。辉河鄂温克语里说 sakkira- 或 sakkera-，但说 sakkira- 的居多。再者，鄂温克语里的 sakkira- 或 tʃakkira- 表达的是"大声发出的声音"或"类似于喊叫似的声音"等。当然，也可以表示喊叫的声音等。

25. "净嗓" ⇨ *siruku->ʃiruku-

阿依努语 ʃirekuhkara(sirekuh-kara) ～ ʃirekutkar(sirekut-kar)。

该动词在阿依努语中，主要表示人的嗓门处卡住东西后发出的"净嗓"声音。另外，阿依努语里同该词相关的动词还有 ʃimuʃiskar(simusis-kar)一词。动词 ʃimuʃiskar 也表示"净嗓""故意咳嗽"等词义。该动词也恰好同鄂温克语动词 ʃimutʃtʃige- 相符。鄂温克语动词 ʃimʉtʃtʃige- 是由名词 ʃimʉtʃtʃi "低声咳嗽"派生而来，除主要表示"故意咳嗽""小声咳嗽"以外，也含有"威吓""吓唬"等词义。由此我们推想，鄂温克语动词 ʃimʉtʃige- 含有的"威吓""吓唬"等词义有可能是从"故意咳嗽""小声咳嗽"等引申而来的。该动词词根ʃimʉ- 同蒙古语动词 ʃimʉ-＜ʃimə-＜ʃibə-"小声说话"或"低声耳语"应该属于同根同源。事实上，鄂温克语动词 ʃiruki->ʃirʉki->ʃirəki->ʃiriki->ʃirki- 则指人们嗓子发哑或不舒服时"净嗓"发出的低声。不过，现在鄂温克语的许多方言土语中，说ʃirʉkki->ʃirəkki->ʃirəki- 的较多。另外，在农区鄂温克语里也有 ʃirʉkʉ- 之发音形式。

26."饿" ⇨ *ʤəbu->*ʤəmu-
阿依努语 ʤep-kni ~ tʃep-koni；
鄂温克语 ʤəmʉ-kə->ʤəm-kə->ʤəmʉ-hə-。

根据资料，阿依努语里有关"饿"有 ʤep-kni(ʤep-kni) 和 tʃepkoni(tʃep-koni) 两种写法。其异同性，主要表现为词首辅音的不同，这恐怕跟阿依努语中辅音 ʤ 与 tʃ 不存在区别关系有关。然而，鄂温克语动词 ʤəmʉkə- 是动词 ʤəmʉ-"饿"的使动形式。从语音结构类型上看，鄂温克语的动词 ʤəmʉ- 的使动态形式 ʤəmʉkə- 似乎更接近于阿依努语动词 ʤepko-ni 之说。

27."舔" ⇨ *ilikə- ~ ike-
阿依努语 ikem ~ ike- ~ kem；
鄂温克语 ilikə->ilekə->iləkə->ilkə->ilhə-。

28."吸""喝" ⇨ *nimu- ~ *imu-
阿依努语 numnum(num-num) ~ nunnun(nun-nun) ~ num ~ nun；
鄂温克语 imu->imo->ima->im- ~ omi-。

在阿依努语方言土语内，有关该动词的说法上保持了相当的一致性。比如说，阿依努语巴云话 numnun, 沙流话、旭川话、桦太话 nunnun, 带广话 nunnun ~ nun, 美幌话 num, 宗谷话 nonnon 等。然而，在鄂温克语里，对于该动词的说法上却出现某种程度的异同现象。比如说，杜拉尔鄂温克语 nimunan(nimu-nan)，得力其尔鄂温克语 numu-nun (numu-nun) ~ imuran(imu-ran)，黑龙江地区的鄂温克语 umuran(umu-ran)，巴彦鄂温克语 imuran(imu-ran) ~ imiran(imi-ran)，林区鄂温克语 nimonon(nimo-non) ~ omroŋ (om-ron)，伊敏鄂温克语 imiraŋ(imi-raŋ) 等。

29. "吃" ⇨ *ʥi-＜*ji-

阿依努语 ipe(i-pe)；

鄂温克语 *ʥibə->ʥib->ʥiw-。

阿依努语巴云话、幌别话、沙流话、带广话、美幌话、宗谷话、旭川话、名寄话除了说 ipe 之外，还有 e 之说。在阿依努语桦太话说 ee~ipe。有意思的是，阿依努语千岛话里有 ibe 这一记音形式。这倒没什么，因为阿依努语里辅音 p 及 b 没有词义区别功能作用，所以他们将这两个辅音均用 p 来转写或记音。那么，在鄂温克语里除了一些老人说 ʥibə- 之外，基本上都说 ʥib- 或 ʥiw-。

30. "折叠" ⇨ * hotku

阿依努语 hotku；

鄂温克语 hokto- ~ hohto-。

农区鄂温克语说 hokto- 的居多，除了莫日格勒地区的鄂温克语绝大多数牧区鄂温克语说 hohto-。而且，鄂温克语动词 hokto- ~ hohto- 一般用于"折叠"被褥或衣物的动作。

31. "步行" ⇨ *jabaga->jabga-

阿依努语 apka-s；

鄂温克语 jabga-。

该动词，在鄂温克语里源自 jaba- 这一动词词根，鄂温克语里 jaba- 表示"走"之意。那么，jaba- 接缀构词词缀 -ga 之后，就变成表示"步行"之意的动词 jabaga-。在具体语言里，往往被发音成 jabga- 或 jawga- 等。而且，常常在该动词后面还要接缀 -la 这一动词词缀来使用。有意思的是，在莫日格勒鄂温克语有人会将 jabga- 发音成 jabka- 等。与此相关，阿尔泰语系蒙古语里也用 jabaga- 或 jabagala->jabgala->jawgala- 来表达"步行"之意。

32."走捷径" ⇨ *tomodolo-＜tomodo-

阿依努语 tomotu-je；

鄂温克语 *tomdolo- ~ *tondolo-。

阿依努语的该动词除了表示"走捷径"以外，还包含有"渡河""横过马路"等词义。鄂温克语的 tomdolo- 是由形容词 tomdo ~ tondo "直的"派生而来的动词。鄂温克语的该动词一般指"走捷径"之意。但是，表示人们为走捷径而从无渡口处渡河，或者在没有斑马线处横穿马路等行为时，也会使用动词 tomdolo- ~ tondolo- 等。比较而言，鄂温克语里 tondolo- 使用的比 tomdolo- 要多。

33."窥视" ⇨ *sige- ~ sike-＜sik-

阿依努语 ʃikera-jke(sikera-jke)；

鄂温克语 ʃigela- ~ ʃigeʃi-。

除此之外，还有阿依努语动词 ʃikkiru-ru(sikkiru-ru)也表示"窥视"之意。这同鄂温克语动词 ʃikkiʃi- 或 ʃekkiʃi- 有联系。动词 ʃikkiʃi- 等，在鄂温克语里含有"窥视""偷看""凝视"等意思。

34."笑" ⇨ *minijə-

阿依努语 mina；

鄂温克语 mine- ~ ine-。

阿依努语主要表示"哈哈大笑"，鄂温克语则指"微笑"。

35."接吻" ⇨ *mosa- ~ noha-

阿依努语 mosa；

鄂温克语 noho->noha- ~ noka-。

36. "性交" ⇨ *uko->ukoro-

阿依努语 ukoran (uko-ran);

鄂温克语 oko- ~ oho-＜uko-。相比之下，农区鄂温克语里说 uko-＜oko- 的居多。

37. "跳跃" ⇨* terke~*dəriki-

阿依努语 terke ~ tapkər(tapkə-r) ~ tabkar(tabka-r);

鄂温克语 dəriki->dərki->dərkə-。

依据资料，鄂温克语动词 dərki- 一般表示过分兴奋而出现的"狂蹦乱跳"或"乱蹦乱跳"的行为动作。把动词 dərki- 也有说成 dərkə- 的时候。并且，鄂温克语内还用动词 dəbkərə-(dəpkə-rə)＞dəkkərə- (dəkkə-rə) 来表示"跳跃"、"欢蹦乱跳"或"又蹦又跳"等词义。从语音结构特征看，鄂温克语动词 dəriki- 同阿依努语动词 terike 很接近，只是存在词首辅音的交替现象。除此之外，阿依努语中还有 tetterke "跳""蹦"和 tuhsetuhse "反复不断地跳""反复不断地蹦"等两种说法。可以看出，它们跟鄂温克语动词 dəddəgnə- "欢蹦乱跳"和 tutʃʃala- "不断地跳""不断地蹦"等词义非常接近。在这里，有必要提出的是，鄂温克人让孩子们做反复不断地跳或蹦的动作时就说 tugtʃatugtʃa "跳一跳""蹦一蹦"。由此，我们推测，阿依努语词典或词汇资料里出现的动词 tuhsetuhse "反复不断地跳"或"反复不断地蹦"有可能是动词词干 tuhse 的重叠使用结构类型。

38. "到处乱跑" ⇨*pasu-

阿依努语 pasuske (pasu-ske);

鄂温克语 pasuge-(pasu-ge)。

39. "教育" ⇨*pasuga-

阿依努语 paskama (paska-ma);

鄂温克语 pasugala-。

这里所说的鄂温克语动词 pasugala- 是在名词 pasugan "教养" "修养" 后面接缀从名词派生动词的构词词缀 -la 而构成，这是鄂温克语早期使用的动词，现在人们使用得少了，只有一些老年人还在使用。

40. "祈祷" ⇨ *taki-

阿依努语 takina(taki-na) ~ takibo(taki-bo);

鄂温克语 taki->tahi->tahinan(taki-nan) ~ tahiraŋ(taki-raŋ);

鄂温克语 takina-(taki-na)＞tahina- ~ takibu- (taki-bu)＞tahibu-。

阿依努语动词 takina 主要表示人向神像"祈祷"，动词 takibo 则指基督教徒们祈祷时用手"画十字"的动作。鄂温克语的 takina- 和 takibu- 都是由动词词根 taki-"祭祀"、"供奉"派生而来的动词。不过，动词 takina->tahina- 常常用于人们向神灵作有声的"祈祷"，而动词 takibu->tahibu- 则指人们向神灵进行无声的"祈祷"。

41. "尊崇" ⇨ *ajamu-~ajanu-

阿依努语 ajnukoro(ajnu-koro) ~ ajnukor(ajnu-kor);

鄂温克语 ajamka-(aja-mka-) ~ ajamugu-(aja-mugu-)＞ajmug-。

看得出来，鄂温克语的这两个动词都是由形容词 aja "好的" "善的" 派生而来。它们除了表示"尊崇"之外，还可以表达"崇拜" "敬仰" 及 "崇爱" "珍爱" "敬爱" 等词义。

42. "同情" ⇨ *homara-＞*homarala- ~ homaraga-

阿依努语 homarajki(homara-jki);

鄂温克语 *horamala ＞ hormala- ＞ hommala- ＞ homala- ~ homarala ＞ homarla->homalla-。

动词 hormala- 等，在鄂温克语里原来是指遇到危险时母鸟把雏鸟护在翅膀下面的动作，后来引申出父母或老人对孩子的"宠爱" "呵护"，以及上级对下级或人们对弱势群体的"袒护""呵护""同情"等多种词义。

43."讨好" ⇨ *ajanu->*ajamu-
阿依努语 ajnukoro (ajnu-koro);
鄂温克语 ajamaharaŋ(ajama-haraŋ)。

44."帮助" ⇨ *tusala-<*tusa
阿依努语 tusare(tusa-re);
鄂温克语 *tusala->tusla-。
鄂温克语的 tusla- 是由名词 tusa"好处"、"益处"派生而来的动词。

45."高兴" ⇨ *tusala-<*tusa
阿依努语 ekiroro'an(ekiro-ro'an);
鄂温克语 əkilərəŋ(ekirə-rəŋ)。
动词 əkilərəŋ 在鄂温克语里表示人们高兴喜悦的时候"跺脚跳舞"的动作，后来引申出"跳舞"或"高兴"等词义。

46."精练" ⇨ *ʃeramu-
阿依努语 eramus ~ eramas;
鄂温克语 ʃiramus->ʃermus-。
鄂温克语动词 ʃiramus->ʃermus- 是由名词 ʃiramun>ʃermun"妖精"、"精灵"派生而来的。在当初，主要表示"变得像妖精一样厉害"等词义。但后来却派生出"变得精灵""变得熟练"等词义。而且，以"精练"概念使用的居多。

47."休止" ⇨ *ama->amara-
阿依努语 ama;
鄂温克语 amara->amra-(am-ra) ~ amki-(am-ki-)。

该动词,在阿依努语中主要表示"休止"之意,而在鄂温克语里一般指"休息"之动作行为。与此相关,鄂温克语动词 amki- 则指"休息片刻"。

48."睡" ➪ *mokoro-
阿依努语 mokor ~ mokor;
鄂温克语 mokoro->mohoro->mokor->mohor-。
动词 mokoro->mohoro- 在鄂温克语里表示"睡眠"之意时,带有一定贬义性。比如说,人们做着某种事情支持不住睡过去,或者由于过度疲劳而倒下,或者过量饮酒而醉倒,甚至所有生物的瘫倒蜷缩等现象,也用此动词来表示。从这个意义上讲,鄂温克语动词 mokoro->mohoro- 是表示"睡""入眠""瘫倒蜷缩"等多义的贬义词。其中,说 mokoro- 的人居多,使用 mohoro- 的人比较少。另外,有将该动词发音成 mokor- 或 mohor- 的现象。然而,阿依努语的动词 mokoro- 则主要指"睡""睡眠"等词义。

49."做梦" ➪ *tokka->toka-
阿依努语 takar(taka-r);
鄂温克语 tokkaʃi-(takka-ʃi)>tokaʃi-(taka-ʃi)。
动词 tokkaʃi- 在鄂温克语里有很高的使用率,使用面也十分广泛。与此相反,说 tokaʃi- 的人比较少。另外,在鄂温克语里,还有将 tokkaʃi- 发音为 tolokʃi-(tolok-ʃi)、toloktʃi-(tolok-tʃi) 等的现象。

50."隐藏""藏起来" ➪ *əsi->*esi-
阿依努语 eʃine(esi-ne);
鄂温克语 əʃibkə-(əʃi-bkə-)。
该动词,在阿依努语里表示广义的"隐藏"或"藏起来"之意。然而,鄂温克语里则表示"把重要物品放在人们看不见的地方"或"隐藏起来"等词义。

51. "发现" ⇨ *pa->*paka->baka-

阿依努语 pa～paa；

鄂温克语 *baka->baha-～bah-。

在鄂温克语里 *baka- 还含有"找到"等词义。

52. "庇护" ⇨ *homora-

阿依努语 homarayki(homara-yki)；

鄂温克语 ɵmərərəŋ(ɵmərə-rəŋ)。

53. "发傻" ⇨ *nunpe-

阿依努语 nunpe-；

鄂温克语 nʉnpe->nʉmpe->nʉmbe-。

54. "扎""扎刺" ⇨ *ewu-

阿依努语 e'us(e'u-s)；

鄂温克语 əwʉ->ə'ʉ->e'ʉ。

动词 əwʉ- 的词首元音 ə 在莫日格勒鄂温克语中也有发音成 e 的现象。也就是说，把 əwʉ->ə'ʉ- 说成 ewʉ->e'ʉ等。该动词，在鄂温克语里主要用于"扎刺儿"的"扎"，当然有时也表示用"针""锥子""小刀"等小型带刃工具"扎入肉内"或"刺入肉内"的动作。不过，阿依努语动词 e'us 一般指用中型或较大型带尖带刃工具"扎"或"刺"肉或其他东西。不过，鄂温克语内广泛表示"扎"或"刺"之意的动词是 arki->akki-。结果，鄂温克语的该动词，也跟阿依努语桦太话的 kahkawe(kahka-we) "扎""刺""插"一词发生了语音和词义方面的联系。

55. "肿" ⇨ *hubə-

阿依努语 hupo；

鄂温克语 hɵbə-。

动词 həbə- 在鄂温克语不同方言中，有 həb-、hʉbə-＜hʉb-、həwə-＜həw- 等说法。有意思的是，该动词也跟阿尔泰语系蒙古语口语里的 he'ə-"肿"有一定历史来源关系。

56. "皲裂" ⇨ *sawa- ~ jawa-
阿依努语 sawawke(sawaw-ke) ~sawre(saw-re) ~ jawawke (jawa-wke);
鄂温克语 sawag- ~ jawag- ~ jawara-。

动词 sawag- 起初在鄂温克语里是指"松树皮干裂而脱落"的现象，后来才引申出了"人体皮肤因干燥皴裂"等词义。另外，鄂温克语动词 jawag- ~ jawara- 是由名词 jawa"裂纹"派生而来的。动词 jawag- ~ jawara- 本来是表示"树木由于风吹雨打而出现的裂纹"或"冬天大地或水面封冻以后出现细长裂纹"等现象，后来又引申出"人体皮肤干裂"或"动物等的蹄缝出现裂纹"的现象。然而，阿依努语动词 ʃawawke ~ ʃawre ~ jawawke 则主要指"人体皮肤的皴裂"。

57. "疲劳" ⇨ *saŋga-
阿依努语 ʃinka-(sin-ka) ~ ʃinke(sin-ke);
鄂温克语 saŋgala- ~ tʃaŋgala->tʃaŋgal-。

动词 saŋgala- ~ tʃaŋgala- 在鄂温克语中，由动词词根 saŋga- ~ tʃaŋga-"干渴""浑身无力"派生而来。

58. "冻" ⇨ *gəttig-
阿依努语 kettok(ketto-k);
鄂温克语 gətti-

59. "受伤" ⇨ *jara->*jaraka-
阿依努语 jarkari(jarka-ri);
鄂温克语 *jaraka->jarka->jakka->jakkara-。

阿依努语的该动词，一般用于指人或动物受轻微伤，有时也表示植物或家用品受到轻微损伤等。鄂温克语的 jarka-，在绝大多数情况下，指植物或家用品等的轻微受损。不过，得力其尔鄂温克语中，也用于人或动物受到的轻伤。毋庸置疑，该语言的动词 jaraka- 等是由名词 jara"轻伤"派生而来的动词。

60."患病" ⇨ *ənuku-

阿依努语 onkekara(onke-kara) ~ onkekar(onke-kar)；

鄂温克语 ənʉkʉlə-(ənʉkʉ-lə) ~ ənʉhʉlə-(ənʉhʉ-lə) ~ θnʉkʉlə-(θnʉkʉ-lə)。

阿依努语里该动词一般指人们的"伤风感冒"。鄂温克语内的这一动词则表示"患病"或"生病"，它是由名词 ənʉkʉ＞ənʉhʉ"病" 派生而来的动词。而名词 ənʉkʉ＞ənʉhʉ又是在动词词根 ənʉ-"疼痛"后面接缀由动词派生名词的构词词缀 -hʉ派生而来的。从该动词的语音结构形式来看，阿依努语动词 onkekara 的词干部分应该是 onke-，且同鄂温克语名词 ənʉhʉ ~ ənkʉ非常相近。《阿依努语方言词典》里，也出现把 onkekara 分开写为 onke kara 的现象。但是，在该词典里没有说明为什么分开写。若说这是把词根或词干同词缀分开写的原理的话，那么毫无疑问 onke- 是词根或词干形式，而 -kara 则是构成动词的构词词缀。如果说 onke 是指"病"之意的名词、-kara 是指"患"之意的动词的话，阿依努语动词 onkekara 属于名词和动词的合成体。其实，在鄂温克语里也有把动词 ənʉkʉlə->ənkʉlə-"患病"说成 ənʉkʉ baharaŋ ~ ənkʉ bakaraŋ 的现象。如前所说，ənʉkʉ ~ ənkʉ 属于指"病"之意的名词，bakaraŋ ~ baharaŋ 是动词，表示"患""得到"等。不论从哪个角度分析，阿依努语动词 onkekara 同鄂温克语动词 ənkʉ-＜ənʉkʉ＞ənʉkʉlə->ənkʉlə- 有十分密切的内在联系。

61."受难" ⇨ *mogo-

阿依努语 mokoro(moko-ro)；

鄂温克语 mogo-。

62."愤怒" ⇨ *girusi-

阿依努语 iruʃikare(irusi-kare);

鄂温克语 giruʃi-。

动词 iruʃikare 在阿依努语中指海豚受惊而愤怒时出现的动作行为。鄂温克语该动词是指黑熊或野猪等野兽受伤后愤怒或暴怒时的动作。不过，鄂温克语里 giruʃi- 也可以说成 girʃi- 或 girtʃi- 等。

63."猛扑" ⇨ *tuksa-

阿依努语 tuhse;

鄂温克语 tuksa-。

动词 tuksa- 在林区鄂温克语里，主要表示黑熊等凶猛野兽受惊后，向人猛扑过来的动作。再者，鄂温克语内普遍用动词 tukka->tokka- 表示"猛扑"之意。该说法，同蒙古语动词 tushu(tus-hu)"扑""猛扑"等也有关。也就是说，鄂温克语动词 tuksa- 同阿依努语的 tuhse，乃至蒙古语的 tushu 等均有历史来源关系。

64."抓" ⇨ *ʤapu-

阿依努语 tapu(tap-u);

鄂温克语 ʤapu->ʤabu->ʤawa- ~ ʤab-。虽然现在的鄂温克语里基本上说 ʤawa->ʤaw-，但不少老年人的口语说 ʤabu->ʤaba->ʤab- 等。

65."揪住" ⇨ *kimsa-

阿依努语 kisma;

鄂温克语 kimsa-。

该动词，在这些语言里，主要指人或动物用指甲或爪子使劲揪、掐某一东西。不过，在鄂温克语里也指"抠门""吝啬"等概念。再者，鄂温克语的该动词还可以发音为 kimtʃa->kimtʃig- 或 himtʃa->hintʃa- ~ himtʃig- 等。而且，动词 kimsa- 更多的时候使用于农区鄂温克语。

66. "拉""拉走" ⇨ *iru-

阿依努语　irura(iru-ra)；

鄂温克语　iru-＞ ira-。

动词 iru- 在鄂温克语里，还有 iro- 或 ira- 等发音形式。该动词，主要指"拉"之意。但是，有些方言土语内 ira- 也可以表达强行"拉走"或"带走"等意思。阿依努语动词 irura(iru-ra) 一般表示"拉走"或"带走"等词义。

67. "隔开""分开" ⇨ *ugusa-

阿依努语　usaʃire(usa-ʃire) ~ uʃinna(uʃi-nna)；

鄂温克语　uusa-。

该动词，在阿依努语巴云话 usaʃire(usa-ʃire)，桦太方言说 usahpakara(usa-hpakara) ~ usurare(usu-rare)，沙流话谓 usajnure(usa-jnure) ~ uʃin(uʃi-n)，带广话叫 usin(usi-n)等。鄂温克语内一般说 uusa-，但农区鄂温克语发音成 uutʃa- 或 ugtʃa- 等。

68. "送行" ⇨ *osi-

阿依努语　oʃinkara(osi-nkara)；

鄂温克语　oʃinaka-(oʃi-naka-)。

动词 oʃinaka- 是鄂温克语动词词根 oʃi- 派生而来的。动词词根 oʃi- 也有"送行"之意。但是 oʃi- 一般表示把客人"送到门口"，oʃinaka- 则指把客人"送出一段路"或"送到家"。再者，动词词根 oʃi- 更多的时候被发音为 ooʃi-，把 oʃi- 发音成 ooʃi- 的基本上是青少年。在阿依努语里，另外一个表示"送行"之意的动词是 okannukar(okanu-kar)，也恰巧与鄂温克语常用动词 *uguka-＞ugonaha-＞ogonaha- 有关系。动词 ogonaha- 在鄂温克语里含有"为骑马或乘车来的客人送行"之意。

69. "放" ⇨ *sula- ~*sura-

阿依努语　sura~surata(sura-ta)；

鄂温克语 sulala->sulla-。

鄂温克语的 sulala- 是在形容词 sula "松的" "松散的" 后面，接缀从形容词派生动词的构词词缀 -la 而构成的动词。后来，由于受语音缩合的音变原理影响而变成 sulla- 之语音结构形式。

70. "赶走" "驱逐" ⇨ *asuma-＜*asu-

阿依努语 esumak(esuma-k) ~ asinka(aʃin-ka)；

鄂温克语 asumu-＜asa-＜*asu-。

71. "骑" ⇨ *ugu->*ogo-

阿依努语 oo-＜o-；

鄂温克语 ugu->u'u->uu-。

阿依努语专家认为，由长元音 o 构成的动词词根中间，应该还有由其他辅音演变而来的喉音音素，为此有人把 oo 转写为 o'o。再者，农区鄂温克语里也有将 ugu->u'u->uu- 发音作 ogu->o'u->oo- 的现象。

72. "划船" ⇨ *rari- ~ *sari--

阿依努语 rariw(rari-w)；

鄂温克语 sari-。

73. "攀登" ⇨ *manakan ~ *masaka-

阿依努语 mankan(manka-n)；

鄂温克语 masaka-masaha-＜masa- ~ matʃa-。

74. "来" ⇨ *eke~*əmə-

阿依努语 eke＞ek；

鄂温克语 əmə- ~ əm-。

《阿依努语方言词典》指出，千岛话中的 eke 表示动词"来"的命令式，却没有交代动词 ek 是否属于词根形式。鄂温克语动词 əmə- 的命令式也用 -k ～ -h 来表达。比如说，əmək＞əmk＞ək ～ əməh＞əmh＞əh。从这一角度去思考，鄂温克语动词 əmə- 的命令式，更接近于阿依努语千岛话的 eke 和阿依努语中普遍使用的 ek。另外，鄂温克语敖鲁古雅方言里也能见到把 əmə- 发作 em- ～ e- 的现象。

75. "晒干" ⇨ *satke ～ *hatga-
阿依努语 satke；
鄂温克语 hatga-。

76. "切割" ⇨ *tuje-
阿依努语 tuje-；
鄂温克语 tuje->tuji-。
该动词，在早期鄂温克语里，专指用猎刀切割未加工的动物毛皮。后来，使用率变得越来越少，取而代之的是动词 ugi->uji-。不过，敖鲁古雅鄂温克语里，还在使用 tuje->tuji-这一说法。

77. "扎刺" ⇨ *ada-
阿依努语 eta-ra；
鄂温克语 ada-ran。

78. "切断" ⇨ *pəri-
阿依努语 peri-；
鄂温克语 pəri-。
该动词，在鄂温克语内，主要表示一下子切割断的动作。

79. "连接" ⇨ *sira-
阿依努语 sina-；

鄂温克语 ʃira。

80. "分开" ⇨ *migi-。
阿依努语 miki；
鄂温克语 migi-。
该动词，在阿依努语里一般指人们进餐时用刀具将食物"分开"或"割开""切开"等词义。那么，鄂温克语里的该动词，起初表示人们用猎刀等把肉和皮，或者把肉和骨头"分开"的动作，后来又引申出了用剪刀等工具"剪开"皮子、布料、纸张等概念。

81. "搅合""掺" ⇨ *ukupu- ~ *ukubu-
阿依努语 ukopoje(ukopo-je)；
鄂温克语 ukkubu- ~ ukubu-。
令人感到高兴的是，鄂温克语表示"搅合"之意的另外一个动词 *kʉrkʉ->kʉkkʉ->kʉkʉ-~hʉkkʉ-，也恰好同阿依努语中表示该词义的动词 kokare(koka-re)相配套。特别是农区鄂温克语将 kʉkkʉ->kʉkʉ- 发音成 korka->kork- 等。不论怎么说，阿依努语动词 ukopoje(ukopo-je) 和 kokare (koka-re)等，同鄂温克语动词 ukkubu- ~ ukubu- 与 kʉkkʉ->kʉkʉ- 间存在深层次的共有关系。

82. "扔掉" ⇨ *larki->aki-
阿依努语 aki；
鄂温克语 larki->lakki-。

83. "撒" ⇨ *tʃatʃa-
阿依努语 tʃartʃa-ri(tʃartʃa-ri) ~ tʃitʃari(tʃitʃa-ri)；
鄂温克语 tʃatʃa->tʃitʃa- ~ tʃatʃi- ~ tʃatʃu- 或 sasa->sasu->sas-。
我们掌握的资料显示，阿依努语巴云话说 tʃitʃari(tʃitʃa-ri) ~ satʃari(satʃa-ri) ~ sari，沙流话说(satʃa-ri) ~ (satʃa-rpa)，带广话与美幌话说 (satʃa-ri) ~sari，宗谷话

说(satʃa-ri)~ sari ~ (ʃisa-ri)，旭川话和幌别话说 sari。然而，在鄂温克语里有不同发音形式。比如，巴彦鄂温克语说 tʃatʃa-或 tʃatʃu-，林区鄂温克语说 tʃatʃu-，农区鄂温克语说 tʃatʃu- ~ tʃitʃa- ~ tʃatʃi-，杜拉尔鄂温克语说 tʃatʃi-；牧区鄂温克语辉方言说 sasa->sasu->sas- 等。

84."收拾""整理" ➡ *ʤukabu->ukabu-

阿依努语 uka'o＞ukao；

鄂温克语 ʤukabu->ʤuhabu-。

动词 ʤukabu->ʤuhabu- 是由鄂温克语动词词根 ʤuka-＜ʤuha- "修理"派生而来的，主要表示"收拾""整理"等词义。

85."打" ➡＞*apo-

阿依努语 apo；

鄂温克语 apu-。

阿依努语动词 apo 是一般性用语，使用面十分广泛。鄂温克语动词 apu- 是 apuldi- (apu-ldi-)"打仗"的词根形式，自然包含有"打"的意思。不过，也有把 apuldi- 说成 apoldi-(apo-ldi-)的等现象。再者，鄂温克语中表达好人"打"坏人之概念时要用 *gapo->gabo->gab-~gaw- 这一动词。毫无疑问，这些动词间似乎均存在深层而不同层面的共有关系。

86."颤抖" ➡ * sikki-

阿依努语 ʃikkiru-ru；

鄂温克语 ʃikkiʃi-rəŋ。

87."捆绑" ➡ *mugi-

阿依努语 muje-(muj-e＞mui-e)；

鄂温克语 ʉji-ʉj-＜ʉgi-。

尽管鄂温克语基本上说 ʉji- 或 ʉj-，但一些方言土语里也有说 ugi- 的现象。

88. "系""系上" ⇨ *muji- ～ ʉji-

阿依努语 muji-；

鄂温克语 ʉji-。

不过，鄂温克语动词 ʉji- 似乎是 ʉgi- 的演变形式。

89. "绗缝" ⇨ *haba->*jaba-

阿依努语 jaba-；

鄂温克语 haba->habu- ～ hawa-。

根据我们掌握的资料，阿依努语动词 jaba- 主要指"粗缝"，相对于汉语的"绗缝"而言，而鄂温克语动词 haba->habu- 则表示"绗缝"。

90. "绑" ⇨ *sina-～sira-

阿依努语 ʃina(sina)；

鄂温克语 ʃira-。

鄂温克语动词 ʃira- 主要指把两根绳头、线头等"绑在一起"之义。

91. "拧" ⇨ *ni- ～ *no-

阿依努语 nojge(noj-ge) ～ nojke(noj-ke) ～ nojpa(noj-pa)；

鄂温克语 niɲi->niji-。

不过，在敖鲁古雅鄂温克语里，也有用 nuji->nuj 表示"拧"之意的现象。在我们看来，动词 nuji->nuj 和 niɲi->niji- 同属于一个词根，并同阿依努语动词词根 noj- 有一定历史来源关系。除此之外，鄂温克语动词 moŋe->moɲi-～ moj- 表示"拧毛巾"的"拧"这一动作行为，该动词似乎也跟阿依努语动词词根 noj- 有关系。

92. "肚子瘪""饿" ⇨ *ʃibki-

阿依努语 ʃibki (sibki)；

鄂温克语 ʃibki-。

93."排列" ⇨ *urenka->*orenka-

阿依努语 urenkare(urenka-re);

鄂温克语 mᴜrenkənəŋ(mᴜrenkə-nəŋ)。

动词 urenkare 在阿依努语里被广泛使用。然而，鄂温克语动词 mᴜrenkənəŋ 主要表示猎人把猎获物按种类进行排列的动作行为，所以在实际语言中使用率并不很高。并且，早期鄂温克语里还有用动词 orenka- 表示该词义的现象。但是，使用率也不高。

94."雕刻""写" ⇨ *nuri-~*nuji-

阿依努语 nuje；

鄂温克语 nᴜri- ~ nori- ~ nero-。

动词 nuje 在阿依努语里表示"雕花""刻字""书写""记录"等多义。然而，鄂温克语动词 nero- 一般表示用小刀或小型铁具，在木头、玉石、石头、骨头、金属等上面雕花纹、刻文字或留下特殊痕迹或记号等动作。后来，也引申出"画画"等词义。另外，动词 nero- 也表示将薄纸放在某一样品上面进行"描写"或"描画"，以及"描写""写""画画"等概念。

95."积" ⇨ *horu->*joru-

阿依努语 joruj(joru-j)；

鄂温克语 *horu->oru->uru-。

阿依努语和鄂温克语里，该动词除了"积累""积蓄""积存"等意思之外，还可以表达把行李等物"堆积起来"等概念。

96."恢复体能" ⇨ *təŋkə-

阿依努语 temka；

鄂温克语 təŋkərə- (təŋkə-rə)。

该动词在鄂温克语里源自名词 təŋkə，表示"体力""体能""元气"等多义。而且，在鄂温克语一些方言土语中，也有将 təŋkə 及 təŋkərə- 发音成 təmkə 及 təmkərə- 等的现象。

其实，在阿依努语和鄂温克语中，确实有数量可观的共有词，就如前面所说，以上讨论的只是其中的一部分实例，除此之外还有许多动词，尽管它们在语音和语义等方面变化和差别较大，但还是看得出来历史上共同留下的弥足珍贵的共有成分或要素，不过对于它们历史来源或演变规律的讨论需要大量的历史文献资料，以及更加全面系统的分析研究，为此要花费许多时间和精力，更为重要的是需要更加成熟、更加可靠、更有说服力的语言历史资料。正因为如此，在这里，没有纳入这两种语言间存在的语音和词义结构上变化较大、差异性较突出的那些共有动词。比如说，"起立"eta-ras ⇔ ili-ran、"割草"munta-ra ⇔ munda-ran、"尊敬"aynuko-ro ⇔ ayanu-ran、"到"sirepa- ⇔ eʃema-、"揍"apo- ⇔ tabi-、"可怜"raanuh ⇔ ʥoonoŋ、"上去"yan ⇔ yʉʉ- 等有很多。对于这些共有动词，我们以后还要进行更加全面、更加系统、更加深入的学术讨论。

二 阿依努语和鄂温克语共有名词

资料表明，在阿依努语和鄂温克语共有词里同样有相当数量的名词，且仅次于这两种语言里出现的共有动词。同时，涉及自然环境、自然现象、自然生命、人体结构、社会生活、生产生活用具，包括人的性格特征、思想意识、伦理道德、宗教信仰等方方面面。当然，这其中更多的是早期基本词汇，与他们的历史及传统生产生活密切相关的词汇。在下面的分析与讨论中，我们同样选出在语音结构、词义结构等方面相当一致，或者是相同的较突出、较大、较明显的 60 个共有名词。

1. "雾" ⇨ * manan

阿依努语 mana；

鄂温克语 manan ~ manaŋ。

2. "大风""暴风雪" ⇨ * upun ~ *ugun

阿依努语 upun；

鄂温克语 ᴜᴜgᴜn ~ ᴜᴜgᴜŋ。

阿依努语的幌别话、名寄话、宗谷话说 upun，桦太话说 upunnuma (upun-numa)，巴云话说 upun ~ upunʃisə(upunʃisə)。敖鲁古雅鄂温克语说 ᴜgᴜbᴜn，得力其尔鄂温克语说 ugubuŋ，毕拉尔鄂温克语说 ᴜᴜgubᴜn，莫日格勒鄂温克语说 ᴜᴜgubᴜŋ，杜拉尔鄂温克语说 ᴜᴜgubᴜŋ ~ ᴜᴜ'ᴜwᴜŋ，辉河鄂温克语说 ᴜguwᴜŋ ~ ᴜᴜgᴜŋ 等。

3. "地" ⇨ * bog
阿依努语 poj；
鄂温克语 bog。

4. "尘埃" ⇨ * turu
阿依努语 tur；
鄂温克语 tursu toos。

名词 tursu 在黑龙江讷河鄂温克语早期说法中出现，现在很少使用。其他地区的鄂温克语基本上说 toos＜tooso＜tooson，通古斯鄂温克语也说 tugsa，杜拉尔鄂温克语中还有 tuaral 之说。

5. "岸边" ⇨ * kesi
阿依努语 kes；
鄂温克语 kəʃi。

该名词在鄂温克语方言土语的发音中还出现 həʃi 或 həʃ 及 kəʃ 等现象。

6. "泡沫" ⇨ *køgəsun
阿依努语 kojsun；

鄂温克语 kɵɵsʉn。

名词 kɵɵsʉn 是农区鄂温克语发音形式，而且在他们的发音中还有 kɵɵsə 或 kɵɵs 等实例。不过，牧区鄂温克语一般发音为 hɵɵsʉn 或 hɵɵsəŋ 及 hɵɵsə 等。

7. "山谷" ⇨ *kutagur

阿依努语 kututur；

鄂温克语 kutagur。

那么，在鄂温克语里有如下不同的说法。比如说，莫日格勒鄂温克语说 kutagur，得力其尔鄂温克语说 kʉtʉgər，毕拉尔鄂温克语说 kʉtgʉr，巴彦鄂温克语说 kʉtʉgʉr，杜拉尔鄂温克语说 kotugur～hoturur，辉河鄂温克语 hotogur＞hotgur＞hotgor。

8. "落叶松" ⇨ *iri-

阿依努语 irijaʃi(iri-jaʃi)；

鄂温克语 irigtə(iri-gtə)。

在阿依努语桦太话中说 irijaʃi 之外，在宗谷话里也说 iriʃi。对此鄂温克语的不同方言土语，也有一些不同的发音形式。比如说，敖鲁古雅鄂温克语 irəgta，杜拉尔鄂温克语 irigtə～iirittə，毕拉尔鄂温克语 irigtə～irəgtə，讷河鄂温克语 irəbtə，辉河鄂温克语 iirigtə～iirittə 等。

9. "草" ⇨ *kijana

阿依努语 kina；

鄂温克语 kijana～kiana～keena。

阿依努语在某些方言里 kina 除表示"草"之外，还可以表示"食用的草"或"药用的草"。鄂温克语的 kiana～keena 主要表示"饲养家畜的草"等。而且，林区和农区鄂温克语说 kijana 或 kiana 的居多，牧区一般说 keena＞keenə 或 heena＞heen 等。

10. "狼" ⇨ *gurəkən
阿依努语 horkew；
鄂温克语 gurkə。
名词 gurkə 只有在农区鄂温克语及莫日格勒鄂温克语中出现，并不具代表性。其他地区的鄂温克语里基本不出现。

11. "鸟" ⇨ *ʃibakan
阿依努语 ʃikap(ʃika-p)；
鄂温克语 ʃikan(ʃibka-n)。
阿依努语绝大多数方言土语均说 ʃikap，但桦太话里却说 ʃikah 或 ʃikapuhu。另外，牧区鄂温克语说 ʃibkan＞ʃiikkan＞ʃiikkaŋ＞ʃiikaŋ，林区和农区鄂温克语敖鲁古雅鄂温克语说 tʃibkajan＞tʃibkan＞tʃiibkan＞tʃiikkan＞tʃiikan 等。

12. "鸽子" ⇨ *tutu
阿依努语 tutut(tutu-t)；
鄂温克语 tutuge(tutu-ge)。
阿依努语沙流话说 tutut(tutu-t)，桦太话说 tuutuwehka(tutu-wehka)，名寄话说 totaʃikap(tota-ʃikap)，巴云话和美幌话说 tojtaʃikap (tojta-ʃikap)等。而且，日本阿依努语专家分析巴云话的 tojtaʃikap "鸽子"时说，该词中的 tojta 是指"鸽子" 而 ʃikap 是说"鸟"。所以说，tojtaʃikap 一词是两个名词的黏着性合成形式。此外，讷河鄂温克语说 tutug~tutəg，杜拉尔鄂温克语说 tuutigi ~ tuuti，敖鲁古雅鄂温克语说 tutuki，辉河鄂温克说 tuutuge~tuuttuge＞tuutge 等。

13. "鼠" ⇨ *atʃigi-
阿依努语 etʃikiri(etʃiki-ri) ~ etʃitki-ri(etʃitki-ri)；
鄂温克语 atʃigitʃan(atʃigi-tʃan)。

不过，在阿依努语里说 etʃitkiri 的居多。在鄂温克语中，农区鄂温克语说 atʃigitʃaŋ＞atʃigtʃaŋ，牧区鄂温克语说 aʃigitʃaŋ＞aʃigtʃaŋ＞atʃigtʃaŋ 等。

14."蚂蚁" ⇨ *irigata~ irikata

阿依努语 irijatʃi(irija-tʃi)；

鄂温克语 irigita(irigi-ta)。

讷河鄂温克语 irigita 或 suigaldʒi，阿荣鄂温克语说 iritta～iratta，敖鲁古雅鄂温克语说 iirigtə，辉河鄂温克语说 iirigtə＞iiritta 等。

15."谷物""米""粮食" ⇨ *ama

阿依努语 aman(ama-n)；

鄂温克语 ama。

虽然，在阿依努语巴云话、幌别话、名寄话、带广话、沙流话、宗谷话等均叫 aman，但在桦太话和美幌话中却叫 amam。牧区鄂温克语说 ama＞am 或 amu，农区鄂温克语也叫 ama 或 amu，莫日格勒鄂温克语说 amun＞amu。但是，在鄂温克语内说 ama 的占绝对多数。

16."北" ⇨ *ama

阿依努语 emakas；

鄂温克语 amagaʃi。

阿依努语的 emakas 只有个别方言里使用。鄂温克语的 amagaʃi 也多数情况下使用于莫日格勒鄂温克语。比如说，他们会用 amagaʃi、amarla、amargida 等说法表示"北""后"等词义。更多地区的鄂温克语，则用 amila、amida、amigida 等说法来表示"北"之意。

17."中间" ⇨ *honton~horton

阿依努语 hontomta(hontom-ta)；

鄂温克语 hordondo(hordon-do)。

鄂温克语里将 hordondo 也可以发音为 hoddondo 或 kordondo＞koddondo 等。

18."对方""对过" ⇨ *aktʃa

阿依努语 atʃhato(atʃ-hato)；

鄂温克语 aktʃadu(aktʃa-du)。

现在农区鄂温克语内有说 aktʃadu 或 aktʃakdu 的，一般说 atʃtʃadu 或 atʃtʃakdu。不过也有说 atʃadu 的现象，但比较少见。

19."人" ⇨ *bəjə

阿依努语 pe；

鄂温克语 bəj。

鄂温克语里也有 bəi 或 be 等发音形式。

20."人们" ⇨ *utar～ular

阿依努语 utar；

鄂温克语 ular。

21."祖先" ⇨ *hutatʃi

阿依努语 huttʃi；

鄂温克语 utatʃi。

农区鄂温克语里也有 hutatʃi 或 utatʃi 之说。另外，阿依努语中也有把"祖母"叫 hutatʃi 的现象。

22."父亲" ⇨ *atʃa

阿依努语 atʃa；

鄂温克语 atʃa。

在阿依努语里 atʃa 主要指"叔叔""伯伯",但用于"父亲"概念时一般是指"岳父"。在鄂温克语里,只有在农区口语里使用该亲属称谓。

23. "母亲" ⇨ *unu

阿依努语 unu;

鄂温克语 unu。

在阿依努语的幌别话、沙流话、旭川话、名寄话等里虽然都说 unu,但在桦太话却说 onmo,千岛话内还说 onno 等。那么,只有牧区鄂温克语里有发音作 nun 的实例,然而其他地方的说法,包括牧区在内都有一些不一致的说法。比如,得力其尔鄂温克语的 unmu,敖鲁古雅鄂温克语的 unmə,巴彦鄂温克语的 onmo ~ ənin,莫日格勒鄂温克语的 ommo ~ ono ~ ənin,辉河鄂温克语的 əmmə ~ əniŋ 等实例。

24. "男" ⇨ *huhkə

阿依努语 ohkajo;

鄂温克语 kubkəkən。

根据资料,在阿依努语桦太话说 ohkajo,但在巴云话、幌别话、沙流话、名寄话、宗谷话等里均说 okkajo,旭川话叫 okkajo ~ okkaj'ajnu,带广话与美幌话是 okkaj,千岛话为 okkai 等。林区鄂温克语是 kuhkəkən,农区鄂温克语是 huhkəhən ~ ubkəhən＞ukkəhən,牧区鄂温克语是 ʉkkəhəŋ ~ ɵkkəhəŋ~ɵkkəjɵ 等。不过,在鄂温克语中,这些说法不仅表示"男"之意,同时也可以表达"男孩"的意思。

25. "岁数" ⇨ *ba

阿依努语 pa;

鄂温克语 ba。

26. "头" ⇨ *baki ~ həki
阿依努语 paki；
鄂温克语 həki。
鄂温克语中也有 həkə＞əkə＞ək＞həki 等说法。不过，他们的这些实例代表着不同时期的音变现象及规律。

27. "角" ⇨ *kira
阿依努语 kiraw(kira-w)；
鄂温克语 kira＞hira。

28. "头发" ⇨ *nuu~ruu
阿依努语 ruuʃis(ruu-ʃis)；
鄂温克语 nuuktʉ(nuu-ktʉ)。

29. "脸" ⇨ * nanu
阿依努语 nanu；
鄂温克语 nanu。
阿依努语巴云话、幌别话、带广话、沙流话说 nanu ~ nan，美幌话和宗谷话说 nanu ~ nan，旭川话与名寄话说 nanu ~ nan，桦太话说 nan ~ nanuhu (nanu-hu) 等。另外，林区鄂温克语说 nanu ~ nanutʃin，农区鄂温克语也有 nanatʃin ~ anatʃin 的说法，牧区鄂温克语一般说 nana 或 anatʃiŋ＞antʃiŋ ~ antʃin 等。

30. "牙" ⇨ * sigitu
阿依努语 ʃikite；
鄂温克语 iigtə ~ igtə ~ iittə。

31. "喉咙" ⇨ * kuttom~ kuəmə
阿依努语 kuttom；

鄂温克语 kɵɵmɵttɵ。

农区鄂温克语为 kuəmə 或 kɵɵmɵ，牧区鄂温克语为 hɵɵmɵ 或 hɵɵmɵttɵ 等。

32. "乳头" ⇨ * tumi

阿依努语 tomon(tomo-n)；

鄂温克语 tomon(tomo-n)。

对此名词，阿依努语的说法有，巴云话 tomon，名寄话 tomom ~ tomomi，旭川话 tomomi，幌别话 tonum ~ tonumi，桦太话 to'emom 等。再者，林区鄂温克语说 tomon~tomin，农区鄂温克语说 toman ~ tomin，牧区鄂温克语说 tomiŋ~tomin 等。

33. "脐" ⇨ * saŋakuhuŋ

阿依努语 hankuhu；

鄂温克语 saŋakuhu。

阿依努语巴云话有 hanku ~ hankuhu (hanku-hu) ~ (hanku-puj)，宗谷话及美幌话说 hanka，幌别话与沙流话说 hanku ~ hankuhu(hanku-hu)，带广话说 hankapuj(hanka-puj)，旭川话说 hanko ~ hankopi (hanko-pi)，桦太话说 hanku ~ hankaka(hanka-ka) ~ nkabuj(hanka-buj)，千岛话说 kanko 等。再者，敖鲁古雅鄂温克语内除了 saŋakuhu 之外，还有 tʃuŋŋuru 之说，得力其尔鄂温克语说 sonkur，杜拉尔鄂温克语说 sonkur，辉河鄂温克语说 səŋkur、soŋor、tʃuŋur 等。

34. "脚后跟" ⇨ * ure

阿依努语 ure；

鄂温克语 urel(ure-l) ~ ʉrel(ʉre-l)。

不过，该名词在林区鄂温克语中主要表示驯鹿蹄子的根部，其他鄂温克语方言土语里很少使用。鄂温克语的这一名词，除了跟阿依努语的 ure 有深层历史关系之外，似乎同蒙古语口语的 ture "马蹄子"、dʉrə "马镫子" 等也有不同程度的渊源关系。

第二章　阿依努语与阿尔泰语系语言词汇比较研究

35. "皱纹" ⇨ *komo-

阿依努语　komomse(komom-se)；

鄂温克语　kompesu (kompe-su)。

名词 hompesu，在鄂温克语有关方言土语内，也会被发音成 kompes、kommesə、komes、komesun 等。

36. "疖子" ⇨ *ilidu~ijetu

阿依努语　ijetu；

鄂温克语　iildə。

但是，在鄂温克语里也有把 iildə 发音成 ildə 或 iəldə 的实例。

37. "烧伤" ⇨ *tʃire-~ʃire-

阿依努语　tʃire；

鄂温克语　ʃire->ʃirag-。

38. "肿块" ⇨ *hub

阿依努语　hup；

鄂温克语　hʉbgʉ。

39. "毛皮短衣" ⇨ *hur

阿依努语　ur；

鄂温克语　hʉr。

鄂温克语里也说 hʉrmʉ>hʉrmə 等。

40. "上衣" ⇨ *hantasu

阿依努语　hansa；

鄂温克语　hantasu>hantas。

阿依努语美幌话说 hansa～attus，宗谷话说 attus 等。鄂温克语基本上均说 hantasu＞hantas。但是，农区鄂温克语中也有说 kantas 的现象。

41."木制水舀子" ⇨ *oskokor
阿依努语 oskekor；
鄂温克语 oskokor。
该名词在莫日格勒鄂温克语里有较高的使用率。而且，同蒙古语的 uthugur "水舀子"也有同源关系。

42."木质小勺子" ⇨ *kasuhu
阿依努语 kasuh；
鄂温克语 kasuhu。

43."碗" ⇨ *itanka
阿依努语 itanki；
鄂温克语 itanka。
除了在阿依努语的巴云话、沙流话、带广话、旭川话、名寄话、美幌话、宗谷话、桦太话里说 itanki 之外，还有千岛话等中的 itangi 之说。然而，阿依努语里所谓的 itanki 是说"木制碗"。鄂温克语的 itanka 也有 itanki～itankə～itaŋka 等形式的说法。而且，鄂温克语的该名词是指"桦树皮碗"。

44."菜果木盘" ⇨ *matunki
阿依努语 matunki；
鄂温克语 matunki。

45."饭盆""肉盆" ⇨ *ila～ita
阿依努语 ita；
鄂温克语 ila。

46."木制筷子" ➪ *sahka ~ sabaka

阿依努语 sahka；

鄂温克语 sabaka＞sabka＞sawka＞sawha。

我们认为，鄂温克语的该名词或许来自 sabar"爪子"一词。

47."木制酒杯" ➪ * hondar

阿依努语 hontaro(hontar-o)；

鄂温克语 hondar。

另外，鄂温克语里还有 hundar、hundag、hondog、kundag 等说法。

48."地上铺的毛皮物" ➪ *sugtar

阿依努语 sokkar；

鄂温克语 səktər。

阿依努语专家认为 sokkar 的词根 so- 表示"地上铺的东西"，而鄂温克语 səktər 应该是在动词词根 səktə-"铺"上面接缀从动词派生名词的构词词缀 -r 派生的实例。鄂温克语内除了说 səktər 之外，还有 səgtər 或 səttər 及 səktəg 等说法。那么，鄂温克语的 səktər 同样表示"地上铺的东西"。反过来讲，阿依努语里像巴云话、幌别话、名寄话、宗谷话中说 sokkar 之外，桦太话里还有 sohkara 之说。

49."仓房" ➪ * tʃasi ~ hasi

阿依努语 tʃaʃi；

鄂温克语 haʃi。

阿依努语的 tʃaʃi 除了表示"仓房"外还可以表示"栅栏""围墙"等词义。其实，鄂温克语的 haʃi 也同样包含这些词义。在这一点，它们也保持了相当强的共性。

50. "市村" ⇨ * kotan

阿依努语 kotan；

鄂温克语 kotan。

名词 kotan 在阿依努语里主要表示"村落""部落"等词义。然而，鄂温克语的 kotan 应该来自 kota＞kot 一词。名词 kota 表示"集中圈养牲畜的较大规模的圈养场所或场地"，甚至指"稳定性很强的牧养牲畜的特定牧场"等。从 kota 派生出 kotan 之后用于表示"许多人生活的地方"，也就是"城镇"。另外，鄂温克语内将 kotan 发音成 koton 或 hotan 及 hoton＞hoto＞hot 的现象也有不少。

51. "舟" ⇨ *ʥabi

阿依努语 ʧip；

鄂温克语 ʥabi。

除在阿依努语千岛话里说 ʧip 之外，在巴云话、幌别话、沙流话、带广话、旭川话、宗谷话等中还说 ʧip 或 ʃip，美幌话讲 ʃip，桦太话叫 ʃipihi (ʃipi-hi) 等。那么，鄂温克语内也有一些不同说法。比如，农区鄂温克语 ʥabi~ ʥiwa~ ʥiw，牧区鄂温克语 ʥawi ~ ʥaw 或 ʥewe ~ ʥew 等。

52. "铃" ⇨ *koŋkoŋ

阿依努语 konkon；

鄂温克语 koŋkoŋ。

阿依努语宗谷话说 konkon，桦太话说 konko 等。鄂温克语也说 koŋko、koŋku、hoŋko 等。

53. "自制的口琴" ⇨ *muku-

阿依努语 mukkur；

鄂温克语 mukulen。

54. "力气" ⇨ *tum ~ *təŋ-

阿依努语 tum;

鄂温克语 təŋkə。

不过，在鄂温克语里也有 təmkə 或 tʉmkə 等说法。但 təmkə 或 tʉmkə 的使用面比较窄，使用率也比较低。

55. "性格" ⇨ *ba-

阿依努语 patek;

鄂温克语 banig。

56. "想法" ⇨ *gonin

阿依努语 hoone＞hone;

鄂温克语 gonin＞goniŋ。

57. "睡意" ⇨ *aam

阿依努语 am;

鄂温克语 aam。

58. "岁数" ⇨ *pa~*ba

阿依努语 pa;

鄂温克语 ba。

阿依努语的巴云话、带广话、旭川话、沙流话等方言里有 pa～paha 两种说法，但在幌别话和名寄话内只说 pa，桦太话也只是用 paa 一说，鄂温克语中基本上说 ba 或 baa。

59. "坟墓" ⇨ *kuwa

阿依努语 kuwa;

鄂温克语 huwaran(huwa-ran)＞hooron。

60. "鬼神" ⇨ *kimuna-

阿依努语 kimunajna(kimuna-jna)；

鄂温克语 kimunagsa(kimuna-gsa)。

不过，在鄂温克语里也有 kimnagsa、kimnugsa、kimnus、kimnun 等说法。

就如前面的交代，阿依努语和鄂温克语的基本词汇内有数量可观的共有名词，在这里我们只是分析了其中的一部分，还有像"食道"iperekut ⇔ bilagagta、"指甲"askepet ⇔ uʃikta、"肚脐"hanko ⇔ soŋor、"腰"tumam ⇔ daram、"针"kem ⇔ immə、"画"nuje ⇔ nero 等，在语音结构上存在较大差异或分歧的诸多共有名词没有讨论。另外，还有一些在构词结构类型上不相一致，词根来源出现较大疑点或不确定因素的共有名词，在此也没有涉及。对此，我们还要开展进一步的深入研究。在这里还需要说明的是，对于那些语音和词义上完全一致和基本相同的实例，我们没有再做举例说明或展开讨论，只是那些语音或词义结构上出现较大差异或异同现象的共有名词做了必要的说明和言简意赅的阐述。尤其是，对于那些需要从不同角度、不同层面、不同关系进行说明的共有名词，从不同方言土语的相关实例作了必要旁证和论证。

三 阿依努语和鄂温克语共有形容词、代词、副词等

通过对我们现已掌握的第一手资料的全面系统的分析，发现其中除了以上讨论的共有动词和共有名词之外，还有一定数量的共有形容词，以及共有代词及其相关虚词类词等。这使阿依努语和鄂温克语共有词结构类型变得更为复杂，对此问题的讨论也变得更加丰富。这其中共有形容词数量最多，其次是代词，像其他副词、助词或相关虚词类词出现的都比较少。由于对于这两种语言里出现的共有代词，在相关论文里做过较详细的分析，所以在此只是讨论具有代表性的实例。另外，事实上共有形容词也有不少，在这里主要讨论现已整理出来的那些共性很强的例子。

1. "深绿色" ⇨ * kukukara

阿依努语 huhukara；

鄂温克语 kukukara＞kuhukara＞kuhuhara＞huhuhara。

在鄂温克语里 kukukara 属于形容词 kuku "绿的" 与 kara "黑的" 的黏着性合成形式，表示 "深绿色的" 之意。

2. "黄的" ⇨ * ʃiwirin～ʃiŋirin

阿依努语 ʃiwnin；

鄂温克语 ʃiŋirin。

在鄂温克语里也有将 "黄的" 说成 ʃiŋarin、ʃiŋrin、ʃiŋirin 等的现象。

3. "黑" ⇨*kunne～konno

阿依努语 kunne；

鄂温克语 konnor (konno-r)。

阿依努语的巴云话、幌别话、沙流话、带广话、旭川话、名寄话、宗谷话里虽然都说 kunne，只有在桦太话中有 konne 与 kunne 两种说法。再者，鄂温克语内有 konnor、konnorin＞konnoriŋ、honnoriŋ 等发音形式。

4. "凹的" ⇨ *kutu-

阿依努语 kututur(kutu-tur)；

鄂温克语 kutugur(kutu-gur)。

另外，在鄂温克语里还有 kutugur、kotogor＞kotgor、hutugur、hotogor＞hotgor 等说法。

5. "歪的" ⇨ *gojke

阿依努语 kojke；

鄂温克语 gojke＞gojhe。

形容词 gojke＞gojhe 在鄂温克语中表示人或事物支持不住而出现的"歪斜"现象。

6. "厚" ⇨ *diram
阿依努语 ironne；
鄂温克语 diramna ~ diramna。

7. "膨胀的" ⇨ *putke
阿依努语 putke；
鄂温克语 pukte＞pukte＞pəkte。

8. "少的" ⇨ *pondo ~ kondo
阿依努语 ponno；
鄂温克语 kondo＞hondo＞honno。

9. "美丽" ⇨ *nanada
阿依努语 nanetohkoro(naneto-hkoro)；
鄂温克语 nanadakan(nanada-kan)。
在阿依努语的桦太话中说 nanetohkoro，而带广话里则说 nankante。不过，鄂温克语里也有 nanadakan＞nanədakan＞nandakan＞nandahan nandahaŋ、nannakan、nandabti 等有所不同的说法。

10. "放开的" ⇨ *sulata
阿依努语 surata；
鄂温克语 sulata。
形容词 surata 在阿依努语里表示"放开的""开放的"等词义，而鄂温克语的 sulata 在表示"松开的""轻松的"等意思之外，还可以表达"放开的"等词义。

11."明处的" ➪ *ili

阿依努语 ilkem(il-kem);

鄂温克语 ilikem(ili-kem)。

但是，在鄂温克语中还有 ilikəm、iləken、ilkən、ilhən 等说法。鄂温克语的该形容词来自同样是形容词的 ili，表示"明显的""清楚的""公然的"等意思。

12."健康的" ➪ *giwaŋa

阿依努语 iwanke;

鄂温克语 giwaŋa＞giwaŋi。

13."男的" ➪ *no

阿依努语 noku(no-ku);

鄂温克语 no。

14."笨手笨脚的" ➪ *bəwər

阿依努语 pewar;

鄂温克语 bəwər。

形容词 bəwər 在鄂温克语中也有 əwər 之说。

15."糊涂的" ➪ *numpa

阿依努语 nunpe;

鄂温克语 numpa。

16."发霉的" ➪ *munun

阿依努语 munin;

鄂温克语 munun。

在阿依努语和鄂温克语里，该形容词同时也可以表示"发臭的""腐朽的"等词义。再者，鄂温克语中还有 munən、mʉnʉn＞mʉnən 等说法。鄂温克语的该形容词来自表示"发臭""腐朽""发霉"等词义的动词词根 munu->mʉnʉ-。

17．"那""那个" ⇨ *ta

阿依努语 tan(ta-n)；

鄂温克语 tara(ta-ra) ~ tari(ta-ri)。

阿依努语的千岛话说 tan，桦太话说 ta'an ~ ta'a，巴云话、沙流话、带广话、幌别话 to'an ~ tu'an。鄂温克语里除了 tara 或 tari 之外，还有 tar 之说。

18．"那样的" ⇨ *ananugan

阿依努语 ano'an ~ na'aha'an；

鄂温克语 ananugan＞annugan＞anugan＞anu'an。

19．"这样的" ⇨ *ənənugən

阿依努语 ene'an；

鄂温克语 ənənugən＞ənnugən＞ənugən＞ənu'ən。

20．"在那""在那边" ⇨ *taradu

阿依努语 tata ~ ta'anta；

鄂温克语 tadu ~ taradu。

除在阿依努语里说 tata 或 ta'anta 之外，在巴云话内还有 to'anta 之说。鄂温克语中也有 taridu ~ tardu 等说法。

21．"先" ⇨ *əʃi-

阿依努语 eʃir(eʃi-r)；

鄂温克语 əʃigdi(əʃi-gdi)。

除在阿依努语内说 eʃir 之外，在巴云话与沙流话里也说 eʃittek、旭川话讲 etokote 等。鄂温克语也同样除 əʃigdi 之外，还有 əʃigdiki～əʃitti 之类的说法。

22. "常见" ⇨ *nəjə-

阿依努语 nejakka(neja-kka)～nejahka(neja-hka)；

鄂温克语 nəjəkən(nəjə-kən)。

该副词，在鄂温克语里还 nəjəhən＞nəjəgən～nəjkən＞nəjhən＞nəjgən 等说法。另外，这两种语言的该副词，同时还可以表示"经常""常常"等词义。

23. "是" ⇨ *ku-～gu-

阿依努语 kuni(ku-ni)；

鄂温克语 gunən(gu-nən)。

除在阿依努语里说 kuni 之外，在沙流话、旭川话、名寄话等内还有 kunak 之说。那么，在鄂温克语中也有 gᴜnəkən、gᴜnən、gᴜnəkən 等说法。

24. "大约" ⇨ *patak～barag

阿依努语 patak；

鄂温克语 barag。

25. "也" ⇨ *ka

阿依努语 ka；

鄂温克语 kat。

26. "还" ⇨ * naan

阿依努语 naa；

鄂温克语 naan。

其实，在实际的语言交流中，鄂温克语的 naan 也经常发音为 naa，且这种发音形式的使用率变得越来越高，使用面也变得越来越广。再者，这两种语言里的 naa 同时还可以表达"也""更""已经""未"等词义。

总而言之，在这一节里，我们主要分析了阿依努语和鄂温克语的共有词，其中包括 96 个共有动词，60 个共有名词，以及 26 个共有形容词、代词、副词等词类。也就是说，在这里我们一共讨论了 182 个阿依努语和鄂温克语的共有词。毫无疑问，这些共有词无论在语音还是在词义方面均有很强的共性化特征及共有关系。通过以上讨论，我们对于这两种语言的词汇关系有了较为清楚、系统、全面的初步认识和把握。不过，在这里讨论的只是阿依努语和鄂温克语共有词的一部分，还有许多共有词没有搜集整理出来，也有一些共有词在语音结构类型或词义结构内涵方面存在较大异同现象，或者说在各自语言里产生较大程度的变化，对于这些共有词在这里都没有涉及，等以后条件进一步成熟的时候再展开更有价值的学术研究。众所周知，日本北海道的阿依努语已成死亡语言，现在几乎没有人使用，阿依努人无一例外地使用日语，他们的适龄儿童从幼儿时期就开始接受完全意义上的日语日文教育。换句话说，他们是通过日语日文学习掌握文化知识的。在这种现实面前，无论在北海道地区还是在日本各地很难找到能够用阿依努语进行对话的人，极个别的阿依努老人的记忆中虽然保留着一些词语，但除非有意识地提醒，他们很难说出某一个具体事物的名称或相关词语。因此，日本的以及其他国家的阿依努语专家学者，也都靠书面资料和过去录制的语言材料及科研成果，对阿依努语语音、词汇、语法及其方言土语展开学术讨论。

我们掌握的阿依努语资料充分说明，对于阿依努语和鄂温克语词语做全面讨论有一定难度。对此我们认为，过去人们在日常交流中使用的传统意义上的基本词语，有其不可忽视的重要作用和研究价值。因为，这些词使用率高、使用范围广、记录下来的资料也较为丰富。然而，反过来讲，这些基本词汇受外来语言影响也比较大。我们应该理性地承认，使用率越高、使用面越广的基本词汇，受外来语言的影响会越严重，进而会出现不同程度的语音或词义方面的变化，由此引起一系列语音或词义上的异同现象。在这种情况下，我们只是选定语音和词义方面比较一致，共同点比较清楚而突出的代表性实例展开比较研究。同时，有目的地回避了那些语音和词义结构上出现差异性问题较多的共有词。

通过以上比较研究，我们更加清楚地认识到阿依努语和鄂温克语间存在的共有关系的复杂性、多元性、历史性、地域性、文化性及社会性和民族性。正因为如此，许多共有词自然要涉及许多历史的、地域的、社会的、文化的和民族的问题，所以说缺少了这些方面的基础知识、理论知识，也会一定程度上影响在此领域的全面系统深入的研究，甚至会影响到相关成果的学术质量和理论观点。何况，这两种语言均属于没有文字的语言，用其他文字或特定转写符号记录阿依努语和鄂温克语的历史又比较短。在这一现实面前，如果对阿依努语和鄂温克语现有资料或语言现状没有一个足够的了解和把握，很难透过语言表层出现的复杂多变的现象，去认知和论证语言深层次，也就是语言底层结构中存在的诸多共有现象和学术问题。不论怎么说，对阿依努语和鄂温克语的比较研究，论证它们间共同存在的因素，对阿依努语和鄂温克语早期关系的探讨以及历史来源层面上的相关学术问题的科学论证均有十分重要的学术意义。同时，对于阿尔泰语系语言的比较研究，有关难点大、问题多的学术领域的进一步突破性探索，也有一定参考价值和促进作用。特别是一些语言学家提出，阿依努语同阿尔泰语系语言没有任何历史渊源关系，或者认为这些语言间不存在任何语言系属关系的情况下，加上阿依努语系属问题还未解决的现实，我们所做的这些研究和努力或许能提供某一新的思路或线索。

第三章
阿依努语与阿尔泰语系语言形态变化语法现象比较研究

该项研究的第三章里，重点分析和讨论阿依努语和阿尔泰语系语言名词类词格语法范畴的位格、方向格、领格、造格、从格等共有关系十分突出的形态变化语法现象、复数形态变化语法现象，以及动词类词态语法范畴的主动态和使动态形态变化语法现象等。其实，在阿依努语和阿尔泰语系语言里，不论在名词类词的形态变化语法体系还是在动词类词的形态变化语法体系中，所表现出的共有现象远比我们现在讨论的内容复杂得多。在这里，只是从语法形态论、语法关系学、比较语法学及其语言类型学等不同角度，开展多层面、多方面、多视角的分析研究基础上，紧密结合形态变化语法词缀的语音结构类型及音变规律、使用关系及其特征、语法功能作用等学术问题，对于以上提到而现已整理出来的语法现象进行比较研究。

第一节 阿依努语和阿尔泰语系语言格形态变化现象

阿尔泰语系语言和日本阿依努语名词类词的格形态变化语法范畴里，存在不少共有关系的语法现象。那么，共有关系的格形态变化语法现象，无论在语音还是在语法功能方面均有相当强的共性化特征。至于这些格形态变化语法现象是否存在发生学关系，还需要进行深入系统的比较研究才能定论。但是，它们之间出现的一系列共有现象，似乎并不属于偶然或者说个别现象，有它一定的内部规律及底层结构类型的共同性。从语法形态论和比较语言学的角度，对这些语言中具有共有关系的格形态变化语法现象，展开比较研究有其特定学术价值和意义。

根据资料，阿依努语里有主格 、领格 -un、与格 -ko～-kor～-ta、位格 -ta、从格 -tek～-the～-kaari～-kari、经由格 -karri～-kari、造格 -ari、方向格 -na～-kashi～-kashiki～-oro～-ko～-orun、比格 -kasuno～-akkari、内在格 -tom～-tomta～-utur～-uturuu 等分类及其相配套的形态变化语法词缀。其中，主格没有约定俗成的形态变化语法词缀，所以用词根或词干形式来表现。另外，阿依努语的位格形态变化语法词缀 -ta 不仅表示位格语法概念，同时也可以发挥与格具有的功能作用。还有，从格形态变化语法现象 -kaari～-kari 在不同语言环境和条件下，能够分别表示从格或经由格语法意义。我们的初步分析表明，阿依努语的这些格形态变化语法现象中，与其名词类词格形态变化语法现象密切相关的实例有位格 -ta、方向格 -na～-kashi～-kashiki～-ko～-oro、领格 -un、造格 -ari、从格 -tek～-the、经由格 -kaari～-kari、内在格 -tomta～-utur～-uturu 等。但有意思的是，阿依努语的这些格形态变化语法现象，或者说形态变化语法词缀，在有的语法书里是以黏着形式转写的，而有的语法书里则是用非黏着形式，也就是用分离式方式转写的。本文紧密结合阿尔泰语系语言名词类词格形态变化语法词缀的结构性使用特征，全部以黏着形式进行了转写。这样做，不仅符合语言实际，也是遵从了有关阿依努语专家的意见，同时也是为了能够更清楚地展示该语言的格形态变化语法现象的附属性质，以及同前置名词类词间产生的黏着性词缀关系。

一 阿依努语位格 -ta 和阿尔泰语系语言位格 -ta 或 -da 等

阿依努语里表示位格形态变化的语法词缀有 -ta。就如前面相关章节里阐述的那样，阿依努语中舌尖前辅音 t 和 d 没有严格意义的区别词义功能作用，所以在该语言的辅音系统里没有 d 这个辅音音素。与此相关的语音都用 t 来记录。从这个角度来讲，这里出现的 -ta 事实上代表了 -ta 与 -da 两种不同语音结构类型的词缀形式。根据分析，阿依努语位格形态变化语法词缀 -ta，同阿尔泰语系语言的位格形态变化语法词缀 -ta 或 -da 一样，主要表示事物所处的位置、场所及事情发生的时间、地点等。例如：

sujue　kasike-ta　hon　an.
桌子　　上面　　　书　　有
"桌子上面有书"。

en　sorpok-ta　an.
我　下面　　　有
"我在下面"。

tan　aynu　kotan-ta　isam.
那　　人　　村庄　　　没
"那个人没在村里"。

以上三个短句里，阿依努语位格形态变化语法词缀 -ta，先后接缀于名词类词 kasike、sorpok、kotan 等后面，表示人或物所处的位置。

与此相关，在阿尔泰语系不同语族的每一个语言均有格形态变化语法现象，并且也都有约定俗成的形态变化语法词缀。这些语法词缀不论在语音结构类型还是在语法功能和作用上都跟阿依努语格形态变化语法词缀 -ta 保持了高度一致或基本一致。其中，包括 -ta、-te、-tə、-to、-t～-da、-de、-də、-do、-dɵ、-du、-dʉ、-d 等。请看在下面的语句中具体使用情况。

维吾尔语：kiʃ-ta "在冬天"；　　asman-da "在空中"
　　　　　冬天　在　　　　　　空中　在

　　　　　　　ʤemijet-te"在社会"；　yrymtʃi-de"在乌鲁木齐"
　　　　　　　社会　在　　　　　　　乌鲁木齐　在

哈萨克语：tamaq-ta"在脖子上"；　awla-da"在院子里"
　　　　　　脖子　在　　　　　　　院子　在

　　　　　　ʤyrek-tɛ"在心脏"；　mekteb-de"在学校"
　　　　　　心脏　在　　　　　　学校　在

柯尔克孜语：bulut-ta"在云彩里"；　mektep-te"在学校里"
　　　　　　云彩　在　　　　　　　学校　在

　　　　　　ot-to"在火里"；　ər-da"在诗歌中"
　　　　　　火　在　　　　　　诗歌　在

　　　　　　depter-de"在本子内"；　soqo-do"在犁上"
　　　　　　本子　在　　　　　　　犁　在

塔塔尔语：kitap-ta"在书上"；　kilɛm-tɛ"在地毯上"
　　　　　　书　在　　　　　　地毯　在

　　　　　　tʃilan-da"在枣上"；　køl-dɛ"在湖上"
　　　　　　枣　在　　　　　　　湖　在

西部裕固语：dəŋər-da"在天上"；　seme-de"在寺庙里"
　　　　　　天　在　　　　　　　寺庙　在

撒拉语：oj-de"在屋里"；　jyrdən-də"在场地上"
　　　　屋　在　　　　　　场地　在

乌兹别克语：qiʃ-dæ"在冬天"； qayer-dæ"在哪里"
　　　　　　冬天　在　　　　　　哪里　在

达斡尔语：gar-da"在手"； həkə-də"在脑子里"
　　　　　　手　在　　　　　脑子　在

保安语：tantəgə-də"在从前"； kalaŋ-də"在语言里"
　　　　　从前　在　　　　　　语言　在

土族语：raal-də"在河里"； niudur-də"在今天"
　　　　　河　在　　　　　　今天　在

东部裕固语：uden-də"在门口"； aar-tə"在背后"
　　　　　　门口　在　　　　　　背后　在

东乡语：Gudʐun-də"在脖子上"； giə-də"在家里"
　　　　　脖子　在　　　　　　　家　在

布里亚特蒙古语：haʃaa-da"在院子里"； hun-də"在人"
　　　　　　　　院子　在　　　　　　　人　在

蒙古语口语：oboo-d"在敖包"； əŋgər-t"在衣襟上"
　　　　　　敖包　在　　　　　衣襟　在

满　语：xoton-də"在城里"； tatʃiku-də"在学校"
　　　　　城　在　　　　　　学校　在

锡 伯 语：hεlin-d"在树上"；　　utukə-d"在衣服上"
　　　　　　树　在　　　　　　衣服　在

赫 哲 语：fatxa-da "在蹄子上"；　　bəjə-də"在身上"
　　　　　蹄子　在　　　　　　　身　在

鄂伦春语：aawun-dʉ"在帽子上"；　　mʉʉ-dʉ"在水中"
　　　　　帽子　在　　　　　　　水　在

鄂温克语：udun-du"在雨中"；　　ʉr-dʉ"在山上"
　　　　　雨　在　　　　　　山　在

以上所有名词后面接缀的格形态变化语法词缀，均表达了某人或事物所在位置或地点。只是由于每一种语言内具体使用格形态变化语法词缀的不同，出现了不同语音结构特征、不同数量、不同使用关系的实例。比如说，像阿尔泰语系蒙古语族和满通古斯语族有严格的元音和谐原理，所以要使用 -da、-dɵ、-du 及 -də、-dɵ、-dʉ两套六个位格形态变化语法词缀。我们过去认为，在这些语言里只有 -du 与 -dʉ一套两个位格形态变化语法词缀。但是，发现在他们的方言土语里，上面提到的三套六个位格形态变化语法词缀都在被使用。比如说，满通古斯语族逊克鄂伦春语里有 dʒagda-da"在松树上"、kəŋkə-də"在黄瓜上"，讷河鄂温克语 abga-da"在天上"、nəəki-də"在岸上"，蒙古语族的达斡尔语 gal-da"在火上"、gər-də"在家里"等。此外，还要指出的是，在八思巴字文献资料及《木卡迪麻特词典》等，中世纪蒙古语里位格形态变化语法现象是由 -da 来表示。而且，在《蒙古秘史》中位格形态变化语法词缀中，就出现 -ta、-tə 以及 -da、-də 两套四个实例。其实，像这样的位格形态变化语法词缀 -ta 和 -da 等，严格按照元音和谐原理分别使用的现象在阿尔泰语系语言里有不少。苏联科学院著名语音学家伊万诺夫在他的《原始印欧语之起源史》

一书中指出："在印欧语中像 d 和 t 等的起源没有前后之分，它们只作为变体同时存在于不同的范围和不同的语音环境之中。"由此我们也认为，阿尔泰语系语言名词类词的位格形态变化语法词缀 -ta 与 -da 等也是如此，似乎很难分别哪个使用在前的学术问题。它们作为同一语法概念的表现形式，根据不同语音环境以及使用原理，变成两个或更多的不同语音结构形式使用于语句。

总而言之，阿尔泰语系语言里出现的名词类词位格形态变化语法词缀中，像突厥语族的维吾尔语和哈萨克语 -ta、-da、-te、-de，柯尔克孜语 -ta、-da、-te、-de、-to、-do，塔塔尔语 -ta、-da、-tε、-dε，西部裕固语 -da、-de，乌兹别克语 –dæ，撒拉语 -də；蒙古语族的早期蒙古语 -ta、-da，蒙古书面语 -du、-dʉ，蒙古口语 -da、-d，布利亚特蒙古语 –da，达斡尔语 -da、-də、-d，土族语 -də，东乡语 -də；满通古斯语族的鄂伦春语 da、-du、-dʉ，鄂温克语 -da、-du、-dʉ，赫哲语 –du，满语 –da，锡伯语 –d；等等，均跟阿依努语的位格形态变化语法词缀 -ta(-da)之间存在十分密切的共有关系。如果我们假设阿尔泰语系语言的位格形态变化语法词缀的早期语音结构类型为 *-ta、*-da 的话，像上面列举的阿尔泰语系名词类词的位格形态变化语法现象 -tε、-dε、-te、-de、-do、-du、-dʉ、-də 等里出现的元音 ε、e、o、u、ʉ、a 等都属于元音 a 的变体形式 。从这个意义上讲，突厥语族语言的位格形态变化语法词缀，将早期语音结构形式保留得比较完整，因此突厥语族语言的位格与阿依努语的位格在语音结构类型方面显示出极强的一致性。

二 阿依努语方向格 -na、-kashi、-ko 与阿尔泰语言方向格 -na、-kaʃiki、-ko 等

在这些语言里，都有方向格形态变化语法现象，也都有约定俗成的表现形式。而且，在许多语言里，方向格和目的格的形态变化语法词缀在语音结构类型上保持一致，没有什么区别性语音特征，只是根据语言表述内容的不同进行区别不同语法关系和意义。然而，在阿依努语里表示方向格语法概念的形态变化语法词缀，在语音结构类型上表现出一定的复杂性和多变性。其中，主要有 -na、-oro、-kashi、

-kashiki、-kata、-ko 等。这些方向格形态变化语法词缀里，与阿尔泰语系语言名词类词的方向格形态变化语法词缀相同或类同的实例也有不少。例如：

rik-na puni"向上举起"（rik 上、puni 举）
sa-na sanke"向前伸出"（sa 前、sanke 伸出）

上例中出现的方向格形态变化语法词缀 -na，在突厥语族语言里也能够见到。特别是在哈萨克语内表现得最为突出。例如：

halqi-na"向人民"， bulaq-na"向泉水"

再如，阿依努语内使用的方向格形态变化语法词缀 -kashi 及 -kashiki 的实例有：

kotan-kashi"向村落"（kotan 村落）kotan-kashiki"向村落"

以上方向格形态变化语法词缀，与满通古斯语族语言的相关实例保持了相当强的一致性。例如，鄂伦春语有：

koton-kaki ~ koton-kaʃiki ~ koton-tikaki"向城市"（koton 城市）

上例在名词 koton 后面接缀的方向格形态变化语法词缀 -kaki、-kaʃiki、-tikaki，同阿依努语方向格形态变化语法词缀 -kashi 及 -kashiki 基本相一致。又如，鄂温克语有：

koton-tkaki ~ koton-kaʃiki ~ hotoŋ-thahi ~ hotoŋ-haʃihi"向城市"

上例的方向格形态变化语法词缀 -tkaki、-kaʃiki、-thahi、-haʃihi 等也跟阿依努语方向格形态变化语法词缀 -kasha 及 -kashiki 保持了高度一致。再如，蒙古语指示代词：

na-gaʃi"向这面"、tʃa-gaʃi"向那面"、hami-gaʃi"向哪个方面"、gada-gaʃi"向外面"

其中使用的形态变化语法词缀 -gaʃi＜-ʁaši，也跟阿依努语方向格形态变化语法词缀 -kashi 间自然存在深层内在联系。

另外，阿依努语里有较高使用率的方向格形态变化语法词缀 -ko，同样在阿尔泰语系相关语法形式保持了一定的相同性。例如：

i-ko sunke"跟(向)我说假话"（i 我、sunke 说假话）
matkatʃi -ko pashkuma"给(向)少女讲故事"（matkatʃi 少女、pashk uma 讲故事）
e-ko suyekar"给你"（e 你、suyekar 给）

以上短句里就使用了方向格形态变化语法词缀 -ko。与此相关的方向格形态变化语法词缀，在突厥语族语言内也有不少。例如：

柯尔克孜语的 ot-qo"向火"、syt-kө"向奶子"、dөbө-gө"向小山岗"
维吾尔语的 pul-ga"向钱"、adem-ge"向人"、hizmet-ke"向工作"
哈萨克语的 mektep-ke"向学校"、mugalim-ge"向老师"

在以上实例中，突厥语族语言使用了名词类词方向格形态变化语法词缀 -ke、-kө、-qo、-qe、-go、-ga、-ge 等。它们虽然使用于不同语言中由不同元音和谐构成的名词类词后面，但在语音结构类型及语法功能及作用上，均跟阿依努语方向格形态变化语法词缀 -ko 保持着十分密切的内在联系。

在这里，还有必要提到的是，阿依努语的方向格形态变化语法词缀 -oro。

例如：

kur-oro (kur 人)"向人"
kotan-oro(kotan 人)"向村落"
utar-oro(utar 人们)"向人们"

有意思的是，与阿依努语的 -oro 与蒙古语族语言内出现的后缀化方向后置词 horo～furu～uruu 间存在相当强的共性。例如：

达斡尔语　ku xoro(ku 人)
东 乡 语　kun furu (kun 人)　}　"向人"
蒙 古 语　xʉn uruu(xʉn 人)

可以看出，阿依努语方向格形态变化语法词缀 -oro 与蒙古语族语言内词缀化后置词 horo～fʉrʉ～uruu"向"等在语法功能上体现出很强的一致性。由此，我们认为，阿依努语的方向格形态变化语法词缀 -oro，有可能属于从后置词演化而来的。

从以上分析可以看出，阿依努语方向格形态变化语法词缀 -na 和 -ko 与突厥语族的方向格形态变化语法词缀 -na 和 -ke、-kɵ、-qo、-qe、-go、-ga、-ge 等保持相当强的一致性；阿依努语方向格形态变化语法词缀 kashi～kashiki 与满通古斯语族的方向格形态变化语法词缀 -kaki、-kaʃiki、-tikaki、-xaʃihi、-thahi 以及蒙古语族语言的形态变化语法词缀 -gaʃi 等同样表现出很强的共有关系；阿依努语方向格形态变化语法词缀 -oro 与蒙古语族语言词缀化方向后置词 horo～fʉrʉ～ʉrʉʉ 等间存在较强的相同性和相关性。

三　阿依努语领格 -un 与阿尔泰语系语言领格 -un、-in、-n、-ni、-nən 等标志成分

我们掌握的资料充分显示,阿依努语格形态变化语法范畴里,经常使用 -un

这一领格形态变化语法词缀。例如：

kotan-un utar(kotan 村落、utar 人们)"村落的人们"
sar-un kur(sar 沙流、kur 人)"沙流中的人"
tara-un(tara 他)"他的"
mosir-un itak (mosir 岛、itak 语言)"岛上的语言"

然而，在阿尔泰语系语言里，与阿依努语领格形态变化语法词缀 -un 相关的实例确实有不少。例如，突厥语族的：

维 吾 尔 语　qora-niŋ(qora 院子，niŋ 也可以发音为 -nun)"院子的"
哈 萨 克 语　qarəndasəm-nən(qarəndasəm 我妹妹)"我妹妹的"
柯尔克孜语　soqo-nun(qoko 犁)"犁的"
西部裕固语　su-nən(su 水)"水的"
塔 塔 尔 语　kitap-nən(kitap 书)"书的"
乌孜别克语　hatin-nin(hatin 妻子)"妻子的"

同阿依努语领格形态变化语法词缀 -un 密切相联系的语法现象，在蒙古语族语言里也能够见到。例如：

土　族　语　malɢa-nə(malɢa 帽子)"帽子的"
保　安　语　moruŋ-nə(moruŋ 黄河)"黄河的"
东　乡　语　ama-ni(ama 妈妈)"妈妈的"
东部裕固语　uuʃɢ(ə)-in(uuʃɢə 肺子)"肺子的"、buje-n(buje 身体)"身体的"等；

除以上列举的蒙古语族语言领格形态变化语法词缀 -ni 或 -nə 等之外，在蒙古书面语中还有 -un 和 -ʉn。比如说，sədkil-un"心中的"、ədʉr-ʉn"每天的"、ulus-un"国家的"、adʒil-un"工作的"等。可以看出，蒙古语族语言书面语领格形态变化语法词缀 -un 和 -ʉn，与阿依努语领格形态变化语法词缀 -un，无论在语音结构类型还是语法功能作用等方面都达到高度一致。另外，在满通古斯语族语言里同样有跟阿依努语的 -un 有关的领格形态变化语法词缀。例如：

鄂伦春语　koton-ŋi(koton 城的)"城的"、ʉrkə-ŋi(ʉrkə 门)"门的"
鄂温克语　ular-ni(ular 人们)"人们的"、　tari-ni(tari 他)"他的"

使人更加感兴趣的是，满通古斯语族呼玛鄂伦春语里，存在使用 -un 这一领格形态变化语法词缀之现象。比如说，suwan-un"鱼鹰的"、oroon-un"驯鹿的"等中就使用有领格形态变化语法词缀 -un"的"。

毫无疑问，阿依努语领格形态变化语法词缀 -un，与阿尔泰语系语言名词类词的领格形态变化语法词缀 -nun、-un、-in、-n 及 nuŋ、-nəŋ、-niŋ、-nin、-nə、-ni 等有着十分密切的深层历史来源联系。这些现象似乎进一步证明了兰司铁在《阿尔泰语言学导论》中所提到的"阿尔泰语系领格后缀的原始形式为 -n"这一观点。也就是说，包括阿依努语在内，阿尔泰语系语言名词类词的领格词缀有可能都源自 -n 这一形态变化语法现象。

四　阿依努语造格成分 -ari 与阿尔泰语系语言造格后缀 -aar、-jaar、-gaar 等标志成分

这些语言的名词类词，均有造格形态变化语法现象。而且，阿依努语的造格语法概念要用形态变化语法词缀 -ari 来表现。例如：

tek ari karpe (tek 手、karpe 做)"用手做的活儿"；
kim ari karpe(kim 针、karpe 做)"用针做的活儿"；
kaya ari terke(kaya 船、terke 走)"用船走"。

在蒙古语族诸语造格形态变化语法现象中，也有像 -aar、-jaar、-gaar、-Gaar 等同阿依努语 -ari 密切相关的实例。例如：

蒙古语：
gaar-aar hiin(gaar 手，hiin 做)"用手做"；
hadaas-aar hadaan(hadaas 钉子、hadaan 钉)"用钉子钉"。

达斡尔语：
ʥiga-jaar awbe ~ ʥiga-ari awbe(ʥiga 钱、awbe 买)"用钱买"；
paar-aar irsən ~ paar-ari irsən (paar 雪橇、irsən 来了)"坐(用)雪橇来的"。

东部裕固语：
ʃiru-ʁaar denleja(ʃiru 土、denleja 垫)"用土垫"；
Gar-aar barja(Gar 手、barja 抓)"用手抓"。

巴尔虎蒙古语：
nahaataŋ-gaar udzuulnə(nahaataŋ 老人、udzuulnə 看)"让老人看"；
hain-aar həlnə (hain 好、həlnə 说)"(用)好言相劝"。

卫拉特蒙古语：
ajig-aar idenee(ajig 碗、idenee 吃)"用碗吃"；
bold-aar kinee(bold 钢铁、kinee 制作)"用钢铁制作"。

总之，阿依努语及阿尔泰语系蒙古语族内使用的造格形态变化语法词缀 ari 与 -aar、-jaar、-gaar 及 -jari、-ari 等之间，确实存在语音结构类型及语法功能作用方面表现出不同程度的共性和一致性。比较而言，达斡尔语的造格形态变化语法词缀 -jari 或 -ari 同阿依努语造格形态变化语法词缀保持高度一致。

五 阿依努语从格 -tek、-kaari、-kari 与阿尔泰语系语言从格 -dək、-dəki、-duki 及 -gaar、-aar 等

阿依努语和阿尔泰语系语言的名词类词均有从格形态变化语法现象，只是每一种语言对于该语法概念的表现形式上有所不同而已。也就是说，在从格形态变化语法词缀的语音结构上，出现不同程度的异同现象，有的保持基本一致，有的出现较大差异。那么，在阿依努语里，一般要用形态变化语法词缀 tek(~ teh) 来表示从格语法意义。例如：

kotan-tek (kotan 村落、村)"从村落"、 tara-tek (tara 那里)"从那里" kur-tek (kur 人)"从人" 、tuy-tek (tuy 土)"从土里"

与此有关的从格形态变化语法词缀，在满通古斯语族的通古斯诸语言里经常能够见到。例如：

鄂伦春语：

阿里河鄂伦春语 tukala-duki (tukala 土)"从土里"、ʉtə-dʉki(ʉtə 孩子)"从孩子"

呼玛鄂伦春语 kotan-duki(kotan 城镇)"从城里"、nəkʉn-dəki (nəkʉn 弟弟)"从弟弟"

敖鲁古雅鄂温克语 bəjə-dək(bəjə 人)"从人"、 gorodu -dək(gorodu 过去)"从过去"

辉河鄂温克语 hotoŋ-duhi(hotoŋ 城市)"从城市"、ular-duhi(ular 人们)"从人们"

伊敏鄂温克语 tari-duh(tari 那里)"从那里"、əniŋ-dʉh(əniŋ 母亲)"从母亲"

查巴奇鄂温克语 bog-dək(bog 地)"从地上"、gurun-dəh(gurun 国家)"从国家"

赫哲语
xoton-dək(hoton 城市)"从城里"、tukala-dək(tukala 土)"从土中"
dərə-dək(dərə 桌子)"从桌子"、sədʒən-dək(sədʒən 车)"从车上"

从以上所列不难看出，阿依努语从格形态变化语法词缀 tek 跟阿尔泰语系满通古斯语族通古斯诸语的从格表现形式 -duki、-dʉki、-duhi、-dʉhi、-dəki、-dək、-dəh 等之间出现的不同程度的相同性和相关性。尤其是像 -dəki、-dək、-dəh 之类的从格形态变化语法词缀，同阿依努语 tek 很大程度上保持了共有关系。由于阿依努语里辅音 t、d 不分，所以将阿依努语的 tek 也可以看成 dek。

此外，阿依努语还可以用形态变化语法词缀 -kaari 或 -kari 表示从格或经由格包含的语法概念。例如：

puyar kaari ahun(puyar 窗户、ahur 进)"从窗户进"
run kaari oman(run 公路 oman 走)"从公路走"
apa kari ahun(apa 门、ahur 进)"从门进"

相比之下，-kaari 的出现率高于 kari。跟阿依努语从格形态变化语法词缀相比较，蒙古语族语言内出现的，也就是在前面谈到的造格形态变化语法词缀 -gaar 或 -aar，在实际语言交流中，也会表达从格或经由格等的语法意义，从而发挥不同内涵的格语法功能及其作用。例如：

蒙古语
xaalag-aar orob "从大门进去的"或"由大门进去的"(xaalag 大门、orob 进去了)
ar-aar oŋgrox "从背后过去了"(ar 背后、oŋgrox 过去了)

dabaa-gaar irbəə "经山岭来的"（dabaa 山岭、irbəə 来了）

达斡尔语
gia-jaar irsən "从城里来的"（gia 城、irsən 来了）
am-aar garən "从嘴里出去了"（am 嘴、garsən 出去了）

巴尔虎蒙古语
xooloi-gaar garaan "从喉咙出"（xooloi 喉咙、garaan 出来）

从上述实例可以看出，蒙古语族语言内使用的造格形态变化语法词缀 -gaar、-jaar、-aar 等，与阿依努语从格及经由格形态变化语法词缀 kaari 及 kari 一样，同样能够表达多重格语法概念。

综上所述，不论是阿依努语还是阿尔泰语系语言的名词类词中出现的形态变化语法词缀都相对复杂，作为其表现形式的形态变化语法词缀也显得丰富多样。其中，作为从格语法概念的重要表现形式，阿依努语的 -tek、-kaari、-kari 与阿尔泰语系语言的 -dək、-dəki、-duki 及 -gaar、-aar 等之间不论在语音还是在使用关系和特征方面均表现出很强的一致性和共有关系。

第二节　阿依努语和阿尔泰语系语言动词的主动态与使动态

阿尔泰语系语言动词的态形态变化语法现象，在动词类词的错综复杂的语法范畴中属于十分重要的组成部分，也是动词类词的一种特殊而自成体系的形态变化系统，其系统内部的不同语法概念均用约定俗成的形态变化语法词缀来表现。而且，在该语法范畴里，不同语音结构类型的形态变化语法词缀，往往要表示句子主语和宾语间产生的不同语法关系。那么，在阿尔泰语系语言中，根据动词类词态形态变化语法现象表现出的不同含义，分出了主动态、使动态、被动态、互动态等结构类型。有的语言里，对于动词类词态形态变化现象的分类不只局限于上述四种，有些语言的动词类词态形态变化现象的分类比较复杂，还要分出其他若干个结构类型。而且，绝大多数态形态变化语法现象，除了主动态没有约定俗成的形态变化语法词缀之外，其他态形态变化语法现象都用特定词缀来表现。根据我们已掌握的资料，阿尔泰语系语言动词类词态形态变化语法现象的分类有所不同，但几乎都有以上提到的四种结构类型的态形态变化形式和内容。另外，阿尔泰语系语言专家将互动态也叫共动态，把使动态也说成使役态等。顾名思义，这里所说的使动态或使役态都是指句子主语和宾语间产生的使动或使役关系，也就是指说话人指使他者或他物实施某一动作行为时产生的主宾关系。然而，至今还未完全科学论证其归属关系的日本北海道阿依努语里，同样存在动词的态形态变化语法现象。而且，该语言的主动态跟阿尔泰语系语言一样，用动词词根或词干形式表现，而使动态则用特定形态变化语法词缀来表现。下面，我们根据已搜集整理的第一手资料，对阿依努语和阿尔泰语系语言动词态语法范畴的主动态和使动态展开比较研究。

一 阿依努语和阿尔泰语系语言动词主动态比较研究

就如上面所说，阿依努语和阿尔泰语系语言动词态语法范畴里，都有主动态这一语法现象。那么，当主动态使用于句子时，句子主语承担句中动作行为的发起者、实施者、执行者。而且，阿依努语和阿尔泰语系语言动词主动态的语法概念，要用动词词根或词干形式来表达，不需要任何形态变化语法词缀。

（一）阿依努语动词主动态零结构类型的形态变化语法现象之分析

该语言的主动态形态变化语法现象不需要任何形式的词缀形式，要用动词词根或词干形式来表现。例如：

ku　　indar.
我　　看
"我看"。

ku mokor va.
我　睡觉　啦
"我要睡觉啦"。

ku aniga kuaʃi an.
我　也　　站　在
"我也站着"。

上面三个短句里出现的阿依努语动词 indar"看"、mokor"睡觉"、kuaʃi "站"等的态形态变化语法现象，无一例外地属于主动态结构类型，进而表达了句子主语"我"要实施的"看""睡觉""站"等动作行为。毫无疑问，动词 indar、mokor、kuaʃi 的态形态变化语法词缀均属于零形式。

（二）阿尔泰语系语言动词主动态零结构类型的形态变化语法现象之分析

阿尔泰语系突厥语族语言、蒙古语族语言、满通古斯语族语言动词态语法范畴，均有主动态形态变化语法现象。然而，该语系所有语言的动词主动态也和阿依努语一样，要用零形态结构类型的语法词缀来表示，同样不使用任何形式的形态变化语法词缀。在下面的分析中，以阿尔泰语系相关语言或方言土语为例，阐述该语系语言动词主动态零结构类型的形态变化语法表现形式。

1. 阿尔泰语系突厥语族语言动词主动态零结构类型形态变化语法现象

以下利用突厥语族最具代表性的维吾尔语和哈萨克语的动词主动态为例，用实际例句阐述动词主动态零结构类型的形态变化语法现象及其使用关系。

①维吾尔语主动态零结构类型的形态变化语法现象及其使用原理。例如：
meniŋ bir qizim bar.
我　　一　女儿　有
"我有一个女儿"。

②哈萨克语主动态零结构类型的形态变化语法现象及其使用原理。例如：

men ol kisini tanəimən.
我　　那　人　　认识

"我认识那个人"。

这两个例句句末出现的维吾尔语动词 bar"有"及哈萨克语动词 tanəimən "认识"均属于主动态结构类型的形态变化语法现象，进而阐述了句子主语 "我"已完成的 bar"有了"和 tanəimən"认识了" 等动作行为。而且，它们都没有接缀任何态形态变化语法词缀，是以词根 ba-"有"与 tanəi-"认识" 形式使用的主动态结构类型的动词。不过，在主动态动词词根 ba- 及 tanəi- 后面接缀的 -r 和 -mən 都属于陈述式形态变化语法词缀。

2. 阿尔泰语系蒙古语族语言动词主动态零结构类型形态变化语法现象

下面的分析，以蒙古语族的蒙古语及极具特点而有活力的达斡尔语动词主动态为例，阐述该语族语言内动词主动态零结构类型的形态变化语法现象及其使用关系。

①蒙古语主动态零结构类型的形态变化语法现象及其使用原理。例如：
bi ʃilin hotodu morte jaban.
我 锡林浩特市　　马　　去

"我骑马去锡林浩特市"。

②达斡尔语主动态零结构类型的形态变化语法现象及其使用原理。例如：
bi ənə ədʉr ənə warkəlji əmsʉbe.
我　这　天　这　衣服　　穿

"我今天穿这件衣服"。

例句①内出现的蒙古语动词 jaban"去"，以及例句②句尾使用的达斡尔语动词 əmsʉbe"穿"等，均属于句子主语"我"要实施的动作行为。毋庸置疑，它们都属于没有接缀任何态形态变化语法词缀的，以词根 jaba- 及 əmsʉ-

形式使用的主动态结构类型的动词。然而，在主动态动词词根 jaba- 及 əmsɯ- 后面，接缀的 -n 和 -be 同样属于陈述式形态变化语法词缀。

3. 阿尔泰语系满通古斯语族语言动词主动态零结构类型形态变化语法现象

在这里，以满通古斯语族满语支满语及通古斯语支的鄂温克语动词主动态为例，分析该语族语言内动词主动态零结构类型的形态变化语法现象及其使用关系。

①满语主动态零结构类型的形态变化语法现象及其使用原理。例如：
bi   əmu   soko   gulha   utam   gəm   gonidʒim.
我   一   皮   鞋   买   是   打算
"我打算买一双皮鞋"。

②鄂温克语主动态零结构类型的形态变化语法现象及其使用原理。例如：
bi   əri   inig   nantundu   ninime.
我   这   日   南屯   去
"我今天去南屯"。

在上面的两个句子里，句子末尾出现的满语动词 gonidʒim "打算" 及鄂温克语动词 ninime "去" 都具有主动态形态变化语法功能，进而明确阐述了句子主语 "我" 将要实施的 "打算买" "今天去" 等动作行为。那么，在这两个具有主动态结构类型的动词词根 goni- "打算" 及 nini- "去" 后面，也是无一例外地接缀了 -dʒim 及 -me 两个动词陈述式形态变化语法词缀。

总而言之，阿依努语与阿尔泰语系语言动词的态语法范畴，均有零结构类型的主动态形态变化语法词缀。也就是说，主动态的表现形式就是动词词根或词干，不使用任何形式的形态变化语法词缀。正因为如此，我们称其为零结构类型的形态变化语法现象。而且，包含有主动态语法概念的动词，绝大多数情况下出现于句子末尾。不过，有些句子在主动态动词后面有使用助动词或副动词的现象。另外，阿尔泰语系语言零结构类型的主动态形态变化语法现象后面，基本上要接缀动词式形态变化语法词缀。

二　阿依努语和阿尔泰语系语言动词使动态比较研究

就如前面的交代，阿依努语和阿尔泰语系语言动词态语法范畴里，均有使动态这一形态变化语法现象。在句子里，使动态主要表示使动性质的动作行为。也就是指，在人们的指使下实施的某一动作行为。我们掌握的第一手资料充分证实，不论是阿依努语动词使动态还是阿尔泰语系语言动词使动态，无一例外地用约定俗成的形态变化语法词缀来表现。甚至是，其中一些语言的使动态语法词缀，显示出本身具有的复杂性和多样性，进而使用由不同语音构成的形态变化语法词缀表示其同一个语法概念。尽管如此，由于语音结构类型的不同，以及音素构成原理的不同，在使用方面有其各自不同的要求和条件。比如说，由阳性元音构成的动词使动态形态变化语法词缀，按照使用规则接缀于由阳性元音构成的动词词根或词干。这种现象，在不同语言里不同程度地存在。特别是，在阿尔泰语系满通古斯语族通古斯语支语言里表现得十分突出。不论怎么说，阿依努语和阿尔泰语系语言动词态形态语法范畴，均有使动态形态变化语法现象，且在语音结构及其类型方面存在较强的共性。阿依努语和阿尔泰语系语言的句子中，动词使动态形态变化语法词缀表现出的语法概念，可以用汉语的"使"或"让"来替代。下面，我们联系具体的句子，比较分析这些语言的动词使动态的使用规则及其原理。

（一）阿依努语和阿尔泰语系语言动词使动态形态变化语法词缀 -ka 和 -ke 之分析

首先，我们对阿依努语和阿尔泰语系语言动词使动态形态变化语法词缀 -ka 和 -ke，以及与此相关的语法词缀等进行比较分析。依据现有资料，以及相关研究表明，在阿依努语和阿尔泰语系语言里，都使用使动态形态变化语法词缀 -ka 和 -ke，并有较广泛的使用面、较高的使用率、较强的代表性。其次，阿尔泰语系语言内，还有一些与 -ka 和 -ke 密切相关的使动态形态变化语法词缀。

1. 阿依努语动词使动态形态变化语法现象 -ka 和 -ke 的使用原理

资料表明，阿依努语动词使动态一系列的形态变化语法词缀里有 -ka 与 -ke 一套使用率较高、使用面较广，又有一定代表性的语法词缀。更为重要的是，这套形态变化语法词缀，同阿尔泰语系语言动词使动态相关形态变化语法词缀，有其不同程度的一致性、相关性和共有关系。

①阿依努语动词使动态的形态变化语法词缀 -ka 及其使用现象。例如：

ahun "进"
ʃinki "累"
mom "流动"   + -ka =
us "消失"
rupus "冻"

ahun-ka ⇒ ahunka "使进"
ʃinki-ka ⇒ sinkaka "使累"
mom-ka ⇒ momka "使流动"
us-ka ⇒ uska "使出来"
rupus-ka ⇒ rupuska "使冻"

②阿依努语动词使动态的形态变化语法词缀 -ke 及其使用现象。例如：

rikin "提升"
asin "出"   + -ke =
raj "死"

rikin-ke ⇒ rikinke "使提升"
asin-ke ⇒ asinke "使出来"
raj-ke ⇒ rajke "使死"

根据阿依努语动词使用使动态形态变化语法词缀 -ka 与 -ke 的语音环境来分析，-ka 多数使用于由元音 o 或 u 等为主构成的动词词根或词根后面，-ke 一般用于由元音 i 或 a 为主构成的动词词根或词根。但是，也有由元音 a 为主构成的动词词根或词根使用 -ka 的实例。比较而言，阿依努语动词使动态形态变化语法词缀 -ka 有较高的使用率，同时使用面也比 -ke 广泛。

2. 阿尔泰语系语言动词使动态形态变化语法现象 -ka 和 -ke 的使用原理

阿尔泰语系语言动词使动态的形态变化语法现象中，也有 -ka 和 -kə 一套两个形态变化语法词缀。我们的分析表明，该语系语言内不少语言在使用同阿依努语动词使动态形态变化语法词缀 -ka 和 -kə 相一致或相近、相关的形态变化语法词缀。虽然，这套语法词缀在不同语言里不同程度地出现或被使用，但相比之下在满通古斯语族语言内使用得十分突出。然而，像突厥语族语言和蒙古语族语言中，虽然也出现与此相关的使动态形态变化语法词缀，不过在语音结构类型或使用活力等方面不如满通古斯语族语言那么显著。

（1）阿尔泰语系满通古斯语族语言动词使动态的形态变化语法词缀 -ka 和 -kə 等的使用现象

①鄂伦春语动词使动态形态变化语法词缀 -ka 和 -kə 的使用情况。例如：
munda- "打" + -ka = munad-ka ⇨ munad-ka "使打"
ʥib- "吃" + -kə = ʥib-kə ⇨ ʥib-kə "使吃"

②赫哲语动词使动态形态变化语法词缀 -ka 和 -kə 的使用情况。例如：
yabu- "走" + -ka = yabu-ka ⇨ yabuka "使走"
tugtuli- "跑" + -kə = tugtuli-kə ⇨ tugtulikə "使跑"

③鄂温克语动词使动态形态变化语法词缀 -ka 和 -kə 的使用情况。例如：
nannaʃi- "追" + -ka = nannaʃi-ka ⇨ nannaʃika "使追"
gələə- "找" + -kə = gələə-kə ⇨ gələəkə "使找"

从以上例句中的使用情况可以看出，满通古斯语族通古斯语支语言动词使动态形态变化语法词缀 -ka 和 -kə 的基本使用原理。那就是，形态变化语法词缀 -ka 要接缀于由阳性元音构成的动词词根或词干后面，-kə 则接缀于由阴性元音或中性为主构成的动词词根或词干后面。另外，我们的分析还表明，动词使动态形态变化语法词缀 -ka 和 -kə，在满通古斯语族通古斯语支的鄂伦春语、赫哲语、鄂温克语等语言里使用。不过，在鄂温克语索伦方言内，动词使动态的形态变化语法词缀 -ka 和 -kə 主要用于有鼻辅音 -m、-n、-ŋ 结尾的动词词根或词干后面，其他情况下均使用与 -ka 和 -kə 相配套的、由辅音 h 开头的形态变化语法词缀 -ha 和 -hə。比如说，动词 aggaʃi-"步行"、təgə-"坐"、iniig-"活"、ʃikkad-"抽打"等动词，表示使动态形态变化语法概念时，无一例外地使用 -ha 或 -hə，进而构成 algaʃi-ha"使步行"、təgə-hə"使坐"、iniig-hə"使活"、ʃikkad-ha"使抽打"等具有使动态语法功能和作用的动词。与此相反的是，鄂温克语通古斯方言和雅库特方言，至今完整保留着动词使动态的形态变化语法词缀 -ka 和 -kə 之使用特征及原理。

（2）阿尔泰语系蒙古语族语言动词使动态的形态变化语法词缀 -ka 和 -kə 的使用现象

①达斡尔语动词使动态形态变化语法词缀 -ka 和 -kə 的使用情况。例如：

sons- "听" + -ka = sons-ka ⇨ sons-ka "使听"
hul- "留下" + -kə = hul-kə ⇨ hul-kə "使留下"

达斡尔语动词使动态形态变化语法词缀 -ka 和 -kə，也和满通古斯语族通古斯语支语言使动态的使用要求与条件相同，-ka 要用于由阳性元音构成的动词词根或词干后面，-kə 则接缀于由阴性元音为主构成的动词词根或词干。再者，根据我们掌握的资料，把使动态形态变化语法词缀 -ka 和 -kə 发音成 -ga 与 -gə 的现象有不少。比如说，将上例中的达斡尔语动词使动态实例 sons-ka 与 hul-kə，有人会发音成 sons-ga＞sonsga 与 hul-gə＞hulgə 等。或许正因为如此，达斡尔语动词使动态形态变化语法词缀 -ga 与 -gə 的使用率却变得越来越高。也就是说，现在的蒙古语族的达斡尔语里，动词使动态的形态变化语法概念，主要由形态变化语法词缀 -ga、-gə 或 -lga、-lgə 等形态变化语法词缀来表达。例如：

amər- "抓" + -ga = amər-ga ⇨ amərga- "使抓"
əər- "找" + -gə = əər-gə ⇨ əərgə- "使找"
panqi- "生气" + -lga = panqi-lga ⇨ panqi-lga- "使生气"
mədə- "知道" + -lgə = mədəlgə-lgə ⇨ mədəlgəlgə- "使知道"

相比之下，现在的达斡尔语表示动词使动态形态变化语法概念时，使用形态变化语法词缀 -ga、-gə 或 -lga、-lgə 现象越来越突出。尽管如此，在实际语言交流中，形态变化语法词缀 -ga、-gə 的使用率比 -lga、-lgə 要高。

②东乡语动词使动态形态变化语法词缀 -ga 和 -ge 的使用情况。例如：
suru- "学习" + -ga = suru-ga ⇨ suruga "使学习"
kele- "说" + -gə = kele-gə ⇨ kelegə "使说"

③保安语动词使动态形态变化语法词缀 -ga 和 -ge 的使用情况。例如：
hamər- "休息" + -ga = hamər-ga ⇨ hamərga "使休息"
orə- "进来" + -gə = orə-ga ⇨ orəga "使进来"

④东部裕固语动词使动态形态变化语法词缀 -ga 和 -ge 的使用情况。例如：
gar- "拿出来" + -ga = gar-ga ⇨ garga "使拿出来"
edʒe- "看" + -gə = edʒe-gə ⇨ edʒegə "使看"

可以看出，从上面的②到④的蒙古语族东乡语、保安语、东部裕固语等语言的句子动词使动态形态变化语法词缀都是 -ga 与 -gə。而且，它们的使用条件及原理也和 -ka 与 -kə 一样，-ga 用于由阳性元音构成的动词词根或词干，-gə 则用于由阴性元音为主构成的动词词根或词干。其实，在阿尔泰语系语言内，像舌面后音 g、k、h 相互交替使用或由 g 音通过 g＞k＞h 之演化规律为 h 音实例也有不少。比如说，将"哥哥"一词从 aga 说成 aka，再从 aka 演化为 aha。有些语言的不同方言土语里同时使用 aga、aka、aha 三种说法的情况。这些语音现象说明，在阿尔泰语系语言内确实存在舌面后音 g、k、h 相互交替使用的现象，以及由 g 音演化为 k＞h 的语音变化规律。由此可以得出，阿尔泰语系动词态形态变化语法词缀 -ka、-kə 同 -ga、-gə 属于同根同源关系。

⑤蒙古语动词使动态形态变化语法词缀 -lga 和 -lgə 的使用情况。例如：
ʤaa- "教育" + -lga = ʤaa-lga ⇨ ʤaalga "使教育"
kiqəə- "注意" + -lgə = kiqəə-lgə ⇨ kiqəəlgə "使注意"

就如分析达斡尔语使动态形态变化语法词缀时所见到的那样，蒙古语使动态的语法概念也要用形态变化语法词缀 -lga、-lgə 来表示。那么，这套词缀，同样根据元音和谐原理，分别接缀于有阳性元音或阴性元音为主构成的动词词根或词干后面。比如说，-lga 要接缀于由阳性元音构成的动词词根或词干，-lgə 接缀于由阴性元音为主构成的动词词根或词干。不只是蒙古语和达斡尔语有 -lga、-lgə 这套形态变化语法词缀，蒙古语族其他语言也是用此来表示使动态的语法概念的。比如说，土族语里就有 ntəraa-lgə＞ntəraalgə "使睡觉"、varə-lga＞varəlga "使做" 等说法。在我们看来，使动态语法词缀 -lga、-lgə，有可能是在原有的 -ga、-gə 前面增加 l 这一辅音派生而来的实例。再者，现在的蒙古语里也有 gar-ga "使拿出来"、igət-gə "使统一" 等使用使动态形态变化语法词缀 -ga、-gə 的现象。

（3）阿尔泰语系突厥语族语言动词使动态形态变化语法词缀 -qəz、-giz、-kiz 的使用现象

在我们看来，这些词缀应该同以上分析的阿依努语和阿尔泰语系通古斯语支语言的 -ka、-kə，以及蒙古语族语言的 -ga、-gə 等有一定渊源关系，只不过在使用过程中产生不同程度的语音演变。而且，使动态的这些形态变化语法现象，主要出现于哈萨克语、柯尔克孜语、撒拉语。下面，谈谈突厥语族的这些语言中使用的动词使动态形态变化现象的相关语法词缀。

①哈萨克语动词使动态形态变化语法词缀 -kəz 和 -kiz 的使用情况。例如：
katnas- "参加" + -kəz = katnas-kəz ⇨ katnaskəz "使参加"
ʤat- "躺下" + -kəz = ʤat-kəz ⇨ ʤatkəz "使躺下"
æt- "通过" + -kiz = æt-kiz ⇨ ætkiz "使通过"

ʤet- "达到" + -kiz = ʤet-kiz ⇨ ʤetkiz "使达到"

②柯尔克孜语动词使动态形态变化语法词缀 -kuz、-guz、-gyz、-giz 等的使用情况。例如：

uk- "听" + -kuz = uk-kuz ⇨ uk-kuz "使听"
tur- "站" + -guz = tur-guz ⇨ tur-guz "使站"
jyr- "走" + -gyz = jyr-gyz ⇨ jyr-gyz "使走"
kij- "穿" + -giz = kij-giz ⇨ kij-giz "使穿"

根据现已掌握的资料，突厥语族语言动词使动态形态变化语法词缀的语音结构类型显示出一定的复杂性，除了以上谈到的之外还有不少相关语法词缀，且均需要特定语音环境和使用规则。那么，在例①中出现的哈萨克语动词使动态形态变化语法词缀 -kəz，一般都接缀于由后元音为主构成的动词词根或词干后面；而 -kiz 则接缀于由前元音为核心构成的动词词根或词干后面。在例②内的柯尔克孜语使动态形态变化语法词缀 -kuz 与 -guz 也是使用于由后元音构成的动词词根或词干后，相反 -gyz 和 -giz 则用于由前元音构成的动词词根或词干后。

综上所述，动词使动态形态变化语法词缀系统里出现的阿依努语的 -ka、-ke，满通古斯语族通古斯语支语言的 -ka、-ke～-ha、-hə，蒙古语族语言的 -ka、-kə～-ga、-gə～-lga、-lgə，以及突厥语族语言的 -kuz、-kiz～-guz、-gyz、-giz～-qəz 等之间，存在不同程度的历史渊源关系。我们必须承认，同一个语言在不同的语言环境、不同的地理位置及自然环境、不同的社会环境中，会自然而然地出现不同程度的语音变化，即便在没有任何外来语言的影响和干扰的前提下，同样会出现不同程度的音变现象。何况，同一个语系的不同语言，加上周边不同语言的不同程度的影响，肯定会出现不同程度的语音变化。尽管如此，通过以上比较研究，我们还是能够看出这些使动态形态变化语法词缀中存在的共有关系，或者说历史上留下的渊源关系。不过，在满通古斯语族语言的满语和锡伯语里，却没有与 -ka、-kə 等态形态变化语法词缀相对应或相关表现形式。

（二）阿依努语和阿尔泰语系语言动词使动态形态变化语法词缀 -te 和 -t 之分析

我们在搜集整理阿依努语和阿尔泰语系语言动词使动态形态变化语法现象时，发现同阿依努语动词使动态形态变化语法词缀 -te 相对应，阿尔泰语系语言也有 -t 之类的表示动词使动态形态变化语法概念的词缀形式，且更多地使用于突厥语族语言。请看下面的具体分析和讨论。

1. 阿依努语动词使动态形态变化语法词缀 -te 的使用现象

根据比较分析，阿依努语动词使动态形态变化语法词缀 -te 使用率仅次于以上谈到的 -ka 与 -kə，进而表现出一定活力及使用面。再者，该词缀可以接缀于由任何元音构成的动词词根或词干，甚至自由使用于由不同元音和辅音结尾的动词词根或词干后面。例如：

oman "去"		oman-te ⇨ omante "使去"
sikah "生存"		sikah-te ⇨ sikahte "使生存"
wen "坏"	+ -te =	wen-te ⇨ wente "使坏"
etaras "站立"		etaras-te ⇨ etaraste "使站立"
nukar "看"		nukar-te ⇨ nukara-te "使看"

从某种意义上讲，阿依努语使动态形态变化语法词缀 -te 的使用面虽然较为广泛，但在由辅音结尾的动词词根或词干后面使用的实例似乎占多数，特别是由舌尖前辅音结尾的动词词根或词干后面有一定使用率。相对而言，由元音结尾的动词词根或词干后面使用的要少。

2. 阿尔泰语系语言动词使动态形态变化语法词缀 -t 的使用现象

与阿依努语动词使动态形态变化语法词缀 -te 相对应，阿尔泰语系突厥语族语言里也有用词缀 -t 表示使动态形态变化语法概念之现象。除此之外，该语族语言还用 -it、-tər、-tir 等形态变化语法词缀表示使动态形态变化语法概念。

不过，在突厥语族语言的这些词缀，均有约定俗成的使用条件和要求。而且，绝大多数情况下用于由元音或辅音 j、r、s 及 x 结尾的动词词根或词干后面。

①维吾尔语动词使动态形态变化语法词缀 -t 的使用情况。例如：

jasa-"造"　　　　　　 　jasa-t ➡ jasat "使造"
kytʃej-"加强"　 ＋ -t ＝　kytʃej-t ➡ kytʃejt "使加强"
tʃaqir-"号召"　　　　　 　tʃaqir-t ➡ tʃaqirt "使号召"

②哈萨克语动词使动态形态变化语法词缀 -t 的使用情况。例如：

qara-"看"　　　　　　 　qara-t ➡ qarat "使看"
akər-"叫"　　 ＋ -t ＝　akər-t ➡ akərt "使叫"
azaj-"变少"　　　　　 　azaj-t ➡ azajt "使变少"

③柯尔克孜语动词使动态形态变化语法词缀 -t 的使用情况。例如：

iʃte-"工作"　　　　　　 　iʃte-t ➡ iʃtet "使工作"
oŋoj-"变大"　 ＋ -t ＝　tʃoŋoj-t ➡ tʃoŋojt "使变大"
qazar-"变红"　　　　　 　qazar-t ➡ qazart "使变红"

④乌兹别克语动词使动态形态变化语法词缀 -t 的使用情况。例如：

syzlæ-"说"　＋ -t ＝ syzlæ-t ➡ syzlæt "使说"
iʃlæ-"做"　＋ -t ＝ iʃlæ-t ➡ iʃlæt "使做"；

⑤撒拉语动词使动态形态变化语法词缀 -t 的使用情况。例如：

piti-"使写"　　＋ -t ＝ piti-t ➡ pitit "使写"
box-"使变松"　＋ -it ＝ box-it ➡ boxit "使变松"

看得出来，突厥语族语言中的哈萨克语动词使动态形态变化语法词缀 -t 有其一定使用率，且在该语族绝大多数语言里都在使用，而 -it 只是在个别语言内使用。另外，在哈萨克语里，由辅音 l、n 等结尾的动词词根或词干后面，还可以接缀 -tər、-tir 等使动态形态变化语法词缀。例如：

tol- "满" + -tər = tol-tər ⇨ toltər "使满"
өl- "死" + -tyr = өl-tyr ⇨ өltyr "使死"

柯尔克孜语内，由辅音 r、s 之外的清辅音结尾的动词词根或词干后面，以及由单音节构成动词词根等后面，还可以见到接缀 -tər、-tir、-tur、-tyr 等使动态形态变化语法词缀的情况。例如：

sat- "卖" + -tər = sat-tər ⇨ sattər "使卖"
tik- "缝" + -tir = tik-tir ⇨ tiktir "使缝"
tөk- "倒" + -tyr = tөk-tyr ⇨ tөktyr "使倒"
soq- "捶打" + -tur = soq-tur ⇨ soqtur "使捶打"

另外，在乌兹别克语等突厥语族语言动词使动态的形态变化现象中，会出现使用 -dir 等由辅音 d 开头的语法词缀之现象。而且，基本上用于由辅音结尾的动词词根或词干后面。比如说，乌兹别克语里就有 kal-"留下"+ -dir = kal-dir "使留下"等实例。类似由辅音 d 开头的使动态形态变化语法现象，在其他突厥语族语言内虽然也会使用，但远没有由辅音 t 开头的形态变化语法词缀出现得多。

通过以上分析和讨论，我们可以了解到与阿依努语动词使动态形态变化语法词缀-te 相对应、相配套、相关联的语法现象，在阿尔泰语系语言中只有突厥语族里能够见到。而且，最为代表性的语法词缀是 -t。不过，根据我们掌握的实际情况来讲，突厥语族语言内使用的主动态形态变化语法词缀 -t，接缀于由元音结尾的动词词根或词干时，也有被发音成 -te 的现象。还有，我们在上面刚刚谈到的 -it，以及 -tər、-tir、-tur、-tyr，乃至包括 -dir 等使动态形态变化语法词缀，都跟阿依努语动词使动态形态变化语法词缀 -te 有其必然的内在联系，只不过在不同语音环境和条件下出现了不同程度的语音变化而已。在这里，还有必要指出的是，除了突厥语族语言之外，在蒙古语族和满通古斯语族等阿尔泰语系语言里，没有见到与阿依努语动词使动态形态变化语法词缀 -te 有关联的实例。

（三）阿依努语和阿尔泰语系语言动词使动态形态变化语法词缀 -jar 和 -ar、-er、-ir 之分析

比较研究表明，动词使动态表现出的诸多形态变化语法现象中，阿依努语形态变化语法词缀 -jar 与 -re 等，同样跟阿尔泰语系突厥语族语言的形态变化语法词缀 -ar、-er、-ir、-yr 等之间存在一定深层内在关系。

1. 阿依努语动词使动态形态变化语法词缀 -jar 与 -re 的使用现象

我们搜集整理阿依努语动词使动态形态变化语法词缀时，发现该语言里有用 -jar 与 -re 表示使动态形态变化语法概念的现象。其中，-jar 多数是用于由辅音结尾的动词后面，而 -re 似乎更多的时候接缀于由元音结尾的动词后面。

①阿依努语动词使动态形态变化语法词缀 -jar 的使用情况。例如：

tʃish "哭" + -jar = tʃish-jar ⇨ tʃishjar "使哭"
kor "拿" + -jar = ko-jar ⇨ kojar "使拿"

②阿依努语动词使动态形态变化语法词缀 -re 的使用情况。例如：

e'enke "不高兴"　　　　　　　　　e'enke-re ⇨ e'enkere "使不高兴"
jajsiineka "休息"　＋ -re ＝　　jajsiineka-re ⇨ jajsiinekare "使休息"
ku "喝"　　　　　　　　　　　　　ku-re ⇨ kure "使喝"

根据比较分析，阿依努语动词使动态形态变化语法词缀 -jar 与 -re 的使用率，没有 -ka 与 -ke 的高，也比 -te 的使用率要低。另外，就如使用 -jar 的实例中所见到的那样，动词 kor "拿"后面接缀 -jar 时动词尾端的辅音 -r 要出现脱落现象。也就是说，由辅音 -r 结尾的动词词根或词干后面，接缀使动

态形态变化语法词缀 -jar 时，动词词根或词干末尾使用的辅音 -r 要出现脱落现象。再者，使动态形态变化语法词缀 -re 不只使用于由元音结尾的动词词根或词干后面，也有接缀于由辅音结尾的动词词根或词根后面的情况。

2. 阿尔泰语系突厥语族语言动词使动态形态变化语法词缀 -ar、-er、-ir 等的使用现象

在我们看来，动词使动态的形态变化语法词缀 -ar、-er、-ir 等，同上面谈到的阿依努语使动态形态变化语法词缀 -jar 与 -re 有一定关系。不过，突厥语族语言的这套形态变化语法词缀主要用于由辅音 p、k、r、y、h 等结尾的动词词根或词干后面。

①哈萨克语动词使动态形态变化语法词缀 -ar、-er 的使用情况。例如：
ʃəp- "出来" + -ar = ʃəp-ar ⇨ ʃəpar "使出来"
ʃøk- "跪卧" + -er = ʃøk-er ⇨ ʃøker "使跪卧"

②维吾尔语动词使动态形态变化语法词缀 -ar、-er、-yr 的使用情况。例如：
utʃ- "飞" + -ar = utʃ-ar ⇨ utʃar "使飞"
køtyrtʃ- "搬" + -kyz = køtyrtʃ-kyz ⇨ køtyrkyz "使搬"
yʃ- "下降" + -yr = tʃyʃ-yr ⇨ tʃyʃyr "使下降"

③柯尔克孜动词使动态形态变化语法词缀 -ər、-yr 的使用情况。例如：
tyʃ- "落" + -yr = tyʃ-yr ⇨ tyʃyr "使落"
qatʃ- "逃" + -ər = qatʃ-ər ⇨ qatʃər "使逃"

④撒拉语动词使动态形态变化语法词缀 -ar、-ir 的使用情况。例如：
deʃ- "点灯" + -ir = deʃ-ir ⇨ deʃir "使点灯"
tʃih- "上去" + -ər = tʃih-ər ⇨ tʃihər "使上去"

以上分析表明，突厥语族语言动词的这套使动态形态变化语法词缀中，使用率较高的是 -ar、-er、-ər，像 -ir、-yr 的使用率不是很高。另外，突厥语族语言动词使动态形态变化语法现象中，还有使用 -ur 这一形态变化语法词缀的现象等。实际上，突厥语族语言动词的这套语法词缀，以上分析没有涉及的相关辅音后面也可以使用。再说，这套使动态形态变化语法词缀，在每一个语言里使用的情况有所不同，有的语言内使用的较多，有的语言里只使用其中一部分或个别形态变化语法词缀。

总之，阿依努语动词使动态形态变化语法词缀 -jar 与 -re，同阿尔泰语系突厥语族语言动词使动态的表现形式 -ar、-er、-ir、-yr 之间存在共有关系，或者说存在内在深层次的历史来源关系。与此相关，蒙古语口语里也有用 -uul 或 -uul 等表示使动态形态变化语法概念之现象。这些形态变化语法词缀，在语音结构方面，似乎与突厥语族语言的态形态变化语法词缀 -ur、-yr 等有一定关系，但蒙古语的 -uul＞-ul、-uul＞-ul 应该是由原来的 -gul 或 -gul 演化而来的语音结构类型。尽管如此，我们还是从中能够感悟到，曾经在这些形态变化语法词缀的语音结构上存在一定共有关系，或者说存在有史以来的深层次的内部联系。除了蒙古语之外，在其他蒙古语族语言，像东部裕固语中同样也有 -uul＞-ul、-yyl＞-yl 等使动态形态变化语法词缀。不过，在满通古斯语族语言内，却没有见到与阿依努语动词使动态形态变化语法词缀 -jar 与 -re 有关的实例。

那么，对于以上的分析讨论进行总结的话，日本北海道地区一直到 20 世纪初使用的阿依努人的语言中，也就是这里所说的阿依努语里有动词态形态变化语法范畴。值得一提的是，这些语法现象同阿尔泰语系语言有不同程度的共有关系。特别是在动词主动态和使动态的表现形式及手法上，显示出很强的一致性和共有关系，甚至这些共有关系同这些语言及这些形态变化语法词缀的历史来源，都有不同层次、不同角度、不同程度的内在联系。就如我们的讨论，这些语言的主动态形态变化语法现象都用零形式来表现，使动态均用约定俗成的形态变化语法词缀来表示。而且，每一种语言的动词使动态形态变化语法现象几乎都显示出相当的复杂性、多重性、多变性，所以在它们之间开展比较研究不是一件容易的事。再者，阿依努语动词使动态形态变化语法现象，同阿尔泰语系不同语族、不同语言间的共同点、共有关系、深层次的历史来源关系都有所不同，充分展示出不同特征、不同结构类型、不同使用关系和不同条件等诸多因素。根据以上的讨论，尤其是通过这些语言动词使动态形态变化语法现象的深入系统的比较研究，我们可以明确提出以下几点结论性看法和观点。

一是，阿依努语动词使动态形态变化语法词缀 -ka、-ke，同阿尔泰语系满通古斯语族通古斯语支语言动词使动态形态变化语法词缀 -ka、-ke ~ -ha、-hə，蒙古语族语言的 -ka、-kə ~ -ga、-gə ~ -lga、-lgə，包括突厥语族语言的 -kuz、-kiz ~ -guz、-gyz、-giz ~ -qəz 等之间存在不同程度的历史渊源关系。

二是，阿依努语动词使动态形态变化语法词缀 -te，同阿尔泰语系突厥语族语言动词使动态形态变化语法词缀 -t，以及-it，包括 -tər、-tir、-tur、-tyr 等之间存在深层次的历史来源关系。

三是，阿依努语动词使动态形态变化语法词缀 -jar 与 -re，同阿尔泰语系突厥语族语言动词使动态形态变化语法词缀 -ar、-er、-ir、-yr 之间同样存在不同程度的共有关系。甚至，这些关系有可能涉及它们的悠久的语言历史。

四是，上述讨论充分说明，在这些复杂多变的动词使动态形态变化语法现象中，阿依努语同阿尔泰语系突厥语族语言之间保存有相当范围、相当复杂、相当多的共有性或者说历史来源方面的深层关系，然后是满通古斯语族语言通古斯语支语言间的关系，蒙古语族语言内也有不少同根同源的实例，但没有像突厥语族语言及通古斯诸语那么丰富和鲜明。

五是，隶属于满通古斯语族满语支语言的满语和锡伯语动词使动态分别用形态变化语法词缀 -bu 及 -va、-və 等表示，没有出现与阿依努语动词使动态形态变化语法词缀相对应、相配套、相互有关系的实例。

六是，阿依努语动词使动态形态变化语法词缀 -re，有可能是受日语动词形态变化语法词缀 -ra、-re 之影响的结果。

我们在这里只是搜集整理、分析研究了阿依努语和阿尔泰语系语言动词态范畴内出现的主动态和使动态的深层次历史来源关系，没有涉及其他态形态变化语法现象。如果深入细致地进行探讨的话，在其他态形态变化语法现象方面也许会找到新的共同点或新的研究话题。另外，我们的讨论，也没有纳入日语和朝鲜语，应在更加广泛的范围展开探讨。比如说，朝鲜语里也有 -ke 等动词使动态形态变化语法词缀。不论怎么说，在日本阿依努语和阿尔泰语系语言动词态形态变化语法现象中，有不少值得深入探索的历史性问题。那么，这些问题的深入讨论和科学论证，对于阿依努语归属问题的最终解决将会产生积极的影响和作用。

第三节 阿依努语和阿尔泰语系语言复数形态变化语法现象比较研究

阿依努语的名词类词也同阿尔泰语系语言相同，有数形态变化语法现象，同样分有单数和复数两种结构类型。其中，单数语法概念要用动词类词词根或词干形式来表现，复数形态变化语法现象要用约定俗成的语法词缀来表示。根据我们现已搜集整理的名词类词复数形态变化语法词缀来分析，阿依努语和阿尔泰语系语言名词类词数形态变化语法现象中，确实有一些值得深入探索和讨论的共有关系，且这些共有关系往往要涉及很深远的历史性学术问题。说实话，不熟悉这些语言，没有一定的语言功底很难透过语言表层发现内部深层潜在的，已变得十分模糊或很不清楚的共有关系。只有对于这些语言有了较为深刻的认识和把握，才能够深入语言历史的深处，展开有价值、有成效、有意义的学术讨论。在我们看来，阿依努语和阿尔泰语系语言名词类词的复数形态变化语法范畴内出现的共有现象隐藏很深，这和各自语言漫长而曲折的自我发展历程以及各自受到的不同语言环境影响有必然联系。其结果，使人们更难从直观或表面上看清楚它们间存在的共有现象及其历史来源关系。下面，我们主要分析这些语言的名词类词复数形态变化语法现象中存在的共有关系，以及它们的历史来源与语音形式、词义结构、语用关系方面产生的变化原理。

一　阿依努语名词类词复数形态变化语法词缀 -utar

跟前面讨论的使动态形态变化语法词缀相比，不论是阿依努语名词类词的复数形态变化语法词缀还是阿尔泰语系语言的复数形态变化语法现象的表现形式，似乎都不是非常复杂，其各自内部使用的形态变化语法词缀的语音结构类型，虽然都表现出各自特有的不同程度的变化，但通过深层次的分析研究还是能够看到它们间的共性及历史关系。依据我们搜集整理的复数形态变化语法资料，阿依努语名词类词的复数概念主要用 -utar 这一形态变化语法词缀来表达。例如：

kamui "神" + -utar = kamui-utar ⇨ kamuiutar "许多神"
seta "狗" + -utar = seta-utar ⇨ setautar "许多狗"
ainu "阿依努人" + -utar = ainu-utar ⇨ ainuutar "阿依努人们，许多阿依努人"
atʃa "伯父" + -utar = atʃa-utar ⇨ atʃautar "伯父们"

分析表明，阿依努语名词类词的复数形态变化语法词缀 -utar，可以接缀于由任何元音和辅音构成或结尾的名词类词后面，不会受到任何语音环境和条件的影响和制约，被自由而广泛地使用于不同名词类词的后面。有意思的是，一些阿依努语专家把 -utar 写成 -'utar，也就是在 -utar 前面加上一个喉音[①]。再者，阿依努语桦太方言中，也有把 -utar 发音成 -utah 的现象，将词尾的 -r 发音成 -h。比如说，阿依努语桦太方言里把"贫困的人们"就会说成

[①] 在村崎恭子写的《桦太阿依努语——语法篇》（日本国书刊行会1979年版）一书中，将 -utar 都写成 -'utar，也就是在词首元音 u 前面增加了这个 ʔ 喉音。然而，在著名阿依努语专家金田一京助和知里真志保合著的《阿依努语语法概论》（岩波书店1936年版）里，把该复数形态变化语法词缀无一例外地转写成 -utar，没有写词首元音 u 前面出现的喉音。

yayawente 'utah。他们对此解释说，-utar 可能是属于最早的说法，使用面也很广泛，而 -utah 可能是后来出现的复数形态变化语法词缀，主要在敬语或称呼年老者时使用。不论怎么说，阿依努语名词类词复数形态变化语法词缀 -utar 是最具代表性、最为广泛使用而最为常见的数形态变化语法现象。

二　阿尔泰语系语言名词类词复数形态变化语法词缀 -lar、-lər 等

根据现有资料，阿尔泰语系满通古斯语族通古斯语支语言中，表示具有复数概念的"人们"时就会使用 ular 一词。再者，突厥语族的维吾尔语等表达复数第三人称"他们"时也说 ular 或 olar 等。与此相关，蒙古语族的蒙古语指称"人们"之意时也说 ulus 或 ulas，蒙古语族达斡尔语把"人们"发音成 waləs 等。暂且不说蒙古语族语言 ulus 或 ulas 及 wales 等的词根 u- 与后缀 -lus、-las、-ləs 之间产生的历史关系，在这里，让我们先分析突厥语族语言内表达复数第三人称"他们"的 ular＞olar，以及满通古斯语族通古斯语支中表示"人们"这一复数概念时所说的 ular 等的语音及其词义结构关系。首先，突厥语族语言的 ular＞olar 是在单数第三人称代词 u"他"后面，接缀复数形态变化语法词缀 -lar 而派生出来的，具有复数语法内涵的第三人称代词 ular＞olar，进而表示"他们"或"她们"、"它们"等词义。其次，满通古斯语族通古斯语支语言中，具有"人们"这一复数概念的 ular 之说法，出现的语音形式 -lar 应属于复数形态变化语法词缀。其实，在突厥语族语言和满通古斯语族通古斯语支语言内，就有 -lar、-lər、-lor、-lur 这一套表示复数语法概念的词缀形式。

（一）突厥语族复数形态变化语法词缀 -lar、-lər、 -ler、-lor、-lur 的使用原理

在下面的分析中，要以突厥语族维吾尔语、哈萨克语、撒拉语、柯尔克孜语复数形态变化语法词缀 -lar、-lər、-ler、-lor、-lur 等为例，展示该语族语言同阿依努语 utar 的-tar 有关的复数形态变化语法现象。

①维吾尔语的复数形态变化语法词缀 -lar 与 -lər 的使用情况。例如：
u"他" + -lar = u-lar ⇨ ular "他们"
kitap"书" + -lar = kitap-lar ⇨ kitaplar "许多书"
sen"你" + -ler = si(n)-ler ⇨ siler "你们"
kiʃi"人" + -ler = kiʃi-ler ⇨ kiʃiler "人们"

②哈萨克语的复数形态变化语法词缀 -lar 与 -ler 的使用情况。例如：
ay"月亮" + -lar = ay-lar ⇨ aylar "许多月亮"
tyr"样子" + -ler = tyr-ler ⇨ tyrler "许多样子"

③撒拉语的复数形态变化语法词缀 -lar 与 -ler 的使用情况。例如：
at"马" + -lar = at-lar ⇨ atlar "马群"
kiʃ"人" + -ler = kiʃ-ler ⇨ kiʃler "人们"
u"他" + -lar = u-lar ⇨ ular "他们"

④柯尔克孜语的复数形态变化语法词缀 -lar、-ler、-lor、-lɵr 的使用情况。例如：
taar "麻袋" + -lar = taar-lar ⇨ taarlar "许多麻袋"
eer-ler "案子" + -ler = eer-ler ⇨ eerler "许多案子"
too-lor "山" + -lor = too-lor ⇨ toolor "许多山"
tɵɵ-lɵr "骆驼" + -lɵr = tɵɵ-lɵr ⇨ tɵɵlɵr "许多骆驼"

以上实例强有力地证明，复数形态变化语法词缀 -lar、-lər、-ler、-lor、-lɵr，在突厥语族语言名词类词中被广泛使用，从而积极发挥其复数形态变化现象的语法功能和作用。同时，我们也可以看出，突厥语族语言的这些复数词缀，虽然在不同语言中使用情况及使用率有所不同，但均有固定形成的使用条件和要求及特定语音环境。也就是说，这些形态变化复数语法词缀，往往要按照元音和谐原理，分别接缀于由元音 a、ə、e、o、ɵ 等为主构成的名词类词后面。当然，根据各自语言使用关系的不同，其使用规则和原理也会产生一定的内部变化。不论怎么说，这套形态变化语法词缀，在突厥语族语言名词类词复数形态变化语法范畴里，是不可或缺的重要组成部分。

（二）满通古斯语族语言复数形态变化语法词缀 -lar、-lər 及蒙古语族语言复数形态变化语法词缀 -la、-lə 的使用原理

与阿依努语复数形态变化语法词缀 utar 的 -tar 密切相关，阿尔泰语系满通古斯语族和蒙古语族语言里，分别使用 -lar、-lər 以及 -la、-lə 两套四个复数形态变化语法词缀。这两套形态变化语法词缀，按照元音和谐基本原理，分别接缀于由不同元音和谐构成的名词类词词根或词干后面，进而表示人或事物的复数语法概念。

1. 满通古斯语族语言复数形态变化语法词缀 -lar、-lər 的使用现象

就如上面所说，在满通古斯语族里有表示复数概念的 -lar 与 -lər 等复数形态变化语法词缀。不过，语法词缀 -lar 与 -lər 只能使用于通古斯语支语言，在满语支语言里几乎不使用。特别是在鄂温克语及鄂伦春语的代词中被使用。请看下面的举例说明。

①鄂温克语的复数形态变化语法词缀 -lar 与 -ler 的使用情况。例如：
targi "那一方" + -lar = targi-lar ⇨ targilar "那些方面"（表示复数）
ərgi "这一方" + -lər = ərgi-lər ⇨ ərgilər "这些方面"（表示复数）

②鄂伦春语的复数形态变化语法词缀 -lar 与 -ler 的使用情况。例如：
ta "那" + -lar = ta-lar ⇨ talar "那些、那些人"
ə "这" + -lər = ə-lər ⇨ ələr "这些、这些人"

在通古斯语支语言里，复数形态变化语法词缀 -lar 与 -lər 的使用面有一定的局限性，所以使用率也不是很高。而且，使用时要严格遵循元音和谐原理，分别接缀于由阳性元音或阴性元音为主构成的名词类词后面。而且，就如上面的例词，这条形态变化语法词缀主要使用于代词词根或词干，从而表示所指人或事物的复数概念。

2. 蒙古语族复数形态变化语法词缀 -la、-lə 的使用现象

研究表明，蒙古语族个别语言里，也出现与上面讨论的复数形态变化语法现象相关的词缀实例。然而，这些复数形态变化语法词缀已出现不同程度的语音变化。不过，似乎只有在蒙古语族东乡语和保安语里，至今还保存并使用 -la 与 -lə 等复数形态变化语法词缀。

①东乡语复数形态变化语法词缀 -la 的使用情况。例如：
kun "人" + -la = kun-la ⇨ kunla "人们"
mori "马" + -la = mori-la ⇨ morila "马群"

②保安语复数形态变化语法词缀 -lə 的使用情况。例如：
xile "桌子" + -lə = xile-lə ⇨ xilelə "许多桌子"
moke "云" + -lə = moke-lə ⇨ mokelə "许多云"

以上实例，无可怀疑而强有力地说明，阿尔泰语系语言名词类词复数形态变化语法范畴里有 -lar、-lər、-lor、-lur 及 -la、-lə 等词缀形式。而且，它们基本上有元音和谐结构特征。尤其可贵的是，我们通过阿依努语复数形态变化语法词缀 utar 的 -tar 为依据，论证了阿尔泰语系语言 ular (u-lar) "他们" "人们" 的 -lar 属于复数形态变化语法词缀之基本原理。反过来，进一步证明了阿依努语复数形态变化词缀 utar 的 -tar 具有的形态变化语法词缀之功能和作用。也就是说，阐明了所谓形态变化语法词缀 utar 是在词根 u- 后面接缀复数形态变化语法词缀 -tar 而构成的基本原理。

（三）阿尔泰语系语言名词类词复数形态变化语法词缀 -tar、-tər 等的使用原理

以上提出的观点，还可以从阿尔泰语系语言中使用的 -tar、-tər 等复数形态变化语法词缀，得到进一步印证。换句话说，跟阿依努语名词类词复数形态

变化语法词缀 -utar 的 -tar 相对应，阿尔泰语系语言里也使用 -tar 与 -tər 这套表示复数概念的形态变化语法词缀。

我们现已掌握的与阿尔泰语系语言复数形态变化语法现象相关的资料，强有力地证明该语系语言内同样使用有 -tar 与 -tər 等复数形态变化语法词缀。而且，在句子中具体使用这套形态变化语法词缀时，还要严格遵循不同语言的不同结构类型的元音和谐原理，分别使用于由不同元音为核心构成的名词类词词根或词干后面。

1. 突厥语族复数形态变化语法词缀 -tar、-ter、-tor、-tər 的使用现象

下面主要以突厥语族语言内使用复数形态变化语法词缀 -tar、-ter、-tor、-tər 较突出的柯尔克孜语和哈萨克语为例，结合语言实际阐述这些与阿依努语复数形态变化语法词缀 -utar 的 -tar 密切相关的复数语法现象的使用特征及原理。

①柯尔克孜语复数形态变化语法词缀 -tar、-ter、-tor、-tər 的使用情况。例如：

  at"马" ＋ -tar = at-tar ⇨ attar "马群"
  exik"门" ＋ -ter = exik-ter ⇨ exikter "许多门"
  took "母鸡" ＋ -tor = took-tor ⇨ tooktor "母鸡群"
  ɵrdɵk "鸭" ＋ -tər = ɵrdɵk-tər ⇨ ɵrdɵktər "鸭群"

②哈萨克语复数形态变化语法词缀 -tar、-ter 的使用情况。例如：
  kitap "书" ＋ -tar = kitap-tar ⇨ kitaptar "许多书"
  etik "靴子" ＋ -ter = etik-ter ⇨ etikter "许多靴子"

毋庸置疑，以上列举的突厥语族柯尔克孜语复数形态变化语法词缀 -tar、-ter、-tor、-tər，以及哈萨克语复数形态变化语法词缀 -tar、-ter 等中的 -tar，同阿依努语复数形态变化语法词缀 -utar 的 –tar，无论在语音结构上还是在所要表达的语法概念上，均达到高度一致。再者，突厥语族语言的复数形态变化语法词缀，不同程度地具有元音和谐现象，所以使用时要严格遵循其元音和谐原理，接缀于不同名词类词的词根或词干后面。

2. 满通古斯语族复数形态变化语法词缀 -tar、-tər、-tir、-tor、-tɵr 的使用现象

根据资料，满通古斯语族通古斯语支的鄂温克语、鄂伦春语、赫哲语等的名词类词都要用 -tar、tər 等形态变化语法词缀，表示人或事物的复数语法概念。有意思的是，在该语族的满语支语言里，很少使用这些复数形态变化语法词缀。

①鄂温克语复数形态变化语法词缀 -tar、-tər、-tor、-tɵr 的使用情况。例如：

mila "山坡" + -tar = mila-tar ⇨ milatar "许多山坡"

məəni "自己" + -tər = məəni-tər ⇨ məənitər "咱们"

jolo "石头" + -tor = jolo-tor ⇨ jolotor "许多石头"

ʉr "山" + -tʉr = ʉr-tɵr ⇨ ʉrtɵr "许多山"

②鄂伦春语复数形态变化语法词缀 -tar、-tər、-tir 的使用情况。例如：

tukal "土" + -tar = tukal-tar ⇨ tukaltar "许多土"

təkən "树根" + -tər = təkən-tər ⇨ təkəntər "许多树根"

nugan "他" + -tir = nugan-tir ⇨ nugantir "他们"

③赫哲语复数形态变化语法词缀 -tar、-tər、-tir 的使用情况。例如：

iŋa "沙粒" + -tar = iŋa-tar ⇨ iŋatar "许多沙粒"

təhə "架子" + -tər = təhə-tər ⇨ təhətər "许多架子"

niani "他" + -tir = niani-tir ⇨ nianitir "他们"

我们的相关研究表明，在通古斯语支语言内，复数形态变化语法词缀 -tar、-tər、-tir、-tor、-tɵr 等的使用率都不高，使用面也比较有限。从某种角度来看，似乎更多地使用于老人，中青年人的口语里几乎见不到这些复数形态变化语法词缀的使用情况。从这个意义上来讲，这套复数形态变化语法词缀或许属于早期使用现象。再者，这些语法词缀，均有元音和谐原理。

3. 蒙古语族的蒙古语复数形态变化语法词缀 -tar、-tər 的使用现象

说实话，在蒙古语族语言里，名词类词复数形态变化语法词缀 -tar、-tər 的使用面很窄、使用率也很低。除了从蒙古语早期一些基本词汇里能够找到之外，现在的蒙古语及其方言土语中，包括那些亲属语言当中都很难找到相关实例。所以，在这里我们只能以蒙古语个别例词为据，阐述该语言中早期出现的复数形态变化语法词缀 -tar、-tər 的使用情况。例如：

tag"台子" + -tar = tag-tar ⇨ tagtar "许多台子"
tʃəgəl "深水处" + -tər = tʃəgəl-tər ⇨ tʃəgəltər "许多个深水处"

从以上例子可以看出，阿尔泰语系的突厥族语言中使用有 -tar、-ter、-tor、-tør 等一套复数形态变化语法词缀，且有较广泛和较高的使用率。比较而言，在柯尔克孜语和哈萨克语中的使用率较为突出。并且，在满通古斯语族通古斯语支语言的代词内也有一定使用率，但没有突厥语族语言的使用率高。再者，不只是使用率较低，甚至使用面也显得十分有限。特别是在赫哲语里，除了已发现的个别词之外，基本上已失去了使用功能和作用。在蒙古语族语言里更是如此，只有蒙古语早期个别词里能够见到这些词缀。尽管如此，我们还是可以看出，在蒙古语族语言里，它们属于早期复数形态变化语法现象。因为，现今能够找到的实例告诉我们，该复数形态变化语法词缀几乎成了历史而失去了使用功能。倘若不去认真细致地深入分析，很难从蒙古语中发现它们的存在及其使用价值。总之，形态变化语法现象 -tar、-ter、-tor、-tør 等是阿尔泰语系语言名词类词早期的复数形态变化语法现象，应该与阿依努语复数形态变化语法词缀 utar 的 -tar 间存在早期而悠久的历史来源关系。另外，在满通古斯语族满语支语言内还有 -ta、-te 以及 -təs 等表示复数概念的语法手段。比如，满语将 nagqu "舅舅"、sargan "妻子"、dəu "弟弟"、əmə "母亲" 等的复数形式说成 nagquta(nagqu-ta)"舅舅们"、sarganta(sargan-ta)"妻子们"、dəutə(dəu-tə)"弟弟们"、əmetə(əme-tə)"母亲们"等。再者，锡伯语也会把"弟弟们"说成 dutəs(du 弟弟 -təs)等。在我们看来，满语支语言里出现的 -ta、-tə 以及 -təs 等，也几乎跟阿依努语复数语法词缀 utar 的 -tar 有一定历史来源方面的内在联系。

三 阿依努语 utar 的 u 与阿尔泰语系语言 ku＞hu 之间的关系

前面分析讨论了与阿依努语名词类词复数形态变化语法词缀 utar 的 -tar 相关的阿尔泰语系语言复数形态变化语法现象，从而论证了它们之间存在历史性内在深层次关系。那么，现在的问题是，阿依努语复数形态变化语法词缀 utar 的 u- 究竟如何解释？它跟阿尔泰语系语言有什么关系？说实话，一开始我们就想讨论该学术问题，但觉得 u- 的问题显得比 -tar 的复杂一些。所以，就先讨论了 -tar 与阿尔泰语系语言复数形态变化语法词缀间产生的复杂多变的关系。然而，u- 的复杂性就在于，伴随着人类文明的不断发展变化，以及语言使用者的不断变迁或改变生存条件、生活环境、生产方式，以及与此相配套的人们的思想理念、生活态度、语言交流形式与内容，包括语言自身产生的历史性变化、变革、变迁等均有着必然的内在联系。我们必须承认，人是自然界的产物，人类使用的语言同样是自然界的产物。自然气候、自然环境、自然条件的变化与改变，自然而然地给人的生命结构、生理结构、发音器官都会带来深奥玄妙的影响和作用。比如说，锡伯族使用的母语，在东北老家时使用的语音系统同东北地区的满语口语保持了高度的一致性，但从 1764 年（乾隆二十九年）迁徙到西部新疆伊犁地区以后，在 254 年时间里受西部自然气候、自然环境、自然条件，乃至特定社会环境的强有力影响，使锡伯语语音系统自然而然地被改变为与西部突厥语族语言语音系统十分相近。那么，阿依努语中出现的同阿尔泰语系语言密切相关的词汇或语法形态变化现象也是如此，其语音系统也都出现了各自不同程度的变化。就以阿依努语复数形态变化语法词缀 utar 的 u- 来说，也是一个很值得深入探索的学术问题。

我们掌握的桦太阿依努语口语资料里，特别是于 1979 年由日本国书刊行会出版的《桦太阿依努语——语法篇》①内，将复数形态变化语法词缀 utar 的口语形式转写成 'utar，也就是在其所谓形态变化语法词缀首元音 u 前面增加了一个喉音。有意思的是，在阿尔泰语系突厥语族语言内也有相同的语音现象。比如说，维吾尔语的 ussa-"口渴"、utuk"胜利"、uka"弟弟"等②，在该语言的口语里就会发音成 'ussa、'utak、'uka 等。也就是说，维吾尔语口语的实际语音形式中，词首元音 u 前应该有喉音。根据其语音结构原理，我们可否认为，在这些语言内出现的 ular 或 utar 的实际发音应该是 'ular 或 'utar。那么，在 'u 后面使用的 -lar 和 -tar 均属于表示复数的形态变化语法词缀。毫无疑问，-lar 和 -tar 接缀于单数第三人称代词 u"他""她""它"后面时，就会派生出 'ular 和 'utar 等表示"他们""她们""它们"之意的复数第三人称代词。依据口语语音特征，应该把 ular 或 utar 发音成 'ular 或 'utar。换句话说，单数第三人称代词 u"他"、"她"、"它"的实际口语中的发音形式应为 'u。所有这些充分说明，阿依努语中表示复数概念的形态变化语法词缀 -utar 的 u 有 u 和 'u 两种转写形式。不论怎么说，阿依努语的 utar 的 u 同阿尔泰语系突厥语族语言的 ular 的 u 之间，存在一定深层次的内在联系。

我们还很感兴趣的是，阿依努语里表示"贫困的人们"之意时，主要有 jajawente utar 或 jajawente utah 两种说法。这其中 jajawente 是表示"贫困的"之意的形容词，而 utar 与 utah 都属于复数形态变化语法词缀，均表示"人们"这一词义。但是，其中的 utar 用于一般句子，而 utah 则用于敬语句。那么，值得思考的问题是，本来就表达复数语法概念的 utar"们"这一形态语法变化现象，怎么还能表现出"人们"之意的呢？也就是说，通过分析研究 utar 的 u 应该指"人"之意，而 -tar 则表示"们"这一复数形态变化语法概念。如果这一假定成立的话，不论是 utar 还是 'utar 的首位出现的元音 u 或 'u 都应该

---

① 村崎恭子著《桦太阿依努语——语法篇》，日本东京，国书刊行会 1979 年版。日本著名语言学家服部四郎为此书的出版还专写了序文。

② 赵相如等编著《维吾尔语简志》，民族出版社 1985 年版，第 6—7 页。

属于表示"人"之意的名词。其实，阿尔泰语系语言里，词义虚化而演化为词缀的例词也有很多，甚至我们认为许多形态变化语法词缀实际上是由某一个词变化而来的。比如说，通古斯语支语言的形态变化语法词缀 -nugan 及 -nuɡən 是由单数第三人称 nu"他"和 agan"一样"相结合，构成 nuagan"他一样"一词。后来，该二合一的词经 nuagan＞-nugan＞-nuan＞-nan 语音演变原理成为 -nan、-nən 等一套词缀。

就如前面所说，阿尔泰语系突厥语族语言的 ular＞olar 是单数第三人称代词 u＞o"他"接缀复数形态变化语法词缀 -lar 而构成，进而表示"他们"等复数第三人称代词概念。另外，蒙古语族语言和满通古斯语族语言也用 ulas＞ulus 及 ular＞ulur 等表示"人们"之意。很显然，ulas＞ulus 及 ular＞ulur 等的 -las＞-lus 及 -lar＞-lur 属于复数形态变化语法词缀，表示复数的"们"之意。那么，根据该词的词义结构去分析，复数形态变化语法词缀首元音 u- 应该表示"人"之意，否则该词怎能表达"人们"这一具有复数内涵的词义呢？这种假定也符合阿依努语 utar 或 'utar 的词首音 u 或 'u 包含的"人"之意，以及突厥语族语言 ular"他们"的 u"他"等的词义内涵及词的结构关系。甚至我们怀疑，在 utar ~'utar 及 ulas＞ulus、ular＞ulur 等的词首出现的元音 u，有可能跟阿依努语和阿尔泰语系语言中表示"人"之意的名词有关。

阿依努语里说"人"的实例有：

tara kuh "那个人"	jajawente kuh "贫困的人"
那个 人	贫困的 人
raj kuru "死人"	wen kuru "坏人"
死 人	坏 人
ʃirun kur "穷人、穷鬼"	jukor kur "唱歌的人、歌手"①
穷 人	唱歌的 人

---

① 村山七郎著《北千岛阿依努语》，日本，吉川弘文馆1970年版，第181页。

以上实例中，出现的阿依努语的 kuh、kuru＞kur 等无一例外地表示"人"。可以看出，它们的词根是 ku-，而 -h、-ru＞-r 都属于词缀，或者说该名词的一个附属性组成部分。那么，对于它们的使用关系，阿依努语专家认为 kuru＞kur 是早期说法，而 kuh 的使用时间比较晚①。当然，这主要是指，ku- 后面使用的词缀 -ru＞-r 比 -h 的使用要早。不论怎么说，阿依努语名词的 kuh、kuru＞kur 的词根 ku- 主要表示"人"之意。有意思的是，在北千岛阿依努语里，ku 还可以表示单数第一人称代词"我"。比如说，ku poho"我儿子"、ku sa"我姐姐"、ku aki"我弟弟"等，ku 都表示"我"之义②。另外，阿依努语指"人"的概念时，还使用 ainu 这一名词。然而，在阿依努语专家看来，名词 kuru＞kur 基本上用在老年人身上，而名词 ainu 广泛使用于不同"人"的指称③。倘若这里所说的 ainu，跟阿依努语的 ajinu＞ainu"阿依努"同属于一个词的话，我们可以将"阿依努语"直译为"人语"或"人的语言"，意译成"人使用的语言"等。

对于"人"的称呼方面，与阿依努语名词 ku- 相对应，阿尔泰语系语言里也有相关说法，且主要表现在蒙古语族语言内。比如说，蒙古语说 kun＞hun，保安语和土族语及东乡语叫 kun，达斡尔语称 ku 等。而且，东乡语里用 kunla 之说表达"人们"这一人的复数概念。在我们看来，阿尔泰语系蒙古语族语言指"人"的说法 kun＞ku，跟阿依努语的名词 ku"人"之间，存在必然的深层次历史来源关系。另外，我们也在考虑，阿依努语中早期使用的名词 kuru＞kur，是否跟满通古斯语族语言的早期名词 gurun＞guru＞gur"人"、"家伙"等说法有关系。在阿依努语的有关书籍里，也说 kuru 一词相当于 guru④。不知这种说法是否正确，如果正确的话，kuru＞kur 及 gurun＞guru＞gur 均属于同一个历史来源。

---

① 村崎恭子著《桦太阿依努语——语法篇》，日本东京，国书刊行会 1979 年版，第 96 页。
② 同上书，第 112—113 页。
③ 同上。
④ 同上书，第 334 页。

综上所述，日本阿依努语和阿尔泰语系语言名词类词复数范畴内存在深层次历史来源关系。具体表现在，零结构类型的单数形态变化语法现象，以及有形态结构类型的复数形态变化现象等方面。换句话说，这些语言里，单数语法概念要用名词类词的词根或词干形式表达，复数语法概念则要用约定俗成的形态变化语法词缀表示。就如前面的分析和讨论，阿尔泰语系语言名词类词复数形态变化语法词缀 -lar、-lər、-lor、-lur 等，同阿依努语复数形态变化语法词缀 utar 的 -tar 之间；特别是，阿尔泰语系突厥语族语言名词类词复数形态变化语法词缀 -tar、-ter、-tor、-tər，以及满通古斯语族满语支语言名词类词复数形态变化语法词缀 -ta、-te 或 -təs 等，跟阿依努语复数形态变化语法词缀 utar 的 -tar 之间；阿尔泰语系蒙古语族语言名词 ku~ku-，以及满通古斯语族通古斯语支语言的 gurun 等，与阿依努语名词 kuh~kuru＞kur 的 ku- 及 guru，包括 utar＜'utar 的 u-＜'u- 等之间，均存在多角度、多层面的深层次历史来源关系。然而，在这里讨论的名词类词形态变化语法现象，在不同语言里产生了不同程度的语音变化，甚至在词义结构及使用关系等方面也出现了一定程度的异同现象。尽管如此，通过深入细致、全面系统、实事求是的比较研究，科学论证了它们间存在的无可否定的共有关系，以及这些共有关系源自它们共同的远古历史的科学道理。

除了以上讨论的内容之外，在阿依努语和阿尔泰语系语言里，也有用词的重复式表示复数概念的现象。比如说，阿依努语里 kankan "许多肠子"、toitoi "许多土块"、merimeri "许多火花"、ramram "许多鱼鳞" 等具有复数概念的词，都是由名词 kan "肠子"、toi "土块"、meri "火花"、ram "鱼鳞" 的重复形式构成的实例。与此相关，阿尔泰语系语言里同样有类似现象。比如说，哈萨克语 kimkim "谁们"、蒙古语 ʤilʤil "许多年"、满语 ərgiərgi "各方" 等，也是用表示单数概念的名词类词哈萨克语 kim "谁"、蒙古语 ʤil "年"、满语 ərgi "某一方面" 等的重复使用形式表示复数意义。另外，阿依努语中，在单数结构类型的名词类词后面使用表示性质形容词，以及接缀有复数形态变化语法词缀的动词等来表示其复数概念的现象。比如说，tʃep ot "有许多鱼"、ainu arki "许多人"、haus ash "许多声音" 等。其中，像 tʃep、ainu、haus 分别是表示"鱼""人""声音"等单数词义的名词，而 ot、arki、ash 是具有复数概念的形容词或动词。同样的情况，在阿尔泰语系语言里也会见到。比如说，表示"多人""很多人"这一人的复数概念时，在名词"人"的后面使用具有复数或多数内涵的形容词形式 kɵp adam（哈萨克语）、walan ku（达斡尔语）、baraan bəy（鄂伦春语）等。不过，阿尔泰语系语言内用此方法表示复数概念时，性质形容词等一般出现在单数结构类型的名词之前。另外，总的来说，阿尔泰语系语言用名词重复式，以及名词前使用性质形容词等方法表示复数概念的实例不是太多，绝大多数情况下使用复数形态变化语法词缀。

在这里，顺便还想提到的是，在朝鲜语里也有用形态变化语法词缀 -tər 表示复数概念的现象。比如说，kətər(kə-tər)"他们"、saramtər(saram-tər)"人们"、haksentər（haksen-tər）"学生们"等。很显然，这其中像 kə、saram、haksen 是表示"他""人""学生"等单数结构类型的代词或名词。那么，在这些词后面接缀复数形态变化语法词缀 -tər 之后，就派生出 kətər、saramtər、haksentər 等表示"他们""人们""学生们"等具有复数概念的代词和名词。当然，朝鲜语不属于我们现在讨论的话题，但该语言里出现的复数形态变化语法词缀 -tər，同阿依努语和阿尔泰语系语言的相关语法词缀似乎有一定联系。尤其是，朝鲜语系属问题还未明确，更多的专家学者认为朝鲜语同阿尔泰语系语言有关系，甚至在有人提出朝鲜语属于阿尔泰语系语言的情况下，该语言中出现的同阿尔泰语系语言共有关系语法现象，很值得人们求真务实地深入思考和学术探讨。

参考文献

[俄]波普:《索伦语调查资料》,列宁格勒,1931年。
[俄]捷尼舍夫:《突厥语言研究导论》,陈鹏译,中国社会科学出版社1981年版。
[俄]苏尼克:《通古斯诸语满语名词研究》,俄罗斯圣彼得堡科学出版社1982年版。
[韩]金东昭:《韩语和通古斯语的语音比较研究》,韩国晓星女子大学1981年版。
[韩]李基文:《满韩文结构共性研究》,韩国汉城大学,1951年。
[蒙]米吉德道尔基:《蒙语满语书面语比较》,蒙古国乌兰巴托1976年版。
[日]北海道教育厅社会教育文化部编:《知里幸惠笔记》,日本北海道教育委员会1982年版。
[日]池田哲郎:《通古斯诸语和东亚诸语言》,日本京都产业大学1998年版。
[日]村崎恭子:《桦太阿依努语口语资料》,日本北海道大学1989年版。
[日]村崎恭子:《桦太阿依努语》,日本国书刊行会1979年版。
[日]村山七郎:《北千岛阿依努语》,日本吉川弘文馆1970年版。
[日]服部四郎:《阿依努语方言词典》,日本岩波书店1964年版。
[日]福田昆之:《日本语和通古斯语》,日本FLL社1988年版。
[日]金田一京助、知里真志保:《阿依努语法概论》,日本岩波书店1963年版。
[日]朴恩乌其:《活着的阳夷奴语》,日本株式会社新泉社1989年版。
[日]普恩·弗吉:《活着的阿依努语》,日本株式会社新泉社1976年版。
[日]切替英雄:《阿依努神话集》,日本北海道大学1989年版。

［日］切替英雄：《阿依努神谣集》，日本北海道大学1989年版。
［日］山本谦吾：《满语口语基础词汇集》，日本东京外国语大学1969年版。
［日］山本谦吾：《满语口语基础语汇集》，日本东京外国语大学1969年版。
［日］山田秀山：《漫步阿依努语地名》，日本北海道报社1989年版。
［日］小泽重男：《中世纪蒙古语诸形态研究》，日本开明书院1975年版。
［日］萱野茂：《阿依努语辞典》，日本三省堂1996年版。
［日］羽田亨编：《满和辞典》，日本国书刊行会1972年版。
［日］早田辉洋等：《大清全书》，日本东京外国语大学2002年版。
［日］知里幸惠：《知里幸惠日记》，日本北海道大学1982年版。
［日］知里真志保：《阿依努语地名小词典》，日本北海道出版企业中心1956年版。
［日］知里真志保：《阿依努语分类词典》（四卷），日本常民文化研究所，1953—1954年。
［日］知里真志保：《阿依努语入门》，日本北海道出版计划中心1986年版。
［日］中岛干起：《清代中国语满语词典》，日本东京外国语大学1999年版。
［英］金周源等：《现代满语口语及其资料》，韩国首尔大学2008年版。
安双成主编：《满汉大词典》，辽宁民族出版社1993年版。
朝克等：《北方民族语言变迁研究》，中国社会科学出版社2012年版。
朝克等：《中国民族语言文字研究史论》（北方卷），中国社会科学出版社2013年版。
朝克主编：《察布查尔锡伯自治县锡伯语言文字使用现状调研》，方志出版社2011年版。
朝克主编：《东北人口较少民族优秀传统文化》，方志出版社2012年版。
朝克主编：《中国少数民族语言会话句丛书》（北方民族语言会话句分册部分），社会科学文献出版社2014—2018年版。
朝克：《满通古斯语族语言研究史论》，中国社会科学出版社2014年版。
朝克：《满通古斯语族语言词源研究》，中国社会科学出版社2014年版。
朝克：《满通古斯语族语言词汇比较》，中国社会科学出版社2014年版。

朝克：《满通古斯诸语比较研究》，民族出版社1997年版。

朝克：《满通古斯语及其文化》（日文），日本东北大学2002年版。

朝克：《中国满通古斯诸语基础语比较》（日文），日本小樽商科大学1997年版。

朝克：《现代锡伯语口语研究》，民族出版社2006年版。

朝克：《楠木鄂伦春语研究》，民族出版社2008年版。

朝克：《鄂温克语形态语音论及名词形态论》（日文），日本东京外国语大学2003年版。

朝克：《鄂温克语研究》，民族出版社1995年版。

朝克：《鄂温克语参考语法》，中国社会科学出版社2009年版。

朝克：《鄂温克语基础语汇集》（日文），日本东京外国语大学1991年版。

朝克：《鄂温克语三方言基础语比较》（日文），日本小樽商科大学1995年版。

陈宗振编著：《突厥语族语言词汇集》，民族出版社1990年版。

成燕燕：《现代哈萨克语词汇学研究》，民族出版社2000年版。

程适良主编：《突厥比较语言学》，新疆人民出版社1997年版。

道尔吉：《鄂温克语汉语词典》，内蒙古文化出版社1998年版。

恩和巴图：《满语口语研究》，内蒙古大学出版社版1996年版。

哈斯巴特：《蒙古语满语研究》（蒙文），内蒙古大学出版社1991年版。

韩有峰等著：《鄂伦春语汉语对照读本》，中央民族大学出版社1993年版。

韩有峰：《鄂伦春语》，延边教育出版社2004年版。

胡增益：《鄂伦春语研究》，民族出版社2001年版。

胡增益：《新满汉大词典》，新疆人民出版社1994年版。

黄锡惠编：《满族语言文字研究》（上下册），民族出版社2008年版。

季永海等：《满语语法》，民族出版社1986年版。

李树兰等：《锡伯语口语研究》，民族出版社1984年版。

李增祥编：《突厥语概论》，中央民族学院出版社1992年版。

力提甫等：《阿尔泰语言学导论》，民族出版社2002年版。

刘景宪等：《满语研究通论》，黑龙江朝鲜民族出版社1997年版。

莫日根布库编著：《鄂伦春语释译》，紫禁城出版社2011年版。

内蒙古大学蒙古语言文字研究所编：《蒙古语族语言及方言土语研究丛书》（蒙文），内蒙古大学出版社 1980—1988 年版。

内蒙古大学蒙文教研室编著：《现代蒙古语》（蒙文），内蒙古人民出版社 1964 年版。

内蒙古大学蒙文研究室编：《蒙汉词典》，内蒙古人民出版社 1977 年版。

青格尔泰：《蒙古语语法》，内蒙古人民出版社 1981 年版。

斯钦朝克图编：《蒙古语词根词典》，内蒙古人民出版社 1988 年版。

孙竹主编：《蒙古语族语言词典》，青海人民出版社 1990 年版。

佟加·庆夫等：《现代锡伯语》，新疆人民出版社 1995 年版。

佟玉泉等编著：《锡伯语辞典》，新疆人民出版社 1987 年版。

佟玉泉等：《锡伯语（满语）词典》，新疆人民出版社 1987 年版。

图奇春等：《锡伯语语法》，新疆人民出版社 1987 年版。

王远新：《突厥历史语言学研究》，中央民族大学出版社 1995 年版。

乌拉熙春：《满语语音研究》，日本玄文社 1992 年版。

吴宏伟：《图瓦语》，上海远东出版社 1999 年版。

尤志贤等编著：《赫哲语汉语对照读本》，黑龙江民族研究所 1987 年版。

尤志贤等：《赫哲语汉语对照读本》，黑龙江民族研究所 1987 年版。

张定京：《现代哈萨克语实用语法》，中央民族大学出版社 2004 年版。

赵杰：《现代满语研究》，民族出版社 1989 年版。

赵明鸣：《突厥语词典》，中央民族大学出版社 2001 年版。

照那斯图等著：《中国少数民族语言简志丛书》（北方民族语言简志分册部分），民族出版社 1981—1986 年版。

后　　记

　　经过五年来的艰苦努力，充分发挥中国社会科学院专家学者具有的甘坐冷板凳、甘于奉献、不怕艰辛、勇于探索、乐于创新的精神，终于完成了此项在留日期间日本著名语言学专家服部四郎教授、大野晋教授、山田修三教授等交办委托的研究课题，以及我的导师小泽重男教授和菅野裕臣教授交给的科研工作任务。虽然他们中除菅野裕臣教授之外，已先后离开一生奋斗的语言学研究、日语研究、阿尔泰语系语言研究、阿依努语研究和通古斯语研究事业，没有看到该项成果的完成和出版，但作为一名学者，尤其是作为一名东北亚诸民族语言研究的学者，为完成此项艰巨而重要的科研工作任务而有几分欣慰。其实，对于从事科学研究的专家学者来讲，任何一项全新意义的探索，以及任何一项创新性科研任务的完成，都倾注或消耗了他们很多精力、心血和时间。尽管一些科研成果现今还没有产生应有的学术价值，或者说还没有引起社会的极大关注，但其成果只要有应有的学术价值和意义，肯定会经得起历史和岁月的检验，最终发挥其应有的功能和作用，进而对于人类文明的进步和发展产生积极影响。

　　阿依努语和阿尔泰语系语言研究，一直是东北亚语言学研究领域的一个难点和巨大的学术问题。因为，它涉及许多没有该民族文字或历史记载很少的民族语言，甚至要涉及现已消失的和严重濒危的一系列民族语言，加上这些民族的发展历史极具复杂性、曲折性、多变性和多元性。或许正因为如此，更加体现出本身具有的特殊学术价值。从某种角度来考虑，该项科学讨论和学术研究，对于东北亚原住民及其不同民族或族群历史文化的来龙去脉的科学探索，相互接触产生的多层级、多角度、多方面的交流与影响的科学探讨，以及对其演变发展轨程及其内涵的科学阐释，均有一定历史的、现实的和未来的学术价值。

在此，非常感谢中宣部"四个一批"人才特别资助项目工程给予本人科研工作的大力支持和专项课题经费的资助，我 20 多年来一直渴望启动的该项国际性研究课题能够顺利实施，并能够按科研计划圆满完成。另外，还要感谢研究所各有关部门的积极协助和经费使用等方面给予的严格高效的管理。感谢我的博士后合作研究者及博士研究生等，在田野调研、收集整理资料及电脑输入等方面给予的帮助与支持。特别是，要感谢我国阿尔泰语系语言学研究领域的专家学者们给予的各方面的指导。说实话，该项研究任务，就是在大家的帮助下才得以完成的。

就像任何一项科研成果会留下一些遗憾，我的该项科研成果也会有不少不足或问题。尤其是，该项研究涉及的语言种类较多，一些语言资料并不十分完整、系统、全面，没有文字的民族语言资料的记写、记录、转写形式并不十分规范、严谨、精细，加上一些民族语言已经消失或处于严重濒危状态，而现有的口语资料又不太完整等现实，要完成该项科研工作，肯定存在不少缺憾或不尽如人意之处。对此恳请国内外专家学者及广大学术同人提出宝贵意见。

朝　克

2020 年 6 月于北京